RAINER SCHRÖDER

Zur Arbeitsverfassung des Spätmittelalters

Schriften zur Rechtsgeschichte

Heft 32

Zur Arbeitsverfassung des Spätmittelalters

Eine Darstellung mittelalterlichen Arbeitsrechts aus der Zeit nach der großen Pest

Von

Dr. Rainer Schröder

DUNCKER & HUMBLOT / BERLIN

CIP-Kurztitelaufnahme der Deutschen Bibliothek

Schröder, Rainer:
Zur Arbeitsverfassung des Spätmittelalters:
e. Darst. mittelalterl. Arbeitsrechts aus d. Zeit
nach d. grossen Pest / von Rainer Schröder. —
Berlin: Duncker und Humblot, 1984.
(Schriften zur Rechtsgeschichte; H. 32)
ISBN 3-428-05588-8

NE: GT

Gedruckt 1984 bei Buchdruckerei Bruno Luck, Berlin 65
Printed in Germany
ISBN 3-428-05588-8

Für Marianne

Inhaltsverzeichnis

Einleitung

Zünfte bestimmen unser Bild von der mittelalterlichen abhängigen Arbeit. Traulich vereint saß der Meister mit seinem Gesellen in der Stube, teilte Haus und Brot mit ihm. Die Zunft sicherte für beide ein bescheidenes Auskommen, und eine Versorgung in alten und kranken Tagen wurde dem Gesellen vom Meister gewährt. Auf dem Land war das Gesinde gleichfalls in das Haus des Grundherrn oder Bauern integriert.

So oder ähnlich sind die Vorstellungen der meisten Juristen. Die Frage nach einem Arbeitsrecht der vorindustriellen Zeit erscheint unsinnig zu sein. *Kaskel* formulierte:

„Es ist zwecklos, vom Arbeitsrecht, diesem Kind des letzten Jahrhunderts, frühe Spuren finden zu wollen."

Allenfalls wird *Gierkes* Konzeption von der Herkunft des Dienstvertrages aus dem germanischen Treudienstvertrag einige Bedeutung zugemessen. Freie Arbeitsverträge, z. B. im Bereich des Bergbaus, erscheinen gegenüber der angenommenen patriarchalischen Struktur von geringer Bedeutung gewesen zu sein.

Der Gedanke an einen mittelalterlichen Arbeitsmarkt liegt ebenso fern wie die Vorstellung, Landesherren, Städte und Zünfte hätten versucht, diesen Markt mit Hilfe von Normen zu steuern. Tatsächlich existierte ein solcher Arbeitsmarkt, seine Bedeutung war wahrscheinlich noch größer als heute. Nicht der Individualvertrag des Herrn mit dem Knecht, des Meisters mit dem Lehrling war entscheidend, sondern die Überformung durch den mehr oder minder geregelten Arbeitskräftemarkt. Darüber hinaus arbeitete die Mehrzahl der abhängigen Arbeitskräfte in den Städten nicht unter dem schützenden Dach einer Zunft, sondern in Tagelohn- oder Lohnarbeitsverhältnissen. Sie konnten gerade nicht von der sozialen Sicherheit der Zünfte profitieren, wenn es diese je gab. Die Masse der mittelalterlichen Arbeitskräfte war arm, so arm, daß sie Gefahr liefen, bei Lebensmittelverteuerungen, wie sie oft vorkamen, zu verhungern. Zudem war die Armut in den Bereichen am größten, wo Händler und Zünfte viel Geld verdienten, z. B. im Textilbereich. Die Bilder, die wir mit mittelalterlicher Arbeit und ihren rechtlichen Verhältnissen verbinden, bedürfen dringend der Überprüfung.

Im derzeitigen *Arbeitsrecht* betrachtet man historische Forschung als Desiderat, *Rechtshistoriker* befassen sich allerdings kaum damit, und die allgemeine historische Forschung stellt den abhängig arbeitenden Menschen gleichfalls nicht ins Zentrum ihrer Überlegungen.

Die *Sozial-* und *Stadtgeschichte* erforscht die mittelalterliche *Armut* sowie die *Schichtung* in den Städten, damit also notwendig die Lebensverhältnisse der abhängig Tätigen. Die *Wirtschaftsgeschichte* liefert Erkenntnisse über den Ablauf mittelalterlicher *Wirtschaftsprozesse*, also zwangsläufig über mittelalterliche Arbeit, die aber kaum für sich behandelt wird. Als notwendige „Abfallprodukte" liefern diese Forschungen jedoch wichtige Erkenntnisse über mittelalterliche Arbeit und mittelalterliches Arbeitsrecht, die es gilt, fruchtbar zu machen.

Wenn man von mittelalterlichen *Arbeitsmärkten* und der Überformung der Individualarbeitsverhältnisse durch diese Märkte ausgeht, verändert sich sogleich die arbeitsrechtliche Perspektive. Versuche, diese Märkte zu beeinflussen oder zu steuern, treten gegenüber dem Individualvertrag in den Vordergrund. Die Wechselwirkungen zwischen der Bevölkerungs- und Wirtschaftsentwicklung einerseits und den Rechtsregeln andererseits sind für eine Zeit schwer zu erfassen, in der statistische Arbeitsmarktdaten fehlen. Dieses Wechselspiel muß notwendig beobachtet werden, denn die Rechtsregeln sind auf die soziale Realität bezogen, die sich ihrerseits über die Regeln nur sehr bedingt erschließt.

Die Abhandlung gliedert sich in 4 Abschnitte, von denen die ersten beiden kürzeren als theoretische Klärungen notwendig sind, während die zwei daran anschließenden umfangreicheren die Arbeitsverfassung des Landes und der Städte in einigen Aspekten, also keinesfalls vollständig, erschließen.

— Der *erste* Abschnitt ist den seit dem 2. Kaiserreich erfolgten Versuchen gewidmet, die mittelalterliche Arbeit und Arbeitsrecht dargestellt haben. Eine vollständige Aufarbeitung der Forschung kann und soll nicht geleistet werden, denn das würde den Umfang dieser Arbeit sprengen. Die Erforschung des mittelalterlichen Arbeitsrechts ist in außergewöhnlichem Maße zeitbedingt. Es soll gezeigt werden, wie Autoren bewußt oder unbewußt versuchten, Arbeitsrechtsmodelle ihrer Zeit durch historische Forschungen zu legitimieren oder abzulehnen. Die gegenwärtigen Forschungsdefizite zeigen sich in dieser Darstellung ebenso zwangsläufig wie der gegenwärtige Forschungsstand.

  Ein Problem verunsicherte die Forschung lange Zeit, nämlich, ob es sinnvoll ist, nach einem *Recht* der mittelalterlichen Arbeit zu fragen. Kann man nach historischen Wurzeln einer Disziplin suchen, die sich zu Beginn dieses Jahrhunderts etablierte und die man für Massenarbeitsverhältnisse konzipierte, die nach allgemeiner Meinung erst im 19. Jahrhundert entstanden waren?

— Der *zweite* Abschnitt stellt anhand der Agrarkrisentheorie ein Arbeitsmarktmodell auf. Vornehmlich theoretische Überlegungen machen die möglichen Auswirkungen der Bevölkerungsveränderungen auf Arbeitsmarkt und Arbeitsrecht deutlich. Es bietet sich an, diese Darstellung sowie die der folgenden Kapitel anhand der Pest der Jahre 1347 ff. durchzuführen, der weite Teile der Bevölkerung zum Opfer fielen.

— Der *dritte* Abschnitt versucht, die arbeitsrechtlichen Reaktionen auf die Pest darzustellen, die vornehmlich den ländlichen Bereich betrafen. Zwischen unmittelbaren Reaktionen und solchen auf die mittelfristige Entwicklung ist zu trennen, denn der Arbeitsmarkt veränderte sich gleichfalls kurz- und mittelfristig. Das gilt zugleich für die allerdings nur sehr knapp betrachtete Parallelentwicklung im Feudalbereich. Die alte Frage, wie effektiv solche rechtlichen Reaktionen auf große Marktveränderungen sein können, wird am Ende des Abschnitts kurz angesprochen.

— Der *vierte* Abschnitt stellt die Situation in den Städten dar. Er ist der längste des Buches, weil dort die Entwicklung besonders kompliziert war. Mit Hilfe der Bürger- und Zunftaufnahme sowie einer Fülle anderer rechtlicher und tatsächlicher Steuerungsmechanismen konnten mittelalterliche Städte ihre unterschiedlichen Arbeitsmärkte für gelernte und ungelernte Arbeitskräfte regulieren. Arbeitsmarktwirksame Regeln stehen dicht neben Eingriffen in die Individualverträge. Die Einkommensmöglichkeiten differierten stark, Zusammenhänge zwischen der Armut und der Art der abhängigen Tätigkeit können aufgewiesen werden. Die herausgehobene Stellung der Gesellen, deren Versuche, ihre Arbeits- und Einkommenssituation zu verbessern, sowie die Gegenreaktionen der Arbeitgeber und Städte bilden den Abschluß der Untersuchung.

1. Zur Erforschung des mittelalterlichen Arbeitsrechts: Forschungsstand, Forschungsprobleme und Prämissen

Arbeitsrechtsgeschichte ist zu einem guten Teil Legitimationsgeschichte. Wer die Entstehung des Arbeitsvertrages aus der personenrechtlichen Bindung der Parteien erklärt und historisch aus der Gefolgschaftstreue herleitet, stellt eine andere historische Wirklichkeit her, als ein Autor, der die sozialen Kämpfe vor 300 Jahren darstellt. Erforscht ein Wissenschaftler den *freien* Arbeitsvertrag des Mittelalters, hat er ein anderes Bild von den rechtlichen Verhältnissen, in denen sich menschliche Arbeit vollzog, als einer, der die Gebundenheit von Arbeitskräften im Rahmen von Feudalverhältnissen oder die Eingebundenheit einer Arbeitskraft in das „Haus" des Meisters oder des Gutsherrn betont. In diesen unterschiedlichen Konzeptionen spiegelt sich die Frage, ob vorindustrielle Verhältnisse und ihre rechtliche oder fehlende rechtliche Regelung als beispielhaft für eine hoch industrialisierte Gesellschaft angesehen werden können.

Friedrich *Engels* stellte 1845 die vorindustrielle Arbeitswelt als vorbildlich hin und kritisierte in seiner historischen Darstellung die inhumanen Arbeitsbedingungen seiner Zeit.

> „Auf diese Weise vegetierten die Arbeiter in einer ganz behaglichen Existenz und führten ein rechtschaffenes und ruhiges Leben in aller Gottseligkeit und Ehrbarkeit, ihre materielle Stellung war bei weitem besser, als die ihrer Nachfolger: Sie brauchten sich nicht zu überarbeiten, sie machten nicht mehr als sie Lust hatten und verdienten doch was sie brauchten, sie hatten Muße für gesunde Arbeit in ihrem Garten oder Felde, eine Arbeit, die ihnen selbst schon Erholung war, . . ."[1]

1.1. Arbeitsrechtsgeschichte im 2. Kaiserreich

Die jüngere historische Schule der Nationalökonomie[2] erforschte neben den Wirtschaftsbedingungen zugleich die Arbeitsverhältnisse, um

---

[1] Friedrich *Engels*, Die Lage der arbeitenden Klasse in England. Nach eigener Anschauung und authentischen Quellen (Leipzig 1845), Marx-Engels-Werke, Bd. 2, S. 225.

[2] Harald *Winkel*, Die Deutsche Nationalökonomie im 19. Jahrhundert, Darmstadt 1977; Gerhard *Stavenhagen*, Geschichte der Wirtschaftstheorie, 4. Aufl., Göttingen 1969; Rainer *Schröder*, Abschaffung oder Reform des Erbrechts, Ebelsbach 1981, Teil 3.

historisches Vergleichsmaterial zu gewinnen[3]. Denn die rechtliche Ausgestaltung des Arbeitsverhältnisses als Teil der sozialen Frage war ein praktisches Anliegen, das theoretisch u. a. durch historische Arbeiten vorbereitet wurde. Selbst in dieser Schule liefern die verschiedenen Arbeiten z. B. Gustav *Schmollers* und Lujo *Brentanos* Abbilder unterschiedlicher gesellschaftspolitischer Konzeptionen[4]. Schmoller[5] mißtraute z. B. den mittelalterlichen Straßburger Schuhmachern, von denen er glaubte, sie seien nicht in der Lage, ihre Stadt selbst zu verwalten. Brentano[6] hingegen setzte Hoffnung auf die Selbstorganisation der Arbeiter[7] und stimmte hierin z. T. mit dem Sozialisten Bruno *Schoenlank*[8] überein.

---

[3] Marie-Louise *Plessen*, Die Wirksamkeit des Vereins für Sozialpolitik von 1872—1890. Studien zum Katheder- und Staatssozialismus, Berlin 1975; Dieter *Lindenlaub*, Richtungskämpfe im Verein für Sozialpolitik. Wissenschaft und Sozialpolitik im Kaiserreich vornehmlich vom Beginn des „Neuen Kurses" bis zum Ausbruch des 1. Weltkrieges (1890—1914) (Vierteljahresschrift für Sozial- und Wirtschaftsgeschichte, Beihefte 52, 53), Wiesbaden 1967. Irmela *Gorges*, Sozialforschung in Deutschland 1872—1914. Gesellschaftliche Einflüsse auf Themen- und Methodenwahl des Vereins für Socialpolitik (Schriften des Wissenschaftszentrums Berlin 14), Königstein/Ts. 1980.

[4] Paul *Sander*, Die geschichtliche Erforschung der stadtwirtschaftlichen Handwerksverfassung in Deutschland, in: Die Entwicklung der deutschen Volkswirtschaftslehre im 19. Jahrhundert. Gustav Schmoller zur 70. Wiederkehr seines Geburtstages, 2. Teil, Leipzig 1908, S. 7: „Wie S. Hirsch und die Forscher nach ihm, wie vor allem Schoenberg, so steht auch Schmoller unter dem unmittelbaren Eindruck der sozialen Gegenwartskämpfe." Vgl. auch Helga *Spindler*, Von der Genossenschaft zur Betriebsgemeinschaft — Kritische Darstellung der Sozialrechtslehre Otto von Gierkes (Rechtshistorische Reihe 16), 1982, S. 147. Eine vergleichbare gegenwartsbezogene historische Forschung gab es z. B. im Bereich der Kartelle, vgl. z. B. Gustav *Cohn*, Ein Beitrag zur Geschichte der wirtschaftlichen Kartelle, in: Archiv für soziale Gesetzgebung und Statistik (hrsg. von H. Braun), 8. Bd. (1895), S. 396—435. Jakob *Strieder*, Studien zur Geschichte kapitalistischer Organisationsformen. Monopole, Kartelle und Aktiengesellschaften im Mittelalter und zu Beginn der Neuzeit, 1. Aufl., München 1914, 2. Aufl., ebd. 1925; Wolfgang *Linnemann*, Mittelalterliche Zunftwirtschaft und modernes Kartellproblem — ein Vergleich, Diss. (masch.), Innsbruck 1962.

[5] Gustav *Schmoller*, Straßburg zur Zeit der Zunftkämpfe und die Reform seiner Verfassung und Verwaltung im XIV. Jahrhundert, Straßburg 1875; *ders.*, Die Straßburger Tucher- und Weberzunft und das Deutsche Zunftwesen vom XII.—XVII. Jahrhundert, Straßburg 1881; *ders.*, Umrisse und Untersuchungen zur Verfassungs-, Verwaltungs- und Wirtschaftsgeschichte besonders des Preußischen Staates im XVII. und XVIII. Jahrhundert, Leipzig 1898 sowie in vielen weiteren Untersuchungen. Wie stark diese Konzeption Schmollers wirkte, zeigt eine Abhandlung zu Rothenburg: Rudolf Walther von *Bezold*, Die Verfassung und Verwaltung der Reichsstadt Rothenburg o. T. (1172—1803), Diss. iur., Würzburg 1915, S. 18 f.: „Die Handwerker waren unfähig, politisch zu unerfahren und zu unreif, um an der Regierung in so ausgedehntem Maße teilzunehmen ...".

[6] Lujo *Brentano*, Die Arbeitergilden der Gegenwart, 2 Bde., Leipzig 1871, 1872.

[7] Georg *Schanz*, Zur Geschichte der Deutschen Gesellen-Verbände, Leipzig 1886 (Nachdruck: Glashütten 1973), mit Rez.: Gustav *Schmoller*, in: Historische Zeitschrift 38 (1877), S. 87—92 sowie v. w. einschlägigen Rezensionen. Der

„Wir waren beide sowohl für das Wirken freier Organisationen als auch für das Eingreifen des Staates, wo der sich selbst überlassene Einzelne zu schwach war, seine Persönlichkeit zu wahren und seine Fähigkeiten zur Entfaltung zu bringen. Aber unsere Stellung zu beiden war doch wohl von Anfang an umgekehrt. Meine englischen Studien hatten mich dazu geführt, die Hoffnung für das Aufsteigen der arbeitenden Klasse in erster Linie in das freie Wirken ihrer Organisation zu setzen, während es Schmoller weit mehr darauf ankam, dem Staate die Rolle des Beschützers der Schwachen zuzuweisen.“[9]

Für viele historische Forschungsansätze finden sich Entsprechungen in der rechtspolitischen Diskussion[10]. Um die Wende zum 20. Jahrhundert sollte die Betonung der historisch gewachsenen, vorindustriellen *patriarchalischen Fürsorge* weitere Verrechtlichungen von Fürsorgepflichten verhindern[11]. Patriarchalische Fürsorge, z. B. des Herrn für

---

folgende kurze Abriß verzichtet im Hinblick auf eine anderweitige Darstellung auf biographische und sonstige ausführliche Hinweise. Zu der Frage vgl. schon Wilfried *Reininghaus*, Die Entstehung der Gesellengilden im Spätmittelalter (Vierteljahresschrift für Sozial- und Wirtschaftsgeschichte, Beiheft 71), Wiesbaden 1981, S. 3 ff.

[8] Bruno *Schoenlank*, Zur Geschichte des altnürnbergischen Gesellenwesens, in: Jahrbücher für Nationalökonomie und Statistik 19 (1889), S. 337—395, 588—615; *ders.*, Sociale Kämpfe vor 300 Jahren, Leipzig 1894; Otto von *Gierke*, Das Deutsche Genossenschaftsrecht, Bd. 1: Rechtsgeschichte der Deutschen Genossenschaft, Berlin 1868; *ders.*, Deutsches Privatrecht, 3. Bd.: Schuldrecht, München 1917; *ders.*, Die Wurzeln des Dienstvertrages, in: Festschrift für Heinrich Brunner, München 1914, S. 37 ff. F. *Eulenburg*, Rezension zu: Schoenlank, Sociale Kämpfe vor 300 Jahren, Leipzig 1894, in: Zeitschrift für Social- und Wirtschaftsgeschichte 4 (1896), S. 142 f.

[9] Lujo *Brentano;* Ist das System Brentano zusammengebrochen? Über Kathedersozialismus und alten und neuen Merkantilismus, Berlin 1918, S. 14.

[10] Klaus *Schreiner*, „Kommunebewegung“ und „Zunftrevolution“. Zur Gegenwart der mittelalterlichen Stadt im historisch-politischen Denken des 19. Jahrhunderts, in: Stadtverfassung; Verfassungsstaat, Pressepolitik. Festschrift für Eberhard Naujoks, Sigmaringen 1980, S. 139—168.

[11] Justus Wilhelm *Hedemann*, Die Fürsorge des Gutsherrn für sein Gesinde, in: Festgabe für Felix Dahn, 1. Teil, Breslau 1905, S. 165 ff.; kritisch zu dieser Konzeption Klaus *Spies*, Gutsherr und Untertan in der Mittelmark Brandenburg zu Beginn der Bauernbefreiung, Berlin 1972. Dietrich von *Oertzen* und Franz *Behrens*, Patriarchalische Verhältnisse und modernes Arbeitsrecht. Mit dem Geschäftsbericht des Generalsekretariats und einem Überblick (Hefte der freien kirchlich-sozialen Konferenz 31/32), Berlin 1905. Oertzen trägt die Legende vom Fürsorgeverhältnis weiter, während Behrens gegen dieselbe spricht. Das patriarchalische Verhältnis war in aller Munde: Gustav *Schmoller*, Über Wesen und Verfassung der großen Unternehmungen, in: Allgemeine Zeitung vom 24. bis 31. Januar 1889, abgedr. in: ders., Zur Social- und Gewerbepolitik der Gegenwart. Reden und Aufsätze, Leipzig 1890, S. 372—440, S. 418 ff.: „Abschnitt III: Das patriarchalische System und die Arbeiterausschüsse.“ Carl *Crome*, Die patriarchalischen Rechtsgeschäfte nach römischem und heutigem Reichsrecht nebst Beiträgen zur Lehre der verschiedenen Arbeitsverträge, Leipzig und Tübingen 1897; L. H. Ad. *Geck*, Soziale Arbeitsverhältnisse im Wandel der Zeit, Berlin 1931; Hartmut *Kaelble*, Industrielle Interessenpolitik in der wilhelminischen Gesellschaft. Centralverband Deutscher Industrieller (Veröffentlichungen der historischen Kommission zu Berlin 27), Berlin 1967, S. 57 ff.: Der Patriarchalismus als Ideologie!

sein Gesinde, schien bis in das 19. Jahrhundert noch Realität zu sein, während das Gesinde und die Dienstboten bis 1918 außerhalb der allgemeinen Rechtsordnung, z. B. der Gewerbeordnung von 1869, standen[12]. Neben der rücksichtslosen Ausbeutung von Arbeitskräften existierte die von Großunternehmen ohne Rechtsansprüche gewährte Unterstützung in Form von freiwilligen Krankenkassen, Arbeiterunterstützung, Arbeitersiedlungen, unterstützten Einkaufsgenossenschaften, Werksärzten etc. Diese war über Unternehmen wie Krupp in Essen, Stumm im Saarland und Carl Zeiss in Jena hinaus weiter verbreitet, als mancher Kritiker es heute wahrhaben will[13].

Rechtshistorische Untersuchungen konnten also bei der Beantwortung der Frage eine Rolle spielen, in welche Richtung man weiter gehen sollte: Rechtliche Festschreibung oder freiwillige Sozialleistung. Die Darstellungen eines historisch gewachsenen *sozialen Bergrechts*[14] hatten in der Epoche Wilhelms II. ihre Bedeutung, deren Realität von großen Streiks — z. B. 1889, 1905, 1912 — geprägt war, in denen die Bergarbeiter um die Verbesserung ihrer Arbeitsbedingungen stritten.

Der Verein für Sozialpolitik, an dessen Sitzungen prominente Vertreter wie der Generalsekretär des Zentralverbandes Deutscher Industrieller, Axel Henry Bueck, bis Ende der 80er Jahre teilgenommen hatten, wollte mehr, als diese patriarchalische Form der Unterstützung. Konsequent kooperierte die Schwerindustrie nicht mehr mit dem Verein. Die Arbeitsvertragsfrage wurde von der politischen Öffentlichkeit und der politischen Ökonomie während des gesamten zweiten Kaiserreichs diskutiert, während die traditionelle Rechtswissenschaft diese nur in Ansätzen wahrgenommen hatte[15]. Es herrschte kein Einverständnis über

---

[12] Thomas *Vormbaum*, Politik- und Gesinderecht im 19. Jahrhundert (vornehmlich in Preußen 1810—1918) (Schriften zur Rechtsgeschichte 21), Berlin 1980.

[13] Ernst *Abbé*, Motive und Erläuterungen zum Entwurf eines Statuts der Cars-Zeiss-Stiftung, Gesammelte Abhandlungen, Bd. III: Sozialpolitische Schriften, Jena 1906. Auf historische Literatur wird verzichtet.

[14] Adolf *Zycha*, Ein altes soziales Arbeiterrecht Deutschlands, in: Zeitschrift für Bergrecht 41 (1900), S. 445—470; *ders.*, Das Recht des ältesten deutschen Bergbaues bis ins 13. Jh. Eine Studie aus der deutschen Rechts- und wirthschaftsgeschichte, Berlin 1899. *Menzel*, A., Soziale Gedanken im Bergrecht, in: Zeitschrift für das Privat- und öffentliche Recht der Gegenwart, Bd. XVIII (1891), S. 481 ff., zugleich in: Zeitschrift für Bergrecht, Bd. 32 (1891), S. 482 ff., in: Zeitschrift für Bergrecht, Bd. 32 (1891), S. 482 ff.; Clemens Gustav *Schmelzeisen*, Die Arbeitsordnung in den jüngeren Berggesetzen, in: ZRG GA 72 (1955), S. 111—153 (vornehmlich für die frühe Neuzeit).

[15] Dieter *Lindenlaub;* Richtungskämpfe im Verein für Socialpolitik. Wissenschaft und Sozialpolitik im Kaiserreich vornehmlich vom Beginn des „Neuen Kurses" bis zum Ausbruch des Ersten Weltkrieges (Beiheft 52, 52, Vierteljahresschrift für Sozial- und Wirtschaftsgeschichte), Wiesbaden 1967, S. 57 ff.! Franz *Boese*, Geschichte des Vereins für Socialpolitik 1872 bis 1932 (Schriften des Vereins für Socialpolitik 188), Berlin 1939, S. 109 ff.; Lujo *Brentano*, Mein

Möglichkeiten und Formen von Arbeitskämpfen, über Individualarbeitsverträge, über Arbeitsverträge in den „privaten Riesenbetrieben" sowie über kollektive Vereinbarungen, Tarifverträge[16].

Gleichgültig welche Konzeption des vorindustriellen Arbeitsrechts die Autoren jeweils verfolgten, stets schwangen neben den genuinen Forscherinteressen, gewollt oder ungewollt, politische Vorstellungen mit[17]. Aktuelle Interessen bildeten das erkenntnisleitende Motiv nicht nur in der Arbeitsrechtsgeschichte. Die deutsche Geschichtswissenschaft war

---

Leben im Kampf um die soziale Entwicklung Deutschlands, Berlin 1931, S. 201 ff. Noch heute betont den sozialen Charakter des mittelalterlichen Rechts, ohne die wenigen sozialen Normen auf ihren Wirklichkeitsgehalt zu überprüfen: *Dapprich*, Gerhard, Der soziale Charakter des Arbeitsrechts im mittelalterlichen deutschen Bergbau, in: Arbeitsleben und Rechtspflege. Festschrift für Gerhard Müller, Berlin 1981, S. 115—127; *ders.*, Geschichtliche Entwicklung der Knappschaft, in: 10 Jahre Bundesknappschaft, Frankfurt/M., S. 24 ff.

Johann Caspar *Bluntschli*, Deutsches Privatrecht, München 1854; *Dankwart*, H., Die locatio conducto operis, in: Jherings Jahrbücher, XIII. Bd. (Jena 1874), S. 299—380; *ders.*, Der Arbeiter-Vertrag, in: XIV. Bd. (Jena 1875), S. 228—283; Lujo *Brentano*, Das Arbeitsverhältnis gemäß dem heutigen Recht. Geschichtliche und ökonomische Studien, Leipzig 1877; unergiebig Robert *Schellwien*, Die Arbeit und ihr Recht, 1882 (Neudruck Frankfurt 1970). Hinzu kommen Massen von reformerischen Schriften über die Notwendigkeit der Verbesserung der Arbeitsverhältnisse etc. Daraus sind zu erwähnen: *Brentano*, Die Arbeitergilden der Gegenwart, 2. Bde., 1871, 1872; Friedrich Albert *Lange*, Die Arbeiterfrage, Duisburg 1865, 3. Aufl., 1874; *ders.*, Die Arbeitseinstellung oder der Kampf zwischen Kapital und Arbeit und die Mittel zur Versöhnung, Berlin 1872; Friedrich *Bitzer*, Der freie Arbeitsvertrag und die Arbeitsordnungen, Stuttgart 1872; Gustav *Schönberg*, Arbeitsämter, Eine Aufgabe des deutschen Reichs, Berlin 1871; Conrad *Bornhak*, Das deutsche Arbeiterrecht, in: Annalen des Deutschen Reiches ..., Bd. 25 (1892), S. 501 ff. Wilhelm *Endemann*, Die Behandlung der Arbeit im Privatrecht, in: Jahrbuch für Nationalökonomie und Statistik, Bd. 67 (1896), S. 641 ff.; Carl Friedr. Ferdinand *Sintenis*, Der Arbeitsvertrag, in: Jahrbuch für das gesamte Dienstrecht der Arbeiter, Angestellten und Beamten, Bd. XV (1875), S. 228 ff.; Karl *Flesch*, Zur Kritik des Arbeitsvertrages, Jena 1901 (ders. noch in einer Vielzahl weiterer Publikationen). Hilfreich Paul *Momberts* Bibliographie: Aus der Literatur über die soziale Frage und über die Arbeiterbewegung in Deutschland ..., in: Archiv für die Geschichte des Sozialismus und der Arbeiterbewegung, 9. Jg. (1921), S. 169 ff. Vgl. hierzu schon *Rückert / Friedrich*, Betriebliche Arbeiterausschüsse in Deutschland, Großbritannien und Frankreich im späten 19. und frühen 20. Jahrhundert, Frankfurt 1978, S. 9.

[16] Der Verein für Sozialpolitik, dem z. B. Gierke angehörte, hatte ausführlich über diese Fragen diskutiert und gleichfalls die Veränderungen der Arbeitsverhältnisse in den privaten Riesenbetrieben wahrgenommen. Vgl. Abschn. 1.2., Fn. 6. Zu Fragen der rechtlichen Steuerung industrieller und sozialer Konflikte Klaus *Saul*, Staat, Industrie, Arbeiterbewegung im Kaiserreich. Zur Innen- und Sozialpolitik des wilhelminischen Deutschland 1903—1914 (Studien zur modernen Geschichte 16), Düsseldorf 1974, S. 188 passim; als Detailstudie vgl. Theo *Mayer-Maly*, Die Entwicklung des Arbeitskampfrechts in Deutschland und in den westlichen Industriestaaten vom Ausgang des 19. Jahrhunderts bis 1945, in: Zeitschrift für Unternehmensgeschichte, Beiheft 16, Wiesbaden 1980, S. 11—27.

[17] Vgl. oben Fn. 3 ff.

stets hoch politisch gewesen. Antimodernistische Tendenzen waren besonders vor und nach dem ersten Weltkrieg ebenso zu verzeichnen, wie die negative Beurteilung industrieller Verhältnisse („verhängnisvolle Überindustrialisierung")[18]. Daß eine gewisse Richtung der Rechtsphilosophie solche Gedanken unterstützte, während eine andere sie bekämpfte, sei nur am Rande erwähnt[19].

Insbesondere nach dem Scheitern des Kaiserreichs bestimmten Harmonie und Gemeinschaftsdenken die Analyse:

> „Die Großindustrie und ihre kapitalistische Betriebsform schafft notwendig Menschenmassen, die sich vom Glück des Menschenlebens ausgeschlossen fühlen und vom Umsturz der Welt, die sie in Ketten geschlagen hat, das Heil erwarten."[20]

Ebenso wie Friedrich *Meinecke* machte Gerhard *Ritter* die Industrialisierung für die inneren Spannungen des Deutschen Reiches mit verantwortlich[21]. Die Modernisierung wurde allgemein als Prozeß gesellschaftlicher Deformierung und als nationale Entindividualisierung empfunden[22]. Der Weg zurück, eine Wiedergesundung[23], konnte also nur in Anlehnung an heile Verhältnisse erfolgen, worunter man die vorindustriellen Verhältnisse verstand[24].

1.2. Otto von Gierkes „Wurzeln des Dienstvertrages"

Gierkes Schrift über die Wurzeln des Dienstvertrages stellt m. E. die einflußreichste Schrift der Arbeitsrechtsgeschichte dieses Jahrhunderts

---

[18] Bernd *Faulenbach*, Ideologie des deutschen Weges. Die deutsche Geschichte in der Historiographie zwischen Kaiserreich und Nationalsozialismus, München 1980. Zur Überindustrialisierung vgl. Otto *Hinze*, Der deutsche Staatsgedanke, in: Zeitschrift für Politik 13 (1924), S. 114—131; Friedrich *Meinecke*, Die geschichtlichen Ursachen der deutschen Revolution, in: Deutsche Rundschau 179 (1919), S. 241—258, abgedr. Nach der Revolution. Geschichtliche Betrachtungen über unsere Lage, München und Berlin 1919. Instruktiv Harry *Pross* (Hrsg.), Die Zerstörung der deutschen Politik. Dokumente 1871—1933, Frankfurt 1983.

[19] Hermann *Lübbe*, Politische Philosophie in Deutschland, Basel 1963 (als Taschenbuch, München 1974).

[20] Friedrich Meinecke (Fn. 18), S. 28.

[21] Gerhard *Ritter*, Allgemeiner Charakter und geschichtliche Grundlagen der politischen Parteibildung in Deutschland, in: Volk und Reich der Deutschen, Hrsg. von Bernard Harms, 3 Bde., Berlin 1929, Bd. 2, S. 3—34.

[22] Faulenbach (Fn. 18), S. 94.

[23] Es geht in dieser Abhandlung um Arbeitsrechtsgeschichte, nicht um die Rolle der Geschichte und Rechtsgeschichte für diese Zeit. Vgl. aber Hermann *Krause*, Der deutschrechtliche Anteil an der heutigen Privatrechtsordnung, in: Juristische Schulung 1970, S. 313 ff.; Marcel *Senn*, Rechtshistorisches Selbstverständnis im Wandel. Ein Beitrag zur Wissenschaftstheorie und Wissenschaftsgeschichte (Züricher Studien zur Rechtsgeschichte 6), Zürich 1981, vgl. Abschn. 1.4. a. E. m. w. N.

[24] *Tönnies*, Gemeinschaft und Gesellschaft, 6. Aufl., Leipzig 1926, S. 284.

dar[1]. Darin zeigt sich die Schwierigkeit, ein Recht zu schaffen, daß der Bedeutung der industriellen Arbeit entsprach, während man den Auswirkungen der Hochindustrialisierung kritisch gegenüberstand. Einige Autoren wollten — wie ihre Kritiker urteilten — ein „abstraktes, atomisiertes, individualisiertes" Arbeitsrecht festschreiben[2]. Der reine schuldrechtliche Vertrag, aus dem evtl. rechtliche Fürsorgenebenpflichten folgten, sollte die Arbeitsbeziehungen regeln[3]. Der Kauf oder die Miete der Ware Arbeitskraft[4] entsprach einer Realität auf dem Arbeitsmarkt. Freiwillige (patriarchalische) Fürsorgeleistungen konnten ohne weiteres wieder entzogen werden.

Gierke hingegen betonte das *soziale Element* des Dienstvertrages sowie eine mehr oder minder verrechtlichte Fürsorgepflicht. Er hielt den Vorschriften des ersten Entwurfs des BGB über den Dienstvertrag vor, der soziale Schutz für die Arbeitnehmer sei vollständig ungenügend[5]. Der Arbeitsvertrag stellte für ihn keinen schuldrechtlichen Austausch-

---

[1] Zu Gierkes Biographie und Schriften vgl. die umfangreiche Bibliographie bei Gerd *Kleinheyer* / Jan *Schröder*, Deutsche Juristen aus fünf Jahrhunderten, 2. Aufl., Heidelberg 1983, S. 97 f. Otto von *Gierke*, Die Wurzeln des Dienstvertrags, in: Festschrift für Heinrich Brunner, München — Leipzig 1914. Seine arbeitsrechtlichen Konzeptionen entwickelte er insbesondere noch in folgenden Schriften: Der Entwurf eines bürgerlichen Gesetzbuchs und das deutsche Recht, in: Schmollers Jahrbuch für Gesetzgebung, Verwaltung und Volkswirtschaft 12 (1888), S. 843 ff., 1179 ff.; 13 (1889), S. 183 ff., 723 ff., später als Buchveröffentlichung, Leipzig 1889; Die soziale Aufgabe des Privatrechts, Berlin 1889; Das Bürgerliche Gesetzbuch und der Deutsche Reichstag, Berlin 1896; Schuld und Haftung im älteren deutschen Recht, insbesondere die Form der Schuld- und Haftungsgeschäfte (Untersuchungen zur deutschen Staats- und Rechtsgeschichte 100), Breslau 1910; Recht und Sittlichkeit, in: Logos, Internationale Zeitschrift für Philosophie der Kultur, Bd. VI (1916/17); Deutsches Privatrecht, Bd. III, Schuldrecht (hrsg. von Karl Binding, Systematisches Handbuch der deutschen Rechtswissenschaft), München — Leipzig 1917.

[2] Philipp *Lotmar*, Der Arbeitsvertrag nach dem Privatrecht des Deutschen Reiches, Bd. 1, Leipzig 1902, Bd. 2, Leipzig 1908; Klaus-Dieter *Waldt*, Die Lehre vom Arbeitsvertrag bis zum Ende der Weimarer Republik, insbesondere ein Beitrag zum Arbeitsvertrag von Philipp Lotmar, Diss. jur., Münster 1974. „Der Arbeitsvertrag ist der gegenseitige obligatorische Vertrag, in welchem die Vertragschließenden die Leistung von Arbeit durch den einen und die Leistung von Entgelt durch den anderen vereinbaren." Lotmar, ebd., Bd. 1, S. 32, 1.

[3] Peter *Schwerdtner*, Fürsorgetheorie und Entgelttheorie im Recht der Arbeitsbedingungen. Ein Beitrag zum Gemeinschafts- und Vertragsdenken im Individualarbeitsrecht und allgemeinem Vertragsrecht (Abhandlungen zum Arbeits- und Wirtschaftsrecht 20), Heidelberg 1970; Ernst *Wolf*, Das Arbeitsverhältnis, Personenrechtliches Gemeinschaftsverhältnis oder Schuldverhältnis (Beiträge zum Arbeitsrecht 1), Marburg 1970.

[4] Konsequent behandelten pandektenrechtliche Werke den Arbeitsvertrag bei der Sachmiete, vgl. z. B. *Dernburg*, Pandekten, Bd. 2, 5. Aufl., Berlin 1897, S. 310; *Windscheid*, Lehrbuch des Pandektenrechts, Bd. 2, 7. Aufl., Frankfurt 1891, S. 459; vgl. im übrigen die Nachweise bei Waldt (Fn. 2), S. 15.

[5] Besonders in den Schriften zu den Entwürfen des BGB, z. B. Entwurf (Fn. 1), S. 104 ff.

vertrag, sondern ein personenrechtliches Verhältnis dar. Diese Anschauung gewann er nicht durch empirische Studien seiner Wirklichkeit[6], sondern durch eine *historische Herleitung.* Den Ursprung des Dienstvertrages fand er nämlich im *germanischen Treudienstvertrag.* Der „heutige Dienstvertrag ist deutschrechtlichen Ursprungs“[7] schrieb Gierke 1917 und näherte wie stets den Begriff ‚deutschrechtlich‘ dem des ‚sozialen‘ an[8]. Die gesamte historische Herleitung des Arbeitsvertrages als eines personenrechtlichen Verhältnisses sollte dazu dienen, die wechselseitigen Pflichten wie Treue und Fürsorge zu legitimieren und sie einem jeden Arbeitsvertrag zu unterlegen.

„Dem Herrn verschaffte er die munt, die ihm Befehls- und Zuchtgewalt gewährte, ihn aber zugleich zu Schutz und Vertretung berief ... Den Diener unterwarf er einer dauernden Freiheitsbeschränkung, kraft deren er zu Gehorsam und Dienst verpflichtet war, zugleich aber ein Recht auf Schutz und Vertretung gewann.“[9]

Dieser Treudienstvertrag übernahm nach Gierke „im immer steigenden Maße die Funktion eines entgeltlichen Arbeitsvertrags“[10]. Gierke erklärte ihn letztlich zur Urform des modernen Arbeitsvertrages. Allerdings hielt er den Vertrag, den seine Zeit am ehesten als personenrechtlich qualifizierte, den Gesindevertrag, für eher schuldrechtlich[11], womit er u. a. auf den Widerspruch *Potthoffs*[12] stieß, stützte sich doch die Annahme patriarchalischer Fürsorge etc. auf solche Gesindeverträge. Im wesentlichen folgte man in der Rechtsgeschichte Gierkes Auffassungen, wenngleich man gegen Ende des Jahrzehnts meinte, nicht alle Formen

---

6 Die veränderten Umstände waren längst z. B. im Verein für Sozialpolitik diskutiert worden, vgl. etwa Lujo *Brentano,* Das Arbeitsverhältnis in den privaten Riesenbetrieben, in: Verhandlungen des Vereins für Socialpolitik vom 25.—28. September 1905 (Schriften des Vereins für Socialpolitik 116), Leipzig 1906, S. 135—150, Diskussion 158—235. Gierke idealisiert mittelalterliche Verhältnisse und überträgt sie dann ins 19. Jahrhundert. Vgl. Ernst Wolfgang *Böckenförde,* Die deutsche verfassungsgeschichtliche Forschung im 19. Jahrhundert, Berlin 1961, S. 147 ff.

7 Deutsches Privatrecht, Bd. 3 (1917), S. 590, 593.

8 Krause (Abschn. 1.1., Fn. 23); Sibylle *Pfeiffer-Munz,* Soziales Recht ist deutsches Recht. Otto von Gierkes Theorie des sozialen Rechts, untersucht anhand seiner Stellungnahmen zur deutschen und schweizerischen Privatrechtskodifikation (Zürcher Studien zur Rechtsgeschichte 2), Zürich 1979; *Rainer Schröder,* Abschaffung oder Reform des Erbrechts, Ebelsbach 1981, S. 35 ff.

9 Die Wurzeln des Dienstvertrages (Fn. 1), S. 41.

10 Ebd., S. 42.

11 Ebd., S. 45 ff.; Deutsches Privatrecht, Bd. 3 (1917), S. 595; vgl. im übrigen Philipp *Krapp,* Die Anfänge und die geschichtliche Entwicklung des Dienst- und Arbeitsvertrages, dargelegt am Römischen Recht, am Recht der Papyrusurkunden und am Deutschen Recht, Diss. jur., Erlangen 1931, S. 56 ff.

12 *Potthoff,* Wesen und Ziele des Arbeitsrechts, Berlin 1922, S. 34; ders., Ist das Arbeitsverhältnis ein Schuldverhältnis?, in: Arbeit und Recht 1922, Sp. 267.

des Arbeitsvertrages hätten ihren Ursprung im Treudienstvertrag[13]. Paradoxerweise war die Auffassung Gierkes, der sich in diesem Punkt auf seinen Schüler *Hertz* stützen konnte[14], zutreffend.

Die Treuepflicht bildete die zentrale Kategorie im Werk Gierkes, und zwar nicht nur in bezug auf den Arbeitsvertrag[15]. Die ständige Betonung der beiden Elemente, Austausch von Dienstleistungen und Vergütung einerseits sowie wechselseitig geschuldete Treue andererseits, rührten indes mehr aus den sozialpolitischen Konzeptionen Gierkes her, als aus historischen Belegen.

„Die Herkunft des Dienstvertrages aus dem Treudienstvertrag adelte die Lohnarbeit und erhob schließlich auch die unfreie Arbeit in die Sphäre der Freiheit ... das Vorbild des Treudienstverhältnisses enthielt die Anschauung, daß die Arbeit untrennbarer Ausfluß der Persönlichkeit sei, auch für verdungene Arbeit lebendig und trieb dazu, den Dienstvertrag mit personenrechtlichem Gehalt zu erfüllen und so als eigenartigen Schuldvertrag über die rein vermögensrechtlichen Geschäfte emporzuheben.“[16]

Aus solchen Vorstellungen konnten sich die nachfolgenden Arbeitsrechtler und Rechtshistoriker jeweils die Teile herausgreifen, die in ihr politisches Verständnis paßten. Gierkes Absicht, den Schutz für die Arbeitnehmer zu verstärken, ihre Stellung zu verbessern, waren zweifellos von einer integren persönlichen Haltung bestimmt. Es gilt, dies nicht zu vergessen, wenn man über die Rezeption seiner Forschungen nachdenkt. Zweifellos war sein Einfluß auf das moderne Arbeitsrecht ebenso wie auf die Arbeitsrechtsgeschichte beträchtlich — gleichgültig, wie man

---

[13] Gierkes Auffassung folgten z. B. aus der Rechtsgeschichte *Hübner*, Grundzüge des Deutschen Privatrechts, 5. Aufl., 1930, S. 587; *Brunner-Heymann*, Grundzüge der deutschen Rechtsgeschichte, 5. Aufl., München — Leipzig 1925; vollständig Gierke übernehmend *Krapp* (Fn. 11); allgem. setzte sich die Meinung durch, nicht alle Formen des Arbeitsvertrages hätten ihren Ursprung im Treudienstvertrag. Hans *Planitz*, Grundzüge des deutschen Privatrechts, 2. Aufl., Berlin 1931, S. 109; vgl. sogar noch Heinrich *Mitteis*, Deutsches Privatrecht, 2. Aufl., München — Berlin 1953, S. 136. Differenzierter zur besoldeten freien Arbeit schon Hugo *Sinzheimer*, Grundzüge des Arbeitsrechts, 2. Aufl., Jena 1927, S. 120. Wie stark Gierkes Auffassung übernommen wurde, zeigt z. B. die Dissertation von *Hagen*, Georg, Erwerbsordnung und Unterstützungswesen in Deutschland, Borna — Leipzig 1913, der schreibt: „Einen freien Arbeitsvertrag kannte man noch nicht.“ (S. 65).

[14] Gustav *Hertz*, Die Rechtsverhältnisse des freien Gesindes, Breslau 1879 (Nachdruck 1935); vgl. weiter Hans *Platzer*. Geschichte der ländlichen Arbeitsverhältnisse in Bayern (Altbayerische Forschungen II/III), München 1904; Otto *Könnecke*, Rechtsgeschichte des Gesindes in West- und Süddeutschland (Arbeiten zum Handels-, Gewerbe- und Landwirtschaftsrecht), Marburg 1912. Vgl. später *Silberschmidt*, Das deutsche Arbeitsrecht, Bd. I, 2, München — Berlin 1929, S. 69.

[15] Schuld und Haftung im älteren deutschen Recht ... (Fn. 1), S. 164, 199 ff., sowie Recht und Sittlichkeit (Fn. 1).

[16] Die Wurzeln des Dienstvertrages (Fn. 1), S. 68; Deutsches Privatrecht, Bd. 3, S. 595, 609, 660. Diese Auffassung richtete sich übrigens direkt u. a. gegen Below.

beide Einflüsse beurteilt[17]. Seine Auffassungen, die insgesamt nicht Gegenstand dieser Abhandlung sind, bereiten in drei Hinsichten Schwierigkeiten:

1. Die historischen Herleitungen, wiewohl sie weitgehend herrschend wurden und z. T. noch heute autoritativ zitiert werden[18], lassen sich wissenschaftlich nicht mehr halten.

2. Der wissenschaftliche Standpunkt Gierkes, dessen politisch konservativer Trend gegen Ende seines Lebens immer deutlicher hervortrat, bereitet große Einordnungsschwierigkeiten. Unpolitisch war er persönlich gewiß nicht, wie ein bedeutender Nekrolog meint[19]. Die Positionen, die das schuldrechtliche Austauschverhältnis betonten, scheinen konservativer, ja reaktionärer zu sein, als Gierkes Wunsch, soziale-personenrechtliche Elemente in den Arbeitsvertrag mit einzubeziehen[20].

3. Eine weitere Schwierigkeit ergibt sich, weil eine sprachliche und begriffliche Nähe zwischen Gierkes Konzeption, das Recht konstituiere sich in Gemeinschaften (Genossenschaften etc.) und dem nationalsozialistischen Rechtsdenken besteht. Begünstigt werden solche Assoziationen durch die rhetorische Wucht, mit der Gierke, leider oft auf Kosten der Präzision, seine Wirkung erzielte[21]. Auf der Suche nach

---

17 H. G. *Isele*, Otto von Gierkes Bedeutung für das moderne Arbeitsrecht, in: Eranion in Honorem G. S. Maridakis, Bd. II, 1963, S. 285 ff.; Friedhelm *Jobs*, Otto von Gierke und das moderne Arbeitsrecht, Diss. jur. Frankfurt 1968; Hans Werner *Mundt*, Sozialpolitische Wertungen als methodischer Ansatz in Gierkes Privatrechtlichen Schriften, Diss. jur., Frankfurt 1976; Klaus-Dieter *Waldt*, Die Lehre vom Arbeitsvertrag (Fn. 2); Helga *Spindler*, Von der Genossenschaft zur Betriebsgemeinschaft — Kritische Darstellung der Sozialrechtslehre Otto von Gierkes (Rechtshistorische Reihe 16), Frankfurt 1982; Albert *Janssen*, Otto von Gierkes Methode der geschichtlichen Rechtswissenschaft. Studien zu den Wegen und Formen seines juristischen Denkens, Göttingen, Frankfurt, Zürich 1974. Ernst Wolfgang *Böckenförde* (Fn. 6). Vgl. dagegen Hans *Thieme*, Was bedeutet uns Otto von Gierke?, in: De iustitia et iure. Festgabe für Ulrich von Lübtow zum 80. Geburtstag, Berlin 1980, S. 407—424.

18 Vgl. *Mundt*, S. 62, 64 ff.; *Waldt*, S. 73; *Jobs*, S. 54, 22, kritischer bereits *Janssen*, S. 81, 83 sowie *Spindler*, S. 131. Sämtliche Kritik ist im wesentlichen gestützt auf Wilhelm *Ebels* Werk, vgl. Abschn. 1.3. und 1.5.

19 Ulrich *Stutz*, Zur Erinnerung an Otto von Gierke, in: Zeitschrift der Savigny-Stiftung für Rechtsgeschichte, Germanistische Abteilung 43 (1922), S. 1 ff.

20 Vgl. bei *Spindler* (Fn. 17), S. 159 ff.

21 Hermann *Krause*, Der deutschrechtliche Anteil an der heutigen Privatrechtsordnung, in: Juristische Schulung 1970, S. 313—321; Hildburg *Hunke*, Germanische Freiheit im Verständnis der deutschen Rechts- und Verfassungsgeschichtsschreibung, Göttingen 1972; Friedrich *Meinecke*, Germanischer und romanischer Geist im Wandel der deutschen Geschichtsauffassung, in: Historische Zeitschrift 115 (1916), S. 516—536. Zur Gleichsetzung des Germanisch-deutschem mit Sozialem, vgl. oben Fn. 8 und Abschn. 1.1., Fn. 23.

geistigen Vätern und Vorläufern stößt man alsbald auf Gierke, dessen historische Herleitung des Dienstvertrages benutzt werden konnte, um neue Auffassungen vom Arbeitsvertrag als eher personenrechtliches Verhältnis zu rechtfertigen[22].

1.3. Arbeitsrechtsgeschichte in der Weimarer Republik

Die Arbeitsrechtsgeschichte war nach der Revolution von 1918/19 kein Thema. Geschichte als Legitimationsreservoir mußte nach dem gesellschaftlich-politischen Umschwung ihre Bedeutung verlieren. Bedeutende Historiker beteiligten sich unmittelbar an der politischen Diskussion, bisweilen engagierten sie sich auf der rechten Seite des parteipolitischen Spektrums[1]. Gravierende Änderungen im Arbeitsrecht waren durch Gesetz und Verordnungen im Weltkrieg (Kriegssozialismus) vorbereitet und durch die neuen Mächte politisch durchgesetzt worden[2]. Anders als noch gegen Ende des zweiten Kaiserreichs genügten soziale Notwendigkeiten, um die neuen Gesetze und Verordnungen als legitim erscheinen zu lassen[3]. Soweit ich sehe, veröffentlichte allein *Molitor* arbeitsrechtshistorische Forschung[4]. Lujo *Brentano* stellte resignierend

---

[22] Vgl. dazu sogleich unten Abschn. 1.3. und 1.4.

[1] Vgl. z. B. Martin *Spahn*, Für den Reichsgedanken, Historisch-politische Aufsätze 1915—1934, Berlin und Bonn 1936; Karl Alexander von *Müller*, Deutsche Geschichte und politischer Charakter, Aufsätze und Vorträge, Berlin und Leipzig 1926, S. 56 ff.; *ders.*, Die Geltung des Bauern in der Volksgemeinschaft, in: Einkehr Nr. 23 vom 16. 11. 1932; Fritz *Kern*, die unbußfertige Nation, in: Die Grenzboten 80 (1921), 195 spricht vom „geschichtslosen Vordergrundgefühl heutiger Großstadtdeutscher". „Sie wissen nicht mehr, daß von Luther und Schiller unsere Zukunft abhängt, sie denken, der Export nach Rußland und Amerika wird es schon machen . . ."; zum ganzen vgl. René *König*, Zur Soziologie der zwanziger Jahre, in: L. Reinisch (Hrsg.): Die Zeit ohne Eigenschaften. Eine Bilanz der zwanziger Jahre, Stuttgart 1961, S. 82—118.

[2] Gesetz betreffend Höchstpreise vom 4. 8. 1914; Gesetz über den vaterländischen Hilfsdienst vom 5. 12. 1916; instruktiv: Gert *Brüggemeier*, Entwicklung des Rechts im organisierten Kapitalismus. Materialien zum Wirtschaftsrecht, Bd. 1, Frankfurt 1977, S. 220 ff. Vereinbarung über eine Zentralarbeitsgemeinschaft zwischen Arbeitgeber- und Arbeitnehmerverbänden von 1918; Tarifvertragsverordnung von 1918; Art. 165 I, Weimarer Reichsverfassung; Betriebsrätegesetz 1920; Schlichtungsverordnung 1923 etc. Paul *Oertmann*, Deutsches Arbeitsvertragsrecht mit Einschluß der Arbeitskämpfe, Berlin 1923, S. 35 ff.

[3] Stinnes-Legien-Abkommen; Vereinbarung über eine Zentralarbeitsgemeinschaft zwischen Arbeitgeber- und Arbeitnehmerverbänden von 1918.

[4] Erich *Molitior*, Zur Geschichte des Arbeitsvertrags . . ., in: Zeitschrift für das gesamte Handels- und Konkursrecht 87 (1924), S. 371 ff., *ders.*, Die Entwicklung des Kündigungsrechts, in: Klausing / Nipperdey / Nußbaum (Hrsg.), Beiträge zum Wirtschaftsrecht, Bd. I (Arbeiten zum Handels-, Gewerbe- und Landwirtschaftsrecht 62), Marburg 1931, S. 349—379; vgl. noch *Krapp*, Abschn. 1.2., Fn. 11.

fest, es seien nicht die langen Debatten im Verein für Sozialpolitik bzw. in der politischen Öffentlichkeit gewesen, die diese Änderungen bewirkt hätten[5]. Brentano verkannte, wie wichtig die Vorbereitung der öffentlichen Meinung für die eingetretenen Veränderungen war. Gierkes beständige Reden und vielen Schriften mit ihrer Kritik am unsozialen römischen Recht gehörten ebenso dazu, wie seine genossenschaftlichen, sozialrechtlichen Ideen und die Betonung des Treuegedankens im Arbeitsrecht. Seine Chiffren stimmten mit allgemeinen Zeitströmungen überein und wurden in ihrer Mehrdeutigkeit herrschend.

Gierke bereitete das Feld vor, so daß Heinrich *Lehmann* 1921 in einer programmatischen Rede bei der Übernahme der Rektorwürde der Universität Köln erklären konnte:

> „Man ersetzte den römisch-rechtlichen Grundsatz der freien Einzelregelung der Vertragsbedingungen durch den einer genossenschaftlichen Regelung unter Bindung des einzelnen an die Berufsgenossenschaft. Damit griff man zurück auf *alte deutsche Rechtsgedanken, die man im demokratischen Sinne neu belebte.*“[6]

Das „Germanische Recht“ hatte nach Meinung von *Oertmann* „eine andere, tiefere Auffassung vom Wesen des Arbeitsverhältnisses“[7]. Ein reiner Schuldvertrag konnte diesem nach allgemeiner Meinung nicht gerecht werden. In den Debatten um den Begriff des Arbeitsvertrages und um das „Wesen des Arbeitsverhältnisses“[8] trat klar hervor: Niemand wollte das Arbeitsverhältnis unsozial begreifen, also einen reinen Austauschvertrag konstruieren[9]. Gerade sozialdemokratische Juristen wie Hugo *Sinzheimer* und Heinz *Potthoff* griffen Gierkesches Gedankengut auf[10], das sich also weder einer sozialdemokratischen bzw. sozialreformerischen, noch — später — einer nationalsozialistischen Interpretation verwehrte. Gierkesches Denken konnte Lehmann demokratisch, Sinzheimer sozialdemokratisch, die Juristen der NS-Zeit nationalsozialistisch und die Nachkriegsgeneration erneut demokratisch verwenden. Die Arbeitsrechtsgeschichte kam indes nicht weiter. Es ist „zwecklos,

---

[5] Lujo *Brentano*, Ist das System Brentano zusammengebrochen? Über Kathedersozialismus und alten und neuen Merkantilismus, Berlin 1918, S. 14.

[6] Heinrich *Lehmann*, Die Grundgedanken des neuen Arbeitsrechts. Rede gehalten bei der Übernahme der Rektorwürde der Universität Köln am 12. Nov. 1921 (Kölner Universitätsreden VI), Köln 1922, S. 8 f.

[7] Paul *Oertmann*, Deutsches Arbeitsvertragsrecht mit Einschluß der Arbeitskämpfe, Berlin 1923, S. 20.

[8] *Molitor*, Das Wesen des Arbeitsvertrages, Leipzig — Erlangen 1925.

[9] Vgl. o. Abschn. 1.1.

[10] Hugo *Sinzheimer*, Der korporative Arbeitsnormenvertrag, Bd. 1, Berlin 1907; *ders.*, Otto von Gierkes Bedeutung für das Arbeitsrecht, in: Arbeitsrecht. Jahrbuch für das gesamte Dienstrecht der Arbeiter, Angestellten und Beamten, 1922, S. 1 ff.; Kritisch hierzu Helga *Spindler*, Abschn. 1.2., Fn. 17, S. 154.

vom Arbeitsrecht, diesem Kind des letzten Jahrhunderts, frühere Spuren finden zu wollen", erklärte *Kaskel* 1928[11].

1.4. Arbeitsrechtsgeschichte im 3. Reich*

„Zurück zu Gierke" lautete eine Parole im Zivilrecht[1]. Dort und im Strafrecht kann man von einer Gierke-Renaissance sprechen, die von kontroversen wissenschaftlichen Diskussionen bestimmt war[2]. Gegenstand dieser Abhandlung ist aber nicht die allgemeine Gierke-Rezeption, sondern — einleitend — die Verwendung seiner historischen Konzeptionen im Bereich des Arbeitsrechts. Die personenrechtliche Komponente des Arbeitsverhältnisses wurde durch das Gesetz zur Ordnung der nationalen Arbeit vom 20. Januar 1934 zur herrschenden Doktrin, der Treuegedanke zur tragenden Säule[3]. Begriffe wie das „personen-

---

[11] Walter *Kaskel*, Arbeitsrecht, 3. Aufl., 1928; anders jedoch *Kaskel-Dersch*, Arbeitsrecht, 5. Aufl., 1957, S. 7.

* Zur Arbeitsrechtsgeschichte im Dritten Reich verdanke ich wesentliche Hinweise den persönlichen Mitteilungen und Forschungen des Dr. Andreas *Kranig*, Hagen, dem ich herzlich danke.

[1] Herbert *Meyer*, Recht und Volkstum, Weimar 1933, vgl. schon *ders.*, Recht und Volkstum. Rektoratsrede gehalten bei der Jahresfeier der Georg Aug. Universität zu Göttingen am 5. Juni 1929, Göttingen 1929. W. *Merk*, Neugestaltung unseres bürgerlichen Rechts, in? Geistige Arbeit 1 (1934), Heft 9, S. 1; weitere Lit. unter Fn. 10 sowie K. A. *Eckhardt*, Otto Gierke: Deutsches Privatrecht, in: Deutsche Rechtswissenschaft, Bd. 2 (1937), S. 270 f. Zu diesem vgl. Hermann *Krause*, in: Deutsches Archiv 35 (1979), 1—16. Diese These lehnte für das *Staatsrecht* ab Reinhard *Höhn*, Otto von Gierkes Staatslehre und unsere Zeit, zugleich eine Auseinandersetzung mit dem Rechtssystem des 19. Jhs., Hamburg 1936; Hans *Krupka*, Genossenschaftslehre und politische Neutralität. Über den Standort der Genossenschaftstheorie Otto von Gierkes in der deutschen Staatswissenschaft des 19. Jhs., in: Schmollers Jahrbuch für Gesetzgebung, Verwaltung ... 66 (1942), S. 723 ff.; zur gesamten Frage vgl. Albert *Janssen*, Otto von Gierkes Methode der geschichtlichen Rechtswissenschaft. Studien zu den Wegen und Formen seines juristischen Denkens, Göttingen — Frankfurt — Zürich 1974, S. 4 ff. M. v. w. N. Zur Vereinnahme Gierkes für nationalsozialistisches Rechtsdenken *Thieme*, Hans, Was bedeutet uns Otto von Gierke?, in: De iustitia et iure — Festgabe für Ulrich von Lübtow zum 80. Geburtstag, Berlin 1980, S. 407—424. Allgemein zur nationalsozialistischen Erneuerung des bürgerlichen Rechts Hans *Hattenhauer*, Das NS-Volksgesetzbuch, in: Festschrift Rudolf Gmür, Bielefeld 1983, S. 255—280; zu einer Spezialfrage Bruno *Spiller*, Gierkes Kritik an der gewillkürten und gesetzlichen Erbfolge des Entwurfs im Lichte der seitherigen Rechtsentwicklung und der national-sozialistischen Rechtserneuerung, Diss. jur., Breslau 1938.

[2] *Janssen* ebd.

[3] Zum nationalsozialistischen Arbeitsrecht vgl.: Thilo *Ramm*, Nationalsozialismus und Arbeitsrecht, in: Kritische Justiz 68, 108—120, wieder abgedruckt in: Der Unrechtsstaat, Frankfurt 1979, S. 82 ff.; Andreas *Kranig*, Geschichte der deutschen Arbeitsverfassung, Kurseinheit 3: Die Arbeitsverfassung des Dritten Reiches, Fernstudienkurs der Fernuniversität Nr. 340, Fernuniversität Hagen 1980; *ders.*, Lockung und Zwang. Zur Arbeitsverfassung im Dritten Reich (Schriftenreihe der Vierteljahrshefte für Zeitgeschichte 47), Stuttgart 1983; *ders.*, Führer und Gefolgschaft, Köln 1984; *ders.*, Das Gesetz

rechtliche Gemeinschaftsverhältnis", die „Betriebsgemeinschaft", der „Führer und das Gefolgschaftsmitglied" machen die Verwendung Gierkeschen Denkens im Arbeitsrecht der Zeit wahrscheinlich[4]. Die Bedeutung der historischen Darlegungen war jedoch begrenzt, zumal nicht jedem historischen Zitat eine legitimierende Wirkung beizumessen ist. Man muß hier wie in den anderen Rechtsbereichen zwischen der Frühphase des Dritten Reiches, in der sich die nationalsozialistische Ordnung noch nicht durchgesetz hatte, und der Phase unterscheiden, in der das System sich bereits stabilisiert hatte. In der Frühphase war es erforder-

zur Ordnung der nationalen Arbeit — Grundgesetz der nationalsozialistischen Arbeitsverfassung (Jus-Commune, Sonderheft zur Arbeitsrechtsgeschichte), Frankfurt 1984; *ders.*, Arbeitsrecht und Nationalsozialismus, in: Recht, Rechtsphilosophie und Nationalsozialismus (hrsg. von Hubert Rottleuthner), (Beiheft Nr. 18 zum Archiv für Rechts- und Sozialphilosophie), Wiesbaden 1983, S. 105—119. Bei Kranig finden sich vollständige Nachweise zur arbeitsrechtlichen Literatur des Dritten Reichs und zu deren Bewältigung in der Bundesrepublik. Wolfgang *Däubler*, Arbeitsrechtsideologie im deutschen Faschismus — einige Thesen, in: ebd., S. 120—127. Roderich *Wahsner*, Faschismus und Arbeitsrecht, in: Udo Reifner (Hrsg.), Das Recht des Unrechtsstaats. Arbeitsrecht und Staatsrechtswissenschaft im Faschismus, Frankfurt/New York 1981, S. 86—129. Bernd *Rüthers*, Die unbegrenzte Auslegung. Zum Wandel der Privatrechtsordnung im Nationalsozialismus, Königstein 1973, S. 379—399, zum Arbeitsvertrag. Vgl. weiter *Söllner*, in: NS-Recht in historischer Perspektive, München — Wien 1981 (Kolloquien des Instituts für Zeitgeschichte), S. 135 ff.; vgl. weiter Michael *Stolleis*, Gemeinwohlformeln im nationalsozialistischen Recht, Berlin 1974. Der Stand der Forschung zum NS-Recht erschließt sich u. a. über *Stolleis*, Art.: Nationalsozialistisches Recht, in: Handwörterbuch zur deutschen Rechtsgeschichte, Bd. 3, Sp. 873—892; kürzer *ders.*, Die Rechtsordnung des NS-Staates, in: Juristische Schulung 1982, S. 645 ff. Roderich *Wahsner*, Die deutsche Rechtsgeschichte und der Faschismus, in: KJ 1973, S. 172—181; Dieter *Schwab*, Zum Selbstverständnis der historischen Rechtswissenschaft im Dritten Reich, in: KJ 1969, S. 58 ff.

[4] § 2 II des Gesetzes zur Ordnung der nationalen Arbeit normierte:

„Er (sc. Führer des Betriebes) hat für das Wohl der Gefolgschaft zu sorgen. Diese hat ihm die in der Betriebsgemeinschaft begründete Treue zu halten."

Die zentrale Bedeutung dieses Passus wurde in der arbeitsrechtlichen Literatur vollständig anerkannt, vgl. *Nikisch*, Das Arbeitsverhältnis im Betrieb, 2. Aufl., Berlin 1944, S. 183; *Kreller*, Fürsorge- und Treuepflicht im Arbeitsrecht, in: Zeitschrift der Akademie für deutsches Recht 1983, S. 302; *Hueck / Nipperdey / Dietz*, Gesetz zur Ordnung der nationalen Arbeit und Gesetz zur Ordnung der Arbeit in der öffentlichen Verwaltung und Betrieben, 4. Aufl., Berlin — München 1943, zu § 2. Die Bedeutung Gierkes für das „personenrechtliche Gemeinschaftsverhältnis" des NS-Arbeitsrechts ist nach wie vor etwas unklar. *Jobs* erkennt nach Auffassung von *Wahsner*, Faschismus und Arbeitsrecht, in: Udo Reifner (Hrsg.), Das Recht des Unrechtsstaats (Fn. 3), S. 128, den nationalsozialistischen Charakter der Betriebsgemeinschaft des AOG nicht. Anders hingegen *Schwerdtner* (Abschn. 1.2., Fn. 3), S. 30 ff. Solche Art der Fragestellung geht indes am Problem vorbei, da nicht die Herkunft des Begriffs, sondern seine konkrete Verwendung entscheidend ist. Für diese war Gierke nicht verantwortlich zu machen. Seine Intentionen waren reformistisch und nicht faschistisch. Daß nationalsozialistische Juristen sich einer verbreiteten Begrifflichkeit bedienten, um eigene Ideen durchzusetzen, ist argumentationstheoretisch und -politisch selbstverständlich. Zu den speziellen Zusammenhängen vgl. auch *Spindler* (Abschn. 1.2., Fn. 17), S. 147 ff.

lich, intellektuelle und konservative Kreise an das neue Reich heranzuführen. Historische und philosophische Konzeptionen entfalteten hier ihre Wirkungen[5]. Besonders die Erforschung des germanischen-völkischen Brauchtums war durchaus ein Anliegen des Dritten Reiches. Heinrich *Himmler*, der Reichsführer SS, gab 1942 Rudolf *Siemsens* Werk „Germanengut im Zunftgebrauch" das Geleitwort mit auf den Weg: „Ein Volk lebt so lange glücklich in Gegenwart und Zukunft als es sich seiner Vergangenheit und der Größe seiner Ahnen bewußt ist."[6] Wenn auch solche volkskundlichen und brauchtumsgeschichtlichen Werke keinen unmittelbaren Eingang in die Arbeitsrechtswissenschaft fanden, so stand doch zu vermuten, daß man sich bei der Arbeitsrechtsgeschichte die Konzeptionen Gierkes zunutze machen würde. Der Gerichtsassessor Dr. jur. *Herbst* aus dem Reichsarbeitsministerium leitete 1935 eine rein

---

[5] Zur Rechtsphilosophie, ihrer Legitimationswirkung und Bedeutung im Dritten Reich, vgl. insbesondere Monika *Frommel*, Die nationalsozialistische Machtergreifung im Spiegel der deutschen Rechts- und Sozialphilosophie. Dargestellt am Beispiel der Positivismusdebatte, in: Memoria del X congreso mundial ordinario de filosofia del derecho y filisofia social, Mexiko 1981, Bd. V, S. 270 ff., *dies.*, Die Rezeption der Hermeneutik bei Karl Larenz und Josef Esser, Ebelsbach 1981, S. 178 ff.; *dies.*, Von der Strafrechtsreform zur „Rechtserneuerung", in: Hubert Rottleuthner (Hrsg.), (Fn. 3), S. 45—54 m. w. N. sowie Arthur *Kaufmann*, Rechtsphilosophie und Nationalsozialismus, in: Hubert Rottleuthner (Fn. 3), S. 1—19 m. w. N. Ernst *Krieck*, Germanische Grundzüge im deutschen Geschichtsbild, in: Historische Zeitschrift 159 (1939), S. 524—537; Karl Ferdinand *Werner*, Das NS-Geschichtsbild und die Geschichtswissenschaft, Stuttgart 1967.

[6] Rudolf *Siemsen*, Germanengut im Zunftbrauch, hrsg. von der Forschungs- und Lehrgemeinschaft: Das Ahnenerbe (hrsg. v. O. Höfer), Berlin-Dahlem 1942. Otto *Höfler*, Kultische Geheimbünde der Germanen, Bd. I, Frankfurt/M. 1934. Wilhelm *Wernet*, Soziale Handwerksordnung, Berlin 1939. Georg *Fischer*, Geschichte des deutschen Volkstums, in: Handbuch der Deutschen Volkskunde, hrsg. von W. Peßler, Potsdam 1935, Bd. 1, S. 83—98. Ossip Demetrius *Potthoff*, Kulturgeschichte des deutschen Handwerks mit besonderer Berücksichtigung seiner Blütezeit, Hamburg 1938. Insbesondere der Kulturgeschichte des deutschen Handwerks von Potthoff kam „quasi-offizielle Bedeutung zu", da sie vom „Deutschen Handwerksinstitut im Reichsstand des deutschen Handwerks" herausgegeben war. Die Bezüge dieser Schriften zur NS-Ideologie waren offenkundig. Im arbeitsrechtshistorischen Schrifttum ihrer Zeit fanden sie keinen Widerhall. Hingegen meint Wilfried *Reininghaus*, Die Entstehung der Gesellengilden im Spätmittelalter, Wiesbaden 1981, S. 18, Fn. 19, daß die Art. Handwerk, rechtlich von Hans *Lentze* und Handwerk, Handwerksgesellen von K. S. *Kramer* im Handwörterbuch der deutschen Rechtsgeschichte, Bd. 1, Sp. 1984, 1988 durch Fischer und Siemsens Arbeiten beeinflußt seien. Zitiert sind sie dort jedenfalls! Mit seinen Bezugnahmen will Lentze darauf hinweisen, daß Zünfte mehr waren als wirtschaftsrechtliche Vereinigung, vgl. ausführlich Nürnbergs Gewerbeverfassung des Spätmittelalters im Rahmen der deutschen Entwicklung, in: Beiträge zur Wirtschaftsgeschichte Nürnbergs, Bd. II, Nürnberg 1967, S. 593—619, S. 596. Zu *Höfler* vgl. Werner (Fn. 5), S. 29, 35; zu Heinz *Zatschek* ebd., S. 80. Zur Situation der Geschichtswissenschaft vgl. *Heiber*, Helmut, Walter Frank und sein Reichsinstitut für Geschichte des neuen Deutschland (Veröffentlichungen des Instituts für Zeitgeschichte, Quellen und Darstellungen zur Zeitgeschichte, Bd. 13), Stuttgart 1966, z. B. S. 37, 551 zu Höfler.

arbeitsrechtshistorische Abhandlung in eindeutig legitimatorischer Absicht so ein:

„Erst die neuste Zeit hat dann wieder eine entscheidende Wendung zum Gedankengut des Treudienstvertrages hin vollzogen. Das Gesetz zur Ordnung der nationalen Arbeit hat an seine Gedanken angeknüpft, wie denn auch bei der Einführung des Begriffs der Gefolgschaft von diesem frühdeutschen Rechtsinstitut ausgegangen ist."[7]

Mit dieser Erklärung berief er sich auf bekannte Kommentare zum AOG[8]. Hermann *Dersch* meinte 1933:

„Man geht damit auf die Leitgedanken zurück, die dem Treudienstvertrag des alten deutschen Rechts zugrunde lagen. Es ist in der Wissenschaft anerkannt, daß diese Gedanken sich heute auf Arbeitgeber- und Arbeitnehmerseite in gewissen besonderen Pflichten oder Abschattierungen der Grundpflichten des Arbeitsverhältnisses wiederfinden."[9]

Walter *Oppermann* nahm unter ausführlichen Zitaten deutlich Bezug auf Gierkes Lehre. Ebenso wie die Gleichsetzung des deutschen Rechts mit dem sozialen Recht reklamierte er Gierkes „Synthetische philosophische Auffassungen" sowie seine rechtshistorischen Ausführungen für das nationalsozialistische Arbeitsrecht: „Klingen hier schon Gedankengänge an, die heute unbestritten als Regierungsgrundsatz gelten", „geradezu das Fundament des heutigen deutschen Arbeitsrechts"[10]. In einigen Abhandlungen wird Gierke erwähnt[11], in anderen findet sich lediglich ein Hinweis auf die bekannten Zusammenhänge:

---

[7] Gerichtsassessor — z. Z. im Reichsarbeitsministerium — Dr. jur *Herbst*, Der Treudienstvertrag, in: DArbR 1935, 181. Er bezog sich insbesondere auf *Mansfeld-Pohl*, AOG, 1. Aufl. 1934, S. 12, 74, 85, 109, 115; *Hueck / Nipperdey / Dietz*, AOG (Fn. 4), S. 37. Herbst schreibt weiter einleitend: „Die stärkere Betonung deutsch-rechtlicher Gedanken bei der Umbildung und der Neuerung unseres Rechts hat im Arbeitsrecht dazu geführt, daß der Begriff des *Treudienstvertrages* als Beispiel eines alten deutsch-rechtlichen Arbeitsverhältnisses häufig zur Erörterung gestellt wird. Auch in den Spalten dieser Zeitung ist wiederholt gerade in letzter Zeit auf den Treudienstvertrag verwiesen worden. Es erscheint daher angezeigt, das Wesen dieses Vertrages, seine Besonderheit und seine Stellung in der rechtsgeschichtlichen Entwicklung einem kurzen Überblick zu unterziehen" (ebd. S. 181).

[8] Vgl. Fn. 4.

[9] Hermann *Dersch*, Der Arbeitsvertrag im neuen Staat, in: DArbR 1933, S. 9, 12.

[10] Walther *Oppermann* (Rechtsanwalt Dr.), Deutsche Rechtsgedanken in der neuen Arbeitsverfassung, in: DArbR: 1934, 332, 334, unter Berufung auf Alfred *Schultze*, Otto von Gierke als Dogmatiker des bürgerlichen Rechts, in: Jherings Jahrbücher für Dogmatik 73 (1923), S. 1—46 sowie Walther *Schönfeld*, Über den Begriff einer dialektischen Jurisprudenz, Greifswald, akademische Rede 1929. Oppermann wies insbesondere noch auf Übereinstimmungen mit der Rechtsprechung vor 1933 hin: Entscheidung des III. ZS vom 6. Feb. 1923, RGZ 106, 272 ff. sowie Entscheidungen des RAG 2, 341 ff., 345 = JW 1929, 2638; 2, 74, 78 = JW 1929, 453. Neben Hinweisen auf Gierke finden sich Zitate von Rechtsphilosophen, z. B. *Staffel*, in: Zeitschrift für Rechtsphilosophie 5 (1930), 67 ff.: „Das gemeinsame Zusammenwirken von Unternehmer- und Arbeiterschaft bildet heute die Grundlage des Betriebes ..."

[11] Hannah *Schwarz*, Eigentum und Arbeitsverhältnis, in: DArbR 1935, 65,

„Die herrschende Ansicht ging jedoch dahin, daß der Arbeitsvertrag nur einen von der deutsch-rechtlichen Entwicklung herkommenden personenrechtlichen Einschlag aufweise ... Nach der nationalsozialistischen Revolution und insbesondere nach dem Erlaß des Gesetzes zur Ordnung der nationalen Arbeit ist die personenrechtliche Seite des Arbeitsverhältnisses stärker betont worden."[12]

In einer Zeit, in der Germanentum, Ahnenerbe, Totenkult und Mystik einen Teil der Geschichtsschreibung regierten, in der für die Arbeitsrechtsgeschichte Gierkes Auffassungen als klar herrschend anerkannt waren, setzte Wilhelm *Ebel*, ein Schüler Zychas, 1934 einen anderen Akzent. In seiner bis heute grundlegenden Schrift „Gewerbliches Arbeitsvertragsrecht im Mittelalter" betonte er den *Vertragscharakter* des Arbeitsverhältnisses. „Freie Lohnarbeit" habe die Arbeitsverhältnisse der Gesellen, Berg- und Seeleute bestimmt[13]. Immer wieder kritisierte er mit umfangreichen Quellennachweisen Gierkes Auffassungen. Die oft beschworene Hausgemeinschaft des Gesellen mit dem Meister habe in einigen Bereichen — z. B. im Bauwesen und in der Weberei — nie bestanden[14]. In ähnlicher Weise argumentierten kurz darauf Herta *Firnberg* und Eberhard *Schmieder*[15]. Wären die Gierkeschen Ableitungen

66; Kaspar *Anrath* (Rechtsanwalt am OLG), Abhängigkeit und Führungsrecht im Dienstverhältnis, in: DArbR 1935, 130 ohne historische Belege, doch unter Verwendung einer entsprechenden Begrifflichkeit. Zum Arbeitsverhältnis als Treudienstverhältnis vgl. *Bodmann*, Arbeitsrecht und Volkstum, Heft 3 (1935), S. 73.

[12] Wolfgang *Siebert*, Das Arbeitsverhältnis als personenrechtliches (sozialrechtliches) Rechtsverhältnis, in: DArbR 1935, 95; *Hueck / Nipperdey*, Lehrbuch, Bd. I, S. 101 m. w. N.

[13] *Ebel*, Wilhelm, Gewerbliches Arbeitsvertragsrecht im deutschen Mittelalter, Diss. iur, Bonn 1934 (bei A. Zycha), hatte sich als Aufgabe gestellt: „... erstens die Arbeitsverhältnisse gleicher Art über die lokalen Verschiedenheiten hinaus als einheitliche Rechtsgebilde zu betrachten und zweitens — hauptsächlich — diese Betrachtung lediglich von schuldrechtlichen Gesichtspunkten aus vorzunehmen." Letztlich lag der Arbeit die *These* zugrunde, es gebe ein „gemeinsames gewerbliches Arbeitsvertragsrecht" (S. 10). Zur Entstehung dieses Arbeitsverhältnisses vgl. S. 14 f.

[14] Wilhelm *Ebel*, Zum Ursprung des Arbeitsvertrages, in: ZStW, Bd. 96 (1936), S. 319—336; wieder abgedruckt Wilhelm *Ebel*, Probleme der deutschen Rechtsgeschichte (Göttinger Rechtswissenschaftliche Studien 100), Göttingen 1978, S. 1—16, mit kleinen bemerkenswerten Abweichungen. Trotz seiner Ablehnung der Gierkeschen Position ging Ebel durchaus von einer starken persönlichen Beziehung zwischen Meistern und Gesellen aus, nämlich der „Einordnung und Unterordnung des Gesellen in die Hausgewalt des Meisters ..." (Gewerbliches Arbeitsvertragsrecht, S. 27). Das wesentliche sah er aber in dem allmählichen Entstehen von Vertragsbeziehungen: „Das unmittelbare Verhältnis der Hilfskräfte zu ihrem Herrn trat zurück; an seiner Stelle entstand ... eine vertragliche Beziehung zum Meister." (S. 14). Differenzierter argumentierte Ebel später in seiner Quellenedition Wilhelm *Ebel*, Quellen zur Geschichte des deutschen Arbeitsrechts (bis 1848), Göttingen 1964, Einleitung, S. 14.

[15] Herta *Firnberg*, Lohnarbeiter und freie Lohnarbeit im Mittelalter und zu Beginn der Neuzeit. Veröffentlichungen des Seminars für Wirtschafts- und Kulturgeschichte, Baden 1935 (Nachdruck Aalen 1978). Eberhard *Schmieder*,

zentrale Legitimationspfeiler für das nationalsozialistische Arbeitsrecht gewesen, so hätte eine Reaktion erfolgen müssen. Das Gegenteil war der Fall. Die Arbeitrechtler nahmen Ebels Thesen nur am Rande zur Kenntnis[16].

Während in den ersten Jahren nach der Machtergreifung eine Anzahl von historisch argumentierenden Artikeln zu verzeichnen ist, ließ die Zahl der direkten arbeitsrechtshistorischen Bezüge allmählich nach. Ähnlich wie in anderen Rechtsbereichen verringerte sich das Bedürfnis nach historischer Legitimation. *Mannsfeld* erwähnte Gierke noch einmal in einer Fußnote[17], *Oppermann* ging noch am gründlichsten auf arbeitsrechtsgeschichtliche Fragestellungen ein[18]. Dieser versuchte wie *Herbst*,

---

Geschichte des Arbeitsrechts im deutschen Mittelalter (Band I: alles erschienene), Leipzig 1939. Vgl. als Detailstudie aus dem Grenzbereich zur Wirtschaftsgeschichte *Ebel*, Die Rostocker Transportgewerbe bis zur Auflösung der alten Gewerbeverfassung, in: VSWG, 31. Bd. (1938), S. 313 ff.

16 *Ebel* hatte *Gierkes* Position sehr scharf angegriffen: Unter Fortführung der Zychaschen Thesen, die hier unter Abschn. 1.6.1. abgehandelt werden, ging er bis zu scharfer Polemik: „Von einer entwicklungsgeschichtlichen Kette, die von der germanischen Gefolgschaft über den Gesindevertrag zu den gewerblichen Arbeitsverhältnissen des Mittelalters und der Neuzeit führt, kann keine Rede sein." (Ebel 1936, S. 336). In der Version des Aufsatzes von 1978 liest sich das ganze noch schärfer, denn Ebel fügte hinzu: „Bei der Entwicklung industrialisierter Großbetriebe wurde der ehemalige Meister „Arbeitgeber der verelendeten Besitzlosen, diktierte die Bedingungen der Arbeit und des Lohnes und ging so willkürlich mit der Existenz der ‚Proletarier' um, wie je ein Gutsherr mit seinen Leibeigenen. Für dies schwärzeste Kapitel deutscher Sozialgeschichte tiefste Wurzeln in der kriegerischen Gefolgschaft frühgermanischer Herren finden zu wollen, kann nur als völlig irreale Romantik bezeichnet werden". (S. 15 f.). Die Texte weichen stärker von einander ab, als es auf den ersten Blick erscheint. Ob der von 1978 den des Jahres 1935/36 präzisiert, bedarf einer eigenen umfangreichen Untersuchung. Interessanterweise behauptet Ebel: „Schon die Literatur zum nationalsozialistischen Arbeitsrecht (Hueck, Molitior, Siebert, Nikisch u. a.) hat indes auf den vorstehenden Protest gegen die Berufung auf Gierkes romantischen Einfall sofort reagiert." — Allerdings führt er nicht aus, in welcher Weise. Soweit ich sehe, sind keine Reaktionen besonders auffällig hervorgetreten.

Max *Rumpf*, Vor der Aufgabe einer deutschen Arbeitsrechtsgeschichte, in: DArbR 1943, S. 3—8, bietet eine Fülle teils kritischer, teils zustimmender Assoziationen zu Schmieders Schrift. Er lehnt für das Mittelalter die Konzeption eines Arbeitsvertrages ab, zumindest habe es sich nicht um den „unpersönlichen, gemeinschaftsarmen, gegenseitigen Vertrag römisch-rechtlichen Unsprungs" gehandelt. Darüber hinaus sieht er bedenkliche Vordatierungen sozialer Probleme des 19. Jahrhunderts. In wolkiger Sprache harmonisiert Rumpf nationalsozialistische Terminologie mit einer Geschichtsmetaphysik, in der — völlig untergeordnet — selbst der Arbeitsvertrag seinen Platz findet. Die präzise Aufarbeitung solcher Rezeptionen durch die Rechtsgeschichte würde den Rahmen dieser Arbeit sprengen.

17 Werner *Mansfeld*, Vom Arbeitsvertrag. Eine arbeitsrechtliche Selbstbesinnung, in: DArbR 1936, 118, 120; vgl. *Herbst* (Fn. 7), S. 186.

18 Werner *Oppermann*, Arbeitsrecht und bürgerliches Recht, in: DArbR 1937, 197, 199 ff.; Ebels Buch wurde angezeigt in: DArbR 1937, 204, und zwar ohne die Differenzen aufzuzeigen.

die Ergebnisse Ebels mit den Auffassungen Gierkes zu harmonisieren. Man rezipierte Ebel vielleicht vorsätzlich, wahrscheinlich aber, ohne den Bruch mit den eigenen Darstellungen zu bemerken, indem man den Arbeitsverhältnissen der gewerblichen Arbeitnehmer gleichfalls treudienstvertragliche Elemente sowie solche der Arbeitsgemeinschaft etc. unterstellte. Ebels Artikel „Zum Ursprung des Arbeitsvertrages" (1936) wurde als Präzisierung seiner Dissertation in bezug auf die neuen Auffassungen verstanden: Oppermann zitierte zentral folgende Sätze:

> „Nicht das gegensätzliche Interesse, sondern die Gemeinschaftlichkeit der Arbeit und des Zieles, die ursprüngliche Genossenschaftlichkeit der Arbeit, die Arbeits- und Werksgemeinschaft verleiht den deutsch-mittelalterlichen Arbeitsverhältnissen das besondere Gepräge."[19]

Wieweit Ebel selbst durch Verwendung der neuen Terminologie dies gefördert hat, mag dahinstehen[20]. Wolfgang *Siebert* jedenfalls verwies 1942 gleichrangig auf Gierke, Ebel und Schmieder und stellte sich sogar kritisch zu Gierke, so wie er ihn verstand[21].

---

[19] *Oppermann*, ebd., S. 336. Selbst die folgenden Art. von *Joerges* kamen trotz anders lautenden Titels ohne Gierkesche- oder gründliche historische Ideen aus. Arbeitsverhältnis und Betriebsgemeinschaft. Wesen und Rechtsgrund, in: DArbR 1938, 91; *ders.*, Der Arbeitsvertrag als Begründung des Arbeitsverhältnisses in seiner geschichtlichen Entwicklung, in: DArbR 1938, 157, vgl. aber *ders.*, Führer und Gefolgschaft im Gesetz zur Ordnung der nationalen Arbeit (Arbeitsrechtliche Abhandlungen, Heft 5), Erfurt 1935.

[20] *Ebel*, Der Ursprung (Fn. 14), S. 319 (Version von 1936; anders 1978): „Das Grundgesetz der nationalsozialistischen Arbeitsverfassung vom 20. Jan. 1934 hat bereits eine bemerkenswerte Literatur über das rechtliche Wesen des sog. Einzelarbeitsvertrages, des Verhältnisses zwischen dem Führer des Betriebes und den einzelnen Gefolgschaftsmitgliedern, hervorgerufen. So verschieden die hier von den einzelnen vertretenen Auffassungen auch sein mögen, sind doch alle darin einig, daß das Arbeitsverhältnis des AOG seinem Inhalt nach jedenfalls keinen gegenseitigen Schuldvertrag im Sinne eines bloßen Austausches vermögenswerter Leistungen darstellt ... Bedenklicher steht es dagegen um die Frage, in welchen konkreten geschichtlichen Erscheinungen des älteren deutschen Rechts diese Gedanken ihre erste Form gefunden haben, insbesondere wo entwicklungsgeschichtlich die Wurzeln des heutigen Arbeitsvertragsrechts zu suchen sind. Hier verweist die Literatur des geltenden Rechts, soweit sie dies Thema berührt, ausnahmslos auf die bekannte Abhandlung Otto von Gierkes über ‚Die Wurzeln des Dienstvertrages ...' " Instruktiv auch die biographische Stellungnahme Ebels zu Gierke: Wilhelm *Ebel*, Deutsches Recht und Deutscher Staat. Otto von Gierke (1841—1921) — Paul Laband (1838—1918), in: Leben und Leistung. Fortsetzung der burschenschaftlichen Lebensläufe, Heidelberg 1921, Heidelberg 1965, S. 78—94.

[21] Wolfgang *Siebert*, Die deutsche Arbeitsverfassung, Hamburg 1942, S. 7; *ders.*, Das Arbeitsverhältnis in der Ordnung der nationalen Arbeit, Hamburg 1935, S. 51, Fn. 3: „Ich glaube nicht, daß Gierke mit seiner Behauptung von der Wandlung des personenrechtlichen Verhältnisses zum schuldrechtlichen Vertrage ... recht hat. Er verwendet dabei das Schuldrecht im Sinne des 19. Jahrhunderts und kommt so zu einer Antithese, die für das Mittelalter nicht berechtigt ist." *Ders.*, in: DArbR 1934, S. 95. Vgl. weiter *Nikisch*, Arthur, Arbeitsvertrag und Arbeitsverhältnis (Schriften zum Arbeitsrecht, Reihe A, Bd. 6), Berlin — Leipzig — Wien 1941, S. 12 ff. Vgl. auch *Rumpf* (Fn. 16).

Autoren, die die Eingliederungstheorie vertraten und sie wie *Nikisch*[22] mit dem Ethos des Dienens rechtfertigten, standen Gierkeschem Denken näher als solche, die den Vertragscharakter des Arbeitsvertrages betonten. Doch läßt sich eine Trennungslinie gerade nicht feststellen: Man rechtfertigte die Eingliederung in die Betriebe eben nicht zentral mit Gierkes historischen Ausführungen. Andererseits bezogen sich die Vertreter der Vertragstheorie ebensowenig exklusiv auf Zycha und Ebel. Eingliederung schloß vertragliche Elemente nicht aus, und die Auffassung von der Begründung des Arbeitsverhältnisses als Vertrag bedeutete etwas für die Entstehung des Tatbestandes, nicht aber für die gemeinschaftsbezogene oder nationalsozialistische Prägung des Arbeitsverhältnisses.

Zentrale Fragen der Arbeitsrechtswissenschaft, von denen Thilo *Ramm* meint, „die wissenschaftliche Diskussion während des Dritten Reichs zu verfolgen, verlohnt kaum“[23], wurden in einer Vielzahl von Artikeln ohne Bezugnahme auf historische Argumente behandelt, obwohl eine solche manchmal nahegelegen hätte[24]. Man zitierte selten Gierke, aber bereits nationalsozialistische Autoren wie Reinhard *Höhn*[25]. Ebenso wie die Bezüge zu Gierke finden sich solche zur Gemeinschaftslehre von *Tönnies* und vielen anderen[26].

---

22 Ernst *Nikisch*, Arbeitsvertrag und Arbeitsverhältnis, Berlin 1941; grundlegend Bernd *Rüthers*, Die unbegrenzte Auslegung (Fn. 3), S. 379 ff., 388.

23 Thilo *Ramm*, Nationalsozialismus und Arbeitsrecht, in: KJ 1968, 108—120, abgedruckt in: Der Unrechtsstaat, Frankfurt 1979, S. 82, 88 f.; zum Arbeitsvertrag vgl. Bernd *Rüthers*, Die unbegrenzte Auslegung (Fn. 3). Zu den Nachwirkungen einiger zentraler Diskussionen *Wolf*, Ernst, Das Arbeitsverhältnis. Personenrechtliches Gemeinschaftsverhältnis oder Schuldverhältnis (Beiträge zum Arbeitsrecht 1), Marburg 1970; vgl. oben *Schwerdtner*, Abschn. 1.2., Fn. 3.

24 *Denecke*, Betrieb und Unternehmen im neuen Arbeitsrecht, in: DArbR 1936, 14, 43 (Denecke war Mitglied des Arbeitsrechtsausschusses der Akademie für deutsches Recht). F. A. *Müllereisert*, Der Arbeitsvertrag als Vertrag mit „vorbetonter Gemeinschaftsfunktion“, in: DArbR 1936, 94. H. C. *Nipperdey*, Arbeitsvertrag und Eingliederung in die Betriebsgemeinschaft, in: DArbR 1937, 142. Arthur *Nikisch*, Die Bedeutung der Treuepflicht für das Arbeitsverhältnis, in: DArbR 1938, 182. Johannes *Loschke*, Grundsätzliches zur arbeitsrechtlichen Treupflicht. Kritische Betrachtung der Praxis mit Vorschlägen, in: DArbR 1938, 249. F. A. *Müllereisert*, Das Arbeitsverhältnis als Vertrag und Gemeinschaft des Personenrechts, in: DArbR 1938, 280.

25 Insbesondere Reinhard *Höhn*, Rechtsgemeinschaft und Volksgemeinschaft (Der Deutsche Staat der Gegenwart, Heft 14), Hamburg 1935; *Denecke*, Betrieb und Unternehmen im neuen Arbeitsrecht, in: DArbR 1936, 14, 15, hier auch Zitat „Dr. Ley auf dem Parteikongress 1935“; *Mansfeld*, Vom Arbeitsvertrag. Eine arbeitsrechtliche Selbstbesinnung, in: DArbR 1936, 118, 119. Vgl. dazu *Janssen* (Abschn. 1.2., Fn. 17), S. 4 ff. m. w. N.

26 Ferdinand *Tönnies*, Gemeinschaft und Gesellschaft, 1. Aufl., 1887, 8. Aufl., Leipzig 1935; zur Rezeption dieser Soziologie vgl. Abschn. 1.3. (König), Fn. 1. Deutliche Bezüge z. B. bei *Hedemann*, Betriebsgemeinschaft als Rechtspro-

1.5. Arbeitsrechtsgeschichte der Nachkriegszeit

Der *Treuegedanke* im Arbeitsrecht wurde schon 1947 von Alfred *Hueck*[1] wieder belebt. Alte Streitfragen brachen wieder auf, z. B. die nach dem Umfang der personenrechtlichen Bindung im Rahmen eines Arbeitsvertrages. Arbeitsrechtshistorische Themen wurden, ähnlich wie nach dem 1. Weltkrieg, kaum aufgegriffen. *Kaskels* Wort von 1928 galt nach wie vor: „Es ist zwecklos, vom Arbeitsrecht, diesem Kind des letzten Jahrhunderts, frühe Spuren finden zu wollen."[2] In der Sache standen *Hueck / Nipperdey* auf demselben Standpunkt, auch wenn sie monierten: „Eine wirkliche Geschichte des Arbeitsrechts fehlt."[3]

Wiederum hatte die allgemeine Geschichte andere Probleme. Das Dritte Reich und seine Entstehung aus den Wurzeln des zweiten Reiches und der Weimarer Republik mußten bewältigt werden. Historiker schrieben die politische und Sozialgeschichte des 19. und 20. Jahrhunderts um. Zunehmend besann man sich auf die Bedeutung der Sozialgeschichte, erforschte Unterschichten[4], Arbeiterschaft und Gewerkschaften. In diesem Rahmen wurden neue Erkenntnisse über das Arbeitsrecht des 19. und 20. Jahrhunderts gewonnen[5]. Lehrbücher des Arbeits-

---

blem, in: Potthoff, Die sozialen Probleme des Betriebes, Berlin 1925, S. 19. Zitat: 6. Aufl., Leipzig 1926, S. 284. Vgl. insgesamt Ulf *Hientzsch*, Arbeitsrechtlehren im Dritten Reich und ihre historische Vorbereitung, Marburg 1970, der eine Vielzahl von Traditionslinien zur Betriebsgemeinschaft und zum personenrechtlichen Arbeitsverhältnis darstellt, S. 43. Kritisch zu diesem Roderich *Wahsner* (Fn. 4), der allerdings die Bedeutung des Umschwungs im geistespolitischen Klima verkennt, für das *unpräzise historische, mythische* Zugriffe kennzeichnend sind. Eindrucksvoll die Gemeinschaftsverherrlichung bei Roland *Freisler*, Grundlegende Denkformen des Rechts im Wandel unserer Rechtserneuerung, Berlin 1941; vgl. Bernd *Rüthers*, Die unbegrenzte Auslegung, (Fn. 3), S. 390.

[1] Alfred *Hueck*, Der Treuegedanke im modernen Privatrecht, München 1947.

[2] Walter *Kaskel*, Arbeitsrecht, 3. Aufl., Berlin 1928, S. 5; anders jedoch *Kaskel / Dersch*, 5. Aufl., 1957, S. 7. Gegen die Konzeption eines „Arbeitsrechts" vor dem 19. Jahrhundert, *Mestiz*, Franz, Probleme der Geschichte des Arbeitsrechts. Ein Forschungsbericht für die Jahre 1974 bis 1979, in: ZNR 1980, S. 47—65; vgl. dazu Abschn. 1.6.

[3] Alfred *Hueck* / Hans Carl *Nipperdey*, Lehrbuch des Arbeitsrechts (1. Aufl., 1928), 7. Aufl., Berlin und Frankfurt 1963 (1. Bd., Alfred Hueck), S. 6; Wolfgang *Zöllner*, Arbeitsrecht. Ein Studienbuch, 2. Aufl., München 1979.

[4] Zur Armutsgeschichte vgl. Abschn. 4.3.; Überblick bei Wolfram *Fischer*, Armut in der Geschichte. Erscheinungsformen und Lösungsversuche der „Sozialen Frage" in Europa seit dem Mittelalter, Göttingen 1982; Wilhelm *Abel*, Massenarmut und Hungerkrisen im vorindustriellen Deutschland, Göttingen 1972.

[5] Die Literatur erschließt sich über Bibliographien: Dieter *Dowe*, Bibliographie zur Geschichte der deutschen Arbeiterbewegung, sozialen und kommunistischen Bewegung von den Anfängen bis 1863 ..., Bonn-Bad Godesberg 1976; Kurt *Klotzbach*, Bibliographie zur Geschichte der deutschen Arbeiterbewegung ...: 1914—1945, Bonn-Bad Godesberg 1974; kürzer z. B. Hans-

rechts beschränkten sich auf aphoristische Bemerkungen in den Einleitungen[6]. Rechtshistorische Werke berücksichtigten mittelalterliches Arbeitsrecht nur in geringstem Umfang[7]. Wenige Schriften behandelten dieses z. B. im Zusammenhang mit mittelalterlichen Zünften[8].

Ulrich *Wehler*, Bibliographie zur modernen deutschen Sozialgeschichte (18. bis 20. Jahrhundert), Göttingen 1976; *ders.*, Bibliographie zur modernen deutschen Wirtschaftsgeschichte (18.—20. Jahrhundert), Göttingen 1976. Karl Erich *Born*, Staat und Sozialpolitik seit Bismarcks Sturz (1890—1914), Wiesbaden 1957; Hans-Ulrich *Wehler*, Das deutsche Kaiserreich (1871—1918), Göttingen 1973; Klaus *Saul*, Staat, Industrie, Arbeiterbewegung im Kaiserreich. Zur Innen- und Sozialpolitik des Wilhelminischen Deutschland (1901—1914), Düsseldorf 1974. Zur Gewerkschaftsbewegung: Helga *Grebing*, Geschichte der deutschen Arbeiterbewegung, München 1966. Wirtschaftsgeschichte: *Aubin / Zorn*, Handbuch der deutschen Wirschafts- und Sozialgeschichte, 2 Bde., Stuttgart 1971, 1975; Hans *Mottek*, Wirtschaftsgeschichte Deutschlands, 3 Bde., Berlin (Ost), 5. Aufl., 1976, 2. Aufl., 1976, 2. Aufl., 1975; Jürgen *Kuczynski*, Die Geschichte der Lage der Arbeiter in Deutschland ab 1789 bis in die Gegenwart, Berlin (Ost), ab 1954. Verfassungsgeschichte: Ernst Rudolf *Huber*, Deutsche Verfassungsgeschichte seit 1789, Bde. III, IV, Stuttgart 1963, 1969. Leider bleibt auf rein dogmatische Aspekte beschränkt: *Bernert*, Günter, Arbeitsverhältnisse im 19. Jahrhundert. Eine kritische dogmatische Analyse der rechtswissenschaftlichen Lehren über den allgemeinen Inhalt der Arbeitsverhältnisse im 19. Jahrhundert in Deutschland, Marburg 1972.

6 Alfred *Hueck* (Fn. 2); Wolfgang *Zöllner* (Fn. 2), Vorwort zur 1. Aufl. u. S. 1. Wolfgang *Däubler*, Das Arbeitsrecht. Von der Kinderarbeit zur Betriebsverfassung. Ein Leitfaden für Arbeitnehmer, Reinbek 1976, S. 29, 31.

7 Hermann *Conrad*, Deutsche Rechtsgeschichte, 2. Aufl., Karlsruhe, Bd. I, 1962, 1. Abschn., 3. Kap.; *Mitteis-Lieberich*, Deutsche Rechtsgeschichte, 15. Auflage, München 1978. Am deutlichsten noch Karl *Kroeschell*, Deutsche Rechtsgeschichte 2 (1250—1650), Reinbek 1973, S. 100 ff. Helmut *Stahleder*, Arbeit in der mittelalterlichen Gesellschaft (Miscellanea Bavarica Monacensia 42), München 1972, berücksichtigt leider nur literarische Meinungen *über* die Arbeit.

8 Hans *Lentze*, Der Kaiser und die Zunftverfassung in den Reichsstädten bis zum Tode Karls IV (Gierkes Untersuchungen 145), Breslau 1933, *ders.*, Zunfttypen in Österreich und Süddeutschland, in: Juristische Blätter 74 (1952), S. 235 ff.; *ders.*, Nürnbergs Gewerbeverfassung des Spätmittelalters im Rahmen der deutschen Entwicklung, in: Beiträge zur Wirtschaftsgeschichte Nürnbergs (hrsg. vom Stadtarchiv), Bd. II, Nürnberg 1967, S. 593—619; *ders.*, Die Nürnberger Gewerbeverfassung des Mittelalters, in: Jahrbuch für fränkische Landesforschung 24 (1964), S. 207—281. Unergiebig: Manuel Alonso *Olera*, Von der Hörigkeit zum Arbeitsvertrag (Abhandlungen zum Arbeits- und Wirtschaftsrecht 39), Heidelberg 1981. Eine große Anzahl von Dissertationen über Zünfte orientieren sich im Forschungsansatz unverändert seit dem 2. Kaiserreich an den Zunft*normen* und versuchen über diese, die soziale Realität der Zünfte und damit mehr oder minder intensiv die Arbeitsbedingungen der Gesellen zu erfassen: Rosemarie *Listl*, Die Ingolstädter Handwerkerverbände bis zur beginnenden Neuzeit im Rahmen der allgemeinen Entwicklung des Zunftwesens in Deutschland, Diss. jur. (masch.), München 1956; Horst *Müller*, Die Ordnung des Bauhandwerks nach oberrheinischen Stadtrechten, Diss. jur., Heidelberg 1969. Typisch: Herbert *Engemann*, Die Goslarer Gilden im 15. und 16. Jahrhundert, Goslar 1957 (zugl. Diss. phil., Göttingen 1956), die nichts zum Arbeitsrecht o. ä. enthält. Für die Neuzeit Peter *Stäger*, Das Arbeitsrecht der zürcherischen Zünfte, Diss., Zürich 1948. Unter dem Gesichtspunkt des Wettbewerbsrechts, so daß Betriebsgrößen, Zulassungsfragen,

Es war Wilhelm *Ebel*, der in einer Edition mittelalterlicher und frühneuzeitlicher Quellen seine Thesen aus den 30er Jahren präzisierte[9]. Andere Autoren widerlegten die Legende, es habe vor der Industrialisierung kein Arbeitsrecht gegeben[10]. Ebels Ideen und die der Schriftsteller vor ihm wurden z. B. von *Ogris* aufgegriffen[11]. Dieser und andere Autoren stellten die Normen des vorindustriellen Arbeitsrechts so dar, als habe es durch die Jahrhunderte ein Arbeitsrecht gegeben, das sich zwar deutlich vom industriellen unterschied, aber in der Substanz doch bis in das 19. Jahrhundert von einiger Gleichförmigkeit war. Während also früher die Existenz eines vorindustriellen Arbeitsrechts nicht wahrgenommen wurde, betonten die wenigen Autoren, die sich nach dem Kriege mit diesen Fragen befaßten, zunehmend Ähnlichkeiten und Kontinuitäten der Entwicklung. Solche Stringenz erstaunt, zumal doch ein Blick in die historische, besonders die wirtschafts- und sozialhistorische Literatur den Eindruck erweckt, daß die Normen und die Wirklichkeit z. T. nicht unerheblich auseinanderklafften. Bevölkerungsveränderungen bestimmten das Bild nebst politischen, wirtschaftlichen und sozialen Kämpfen. Diese mußten die Arbeitsverfassung des Mittelalters in ganz erheblicher Weise beeinflußt haben. Die Annahme einer Kontinuität rechtlicher Regeln erscheint zweifelhaft, denn die Umwälzun-

---

Organisationsprobleme mit erfaßt sind, jüngst ausführlich Hagen *Hof*, Wettbewerb im Zunftrecht. Zur Verhaltensgeschichte der Wettbewerbsregelung durch Zunft und Stadt, Reich und Landesherr bis zu den Stein-Hardenbergschen Reformen (Dissertationen zur Rechtsgeschichte 1), Köln — Wien 1983; vgl. noch u. Fn. 22.

[9] Wilhelm *Ebel*, Quellen zur Geschichte des deutschen Arbeitsrechts (bis 1848), Göttingen 1964 sowie als späte Einzelstudie, *ders.*, Kostverträge und Verwandtes nach Lübischen Stadtbüchern, in: FS Hans Lentze zum 60. Geburtstag, Innsbruck 1969, S. 137 ff. Wilhelm *Ebel*, Gewerbliches Arbeitsvertragsrecht im deutschen Mittelalter, Weimar 1934 (= Diss. Bonn [bei Adolf Zycha] 1934); *ders.*, Zum Ursprung des Arbeitsvertrages (1936), wieder abgedruckt, in: *ders.*, Probleme der deutschen Rechtsgeschichte, Göttingen 1978, S. 1 ff. Vgl. als Detailstudie aus dem Grenzbereich zur Wirtschaftsgeschichte, *ders.*, Die Rostocker Transportgewerbe bis zur Auflösung der alten Gewerbeverfassung, in: VSWG, 31. Bd. (1938), S. 313 ff.

[10] Es mag hier genügen, auf zwei Autoren hinzuweisen: Theo *Mayer-Maly*, Vorindustrielles Arbeitsrecht, in: RdA 1975, S. 59; Friedrich *Ebel*, der älteste arbeitsrechtliche Traktat deutscher Sprache, in: RdA 1981, S. 294—296; *ders.*, Der Traktat „Von gewedde", in: ZRG GA, Bd. 99 (1982), S. 276—284.

[11] Werner *Ogris*, Geschichte des Arbeitsrechts vom Mittelalter bis in das 19. Jahrhundert, in: Recht der Arbeit 1967, S. 286—297; Louis *Carlen*, Zur Geschichte des Arbeitsrechts in der Schweiz. Vom Mittelalter bis zum 19. Jahrhundert, in: Zeitschrift für Schweizerisches Recht, N. F., Bd. 91 = Bd. 113 (1972), S. 233—260; Dietmar *Willoweit*, Historische Grundlagen des Privatrechts, 4. Teil: Arbeit, in: JuS 1977, S. 573—578. Hinzu kommen einige Dissertationen, die zwar neuzeitliche Themen betreffen, aber tw. unter Berufung auf dieselben Quellen „historische" Einführungen geben. Mit etwas anderer Zielsetzung *Ramm / Kranig / Schröder*, Die Geschichte der Arbeitsverfassung, Kurs der Fernuniversität Hagen, Hagen 1981.

gen, die z. B. von der Wirtschaftsgeschichte festgestellt wurden, müssen mit Notwendigkeit auf den Arbeitsmarkt und die Arbeitsverhältnisse eingewirkt haben. Die neuen Aspekte, die der oben geschilderte Richtungswechsel in der Wirtschaftsgeschichte aufwarf, wurden — soweit ich sehe — nur von wenigen Autoren aufgegriffen. Die Standardwerke der deutschen Rechtsgeschichte bemerkten die Neubewertungen in der Wirtschafts- und Sozialgeschichte allenfalls am Rande. Bei Hans *Fehr* und Hans *Planitz*[12] ist das nicht verwunderlich. Aber selbst bei *Mitteis-Lieberich* und Hermann *Conrad*[13] findet sich keine Betrachtung dieser wirtschaftshistorischen Erkenntnisse; und zwar selbst dort nicht, wo Einflüsse, wie bei der Schließung der Zünfte, auf der Hand liegen. Allein Wilhelm *Weber* und Theo *Mayer-Maly*[14] würdigen den Arbeitsmarkt und die Abdingverbote, während Karl *Kroeschell*[15] im Hinblick auf die veränderte Situation einige Forschungshinweise gibt.

Andere historische Disziplinen befaßten sich mit mittelalterlicher Wirtschaft und mittelalterlicher Arbeit, innerstädtischen Schichtungen etc[16]. Das Arbeitsrecht stand nicht im Schwerpunkt der Forschungen, doch zeigten die Ergebnisse, wie fragwürdig die normative Betrachtung mittelalterlichen Arbeitsrechts war.

---

[12] Hans *Fehr*, Deutsche Rechtsgeschichte, 6. Aufl., Berlin 1962; Hans *Planitz*, Deutsche Rechtsgeschichte, 2. Aufl., bearbeitet von Karl August *Eckhardt*, Graz — Köln 1962, wo Abels Agrarkrisen, 2. Aufl., 1955, zitiert werden, ohne daß näher darauf eingegangen wird.

[13] Hermann *Conrad*, Deutsche Rechtsgeschichte, Bd. I, 2. Aufl, Karlsruhe 1962, folgt zwar im 1. Abschnitt, 3. Kap.: Die Wirtschaftsverfassung der grundsätzlichen Auffassungen Abels und Aubins, die er zitiert, ohne aber auf die Konsequenzen einzugehen (vgl. z. B. S. 209 f., 424 f.); *Mitteis-Lieberich*, Deutsche Rechtsgeschichte, 15. Aufl., München 1978.

[14] Literatur und Erörterung des Problems hierzu bei Wilhelm *Weber* und Theo *Mayer-Maly*, Studie zur spätmittelalterlichen Arbeitsmarkt- und Wirtschaftsordnung, in: Jahrbücher für Nationalökonomie und Statistik, Bd. 166 (1954), S. 358—389.

[15] Karl *Kroeschell*, Deutsche Rechtsgeschichte 2 (1250—1650), S. 100 ff., bes. S. 111—113, Reinbek 1973, wo die Probleme der Wirtschaft allerdings nicht unter Aspekten des Arbeitsmarktes gesehen werden. Kroeschell geht es vornehmlich um die Teilnahme der Zünfte und der Handwerker am Stadtregiment.

[16] Betrachtungen zur Geschichte der Arbeit erweisen sich in bezug auf das Arbeitsrecht als unergiebig; vgl. aber Frans *van der Ven*, Sozialgeschichte der Arbeit, Bd. 2, München 1972. Einen ähnlichen Ansatz wie hier verfolgt z. B. Helmuth *Schneider*, Geschichte der Arbeit. Vom Alten Ägypten bis zur Gegenwart, Frankfurt, Berlin, Wien 1983. Darin bes. Achatz von *Müller*, Der Feudalismus: Land und Stadt in Mitteleuropa, in: ebd., S. 95—154. Neithard *Bulst*, Der schwarze Tod. Demographische, wirtschafts- und kulturgeschichtliche Aspekte der Pestkatastrophe von 1347—1352, in: Saeculum 20 (1979), S. 45—67. G. *Wirth*, Arbeit, in: Lexikon des Mittelalters, Bd. I, 1979. W. *Conze*, Arbeit, in: Historisches Lexikon zur politisch-sozialen Sprache in Deutschland, Bd. I, 1972. Die Literatur, auf die sich die Abhandlung stützt, kann hier nicht weiter aufgeführt werden, sie wird in den folgenden Abschnitten zitiert.

— Die Suche nach demokratischen Tendenzen in Zünften und Gesellenbewegungen ist ein typisches Produkt der Nachkriegszeit[17]. Schon *Schmoller*[18] hatte sein liberales Weltbild durch die Erforschung des mittelalterlichen Zunftwesens fundiert. *Schoenlanks* Forschungen zu sozialen Konflikten fanden ihre Entsprechungen in der Suche sozialistischer Autoren nach frühbürgerlichen Revolutionen[19].

— Die Stadtgeschichte rückte zunehmend die Unterschicht in den Vordergrund[20]. Die Erforschung der Ratsverfassung erschien dem gegenüber weniger aktuell. Der Einfluß von Patriziern oder Kaufleuten auf das Stadtregiment hatte zu lange im Mittelpunkt gestanden[21].

— In der Wirtschaftsgeschichte betrachtete man erneut den Einfluß der Zünfte auf das Wirtschaftsleben, mittelbar wurden die Gesellen, Lehrlinge und sonstigen Arbeitskräfte gestreift[22].

---

17 Theo *Mayer-Maly*, Die Kölner Gaffelverfassung und die Rechtsgeschichte der Demokratie, in: Österreichische Zeitschrift für Öffentliches Recht 7 (1956), S. 208 ff.; Rudolf *Luther*, Gab es eine Zunftdemokratie? (Kölner Schriften zur Politischen Wissenschaft, N. F. 2), Berlin 1968; Ottmar *Wilhelm*, Zunft, Gesellenbewegung, Gewerkschaft: Zäsur oder Kontinuität, Diss., Tübingen (masch.), 1951; vgl. schon A. *Schmidt*, Demokratische Bewegungen und Verfassungskonflikte in Rothenburg o. T., 1400 bis 1526, Rothenburg 1899.

18 Klaus *Schreiner*, „Kommunebewegung" und „Zunftrevolution". Zur Gegenwart der mittelalterlichen Stadt im historisch-politischen Denken des 19. Jahrhunderts, in: Stadtverfassung, Verfassungsstaat, Pressepolitik. Festschrift für Eberhard Naujoks, Sigmaringen 1980, S. 139—168; vgl. schon oben Abschn. 1.1.

19 *Kosminski*, J. A. / S. D. *Shaskin*, et. al., Geschichte des Mittelalters (deutsche Übersetzung), Berlin (Ost) 1958, Bd. 1, S. 265 ff.; Ernst *Werner*, Probleme städtischer Volksbewegungen im 14. Jahrhundert, Tagung der Sektion Mediävistik (hrsg. von E. Engelmann), Berlin (Ost) 1960. Hans *Mottek*, Wirtschaftsgeschichte Deutschlands, Bd. I, Berlin (Ost) 1976, S. 166 ff.; Jürgen *Kuczynski*, Über die Rolle der Natur in der Gesellschaft, anläßlich der Lektüre von Abels Buch über Wüstungen, in: Jahrbuch der Wirtschaftsgeschichte, 1963, S. 284 ff.; Karl *Czok*, Städtebünde und Zunftkämpfe in ihren Beziehungen während des 14. und 15. Jhs., in: Wiss. Zeitschrift der Karl-Marx-Universität Leipzig, gesellschafts- und sprachwissenschaftliche Reihe 5 (1956/57), S. 517—542; *ders.*, Zunftkämpfe, Zunftrevolutionen oder Bürgerkämpfe, in: eda., Reihe 8 (1958/59), S. 129—143. Vgl. noch Abschn. 2.7. und 4.7.2. m. w. N.

20 Die Literatur zur Stadtgeschichte wird im folgenden Teil noch ausführlich zitiert. Vgl. statt aller Erich *Maschke*, Städte und Menschen, Beiträge zur Geschichte der Stadt, der Wirtschaft und Gesellschaft, 1959—79 (Vierteljahresschrift zur Sozial- und Wirtschaftsgeschichte, Beiheft 68), Wiesbaden 1980; *Maschke / Sydow* (Hrsg.), Gesellschaftliche Unterschichten in südwestdeutschen Städten. (Veröffentlichungen der Kommission für geschichtliche Landeskunde in Baden-Württemberg, Reihe B, Bd. 41), Stuttgart 1967; *dies.*, Städtische Mittelschichten ..., Stuttgart 1972; grundlegend schon Horst *Jecht*, Studien zur gesellschaftlichen Struktur der mittelalterlichen Städte, in: Vierteljahresschrift zur Sozial- und Wirtschaftsgeschichte 19 (1926), S. 48—85.

21 Eindrucksvoll die Bemerkungen Hans *Lentzes*, vgl. oben Fn. 8.

22 Reinald *Ennen*, Zünfte und Wettbewerb. Möglichkeiten und Grenzen zünftlerischer Wettbewerbsbestimmungen im städtischen Handel und Gewerbe des Spätmittelalters (Neue Wirtschaftsgeschichte 3), Wien 1971. Frank

— Die Erforschung der Agrarkrise ließ die mittelalterlichen Arbeitsverhältnisse auf dem Lande in einem anderen Licht erscheinen. Wüstungen sowie Stadt-Land-Wanderungen mußten die Arbeitsmärkte erheblich beeinflußt haben[23].

In Anbetracht solcher Ergebnisse erscheint der Gedanke einer Kontinuität rechtlicher Regeln fast verwunderlich, wenn man der normativen Ebene die der Realität entgegenstellt[24]. Allerdings erhoben die rechts-

---

Göttmann, Handwerk und Bündnispolitik. Die Handwerkerbünde vom 14.—17. Jahrhundert (Frankfurter historische Abhandlungen, Bd. 15), Wiesbaden 1977. Franz *Irsigler*, Die wirtschaftliche Stellung der Stadt Köln im 14. und 15. Jahrhundert (Beiheft 65 zur Vierteljahresschrift für Sozial- und Wirtschaftsgeschichte, Wiesbaden 1979, vgl. weiter Hagen *Hof* (Fn. 8).

[23] Wilhelm *Abel*, Agrarkrisen und Agrarkonjunktur. Eine Geschichte der Land- und Ernährungswirtschaft Mitteleuropas seit dem hohen Mittelalter, 3. Aufl., Hamburg und Berlin 1978; Ernst *Pitz*, Wirtschafts- und Sozialgeschichte Deutschlands im Mittelalter, Wiesbaden 1979, S. 138 ff.; Edith *Ennen* / Walter *Janssen*, Deutsche Agrargeschichte. Von Neolithikum bis zur Schwelle des Industriezeitalters, Wiesbaden 1979, S. 187 ff. Heinrich *Bechtel*, Wirtschafts- und Sozialgeschichte Deutschlands. Wirtschaftsstile und Lebensformen von der Vorzeit bis zur Gegenwart, München 1967, vgl. z. B. S. 149—157; historische Standardwerke geben diese Auffassung ohne weitere Problematisierungen wieder; *Bosl* in: Handbuch der deutschen Geschichte, hrsg. v. Gebhard / Grundmann (Staat, Gesellschaft, Wirtschaft im deutschen Mittelalter, Kap. 33); *Leuschner*, Joachim, Deutschland im späten Mittelalter, Deutsche Geschichte, Bd. 3, Göttingen 1975, S. 196 ff.; Wirtschaftshistorisch: Neithard *Bulst*, Der schwarze Tod. Demographische, wirtschafts- und kulturgeschichtliche Aspekte der Pestkatastrophen von 1347—1352, in: Saeculum 20 (1979), S. 45—67. Friedrich-Wilhelm *Henning*, Das vorindustrielle Deutschland 800—1800, Paderborn, 3. Aufl., 1977; *ders.*, Landwirtschaft und ländliche Gesellschaft in Deutschland, Bd. 1: 800—1750, Paderborn 1979; Friedrich *Lütge*, Deutsche Sozial- und Wirtschaftsgeschichte, 3. Aufl., Berlin — Heidelberg 1966; als ältere Darstellung vgl. Josef *Kulischer*, Allgemeine Wirtschaftsgeschichte des Mittelalters und der Neuzeit, Bd. I: Das Mittelalter, 3. unveränderte Aufl. (Stand 1928), München 1965, S. 170 ff.; die neueste großangelegte Untersuchung: Ulf *Dirlmeier*, Untersuchungen zu Einkommensverhältnissen und Lebenshaltungskosten in oberdeutschen Städten des Spätmittelalters (Mitte 14. bis Anfang 16. Jahrhundert), Abh. der Heidelberger Akademie der Wissenschaften. Phil.-hist. Kl., Heidelberg 1978.

[24] Moderne Ansätze finden sich in jüngster Zeit vor allem in bezug auf den Zeitraum vor der industriellen Revolution z. B. Peter *Kriedte*, Spätfeudalismus und Handelskapital. Grundlinien der europäischen Wirtschaftsgeschichte vom 16. bis zum Ausgang des 18. Jahrhunderts, Göttingen 1980; *ders.* / H. *Medick* / J. *Schlumbohm*, Industrialisierung vor der Industrialisierung. Gewerbliche Warenproduktion auf dem Land in der Formationsperiode des Kapitalismus, Göttingen 1977; Andreas *Grießinger*, Das symbolische Kapital der Ehre. Streikbewegungen und kollektives Bewußtsein deutscher Handwerksgesellen im 18. Jahrhundert (Sozialgeschichtliche Bibliothek), Frankfurt/M. — Berlin — Wien 1981. Michael *Stürmer*, Herbst des alten Handwerks. Quellen zur Sozialgeschichte des 18. Jahrhunderts, München 1979; Gustav *Otruba*, Österreichische Fabriksprivilegien vom 16. bis ins 18. Jahrhundert und ausgewählte verwandte Quellen zur Frühgeschichte der Industrialisierung (Österreichische Akademie der Wissenschaften phil.-hist. Klasse, Kommission für die Savigny-Stiftung, fontes rerum Austricarum: 3. Abt., fontes iuris, 7. Bd.), Wien — Köln — Graz 1981, mit einer juristischen Einleitung von Ha-

historischen Autoren nicht den Anspruch, die Effektivität der mittelalterlichen Arbeitsrechtsnormen darzustellen. Das Forschungsinteresse, ja die Forschungsnotwendigkeit, bestand darin, arbeitsrechtliche Normen des Mittelalters zunächst einmal zu erfassen, was für sich eine unbestreitbare Wichtigkeit hat, wenn die Existenz eines mittelalterlichen Arbeitsrechts verneint wird.

Man steht also in der Arbeitsrechtsgeschichte durchgängig vor dem Problem, ob man von den mittelalterlichen Normen auf eine entsprechende Wirklichkeit schließen darf. Die Existenz von Regeln über Meister, Gesellen und Lehrkinder sowie die urkundlichen etc. Nachweise der Zunftaktivitäten legten den Schluß nahe, abhängige Arbeit habe sich fast ausschließlich in diesen Formen vollzogen. Erkenntnisse der Volkskunde[25] unterstützten allgemeine Vorstellungen über die mittelalterliche Arbeit: Traulich vereint sitzt der Meister mit einem Gesellen und dem Lehrjungen in der Werkstatt, teilt sein karges Brot mit ihnen und behandelt sie fürsorglich in guten und schlechten Tagen[26].

Es wird zu zeigen sein, daß mittelalterliche Arbeit sich in erheblichen Teilen in ganz anderen tatsächlichen und rechtlichen Formen vollzog.

---

rald *Steindl. Scherner / Willoweit,* Vom Gewerbe zum Unternehmen. Studien zum Recht der gewerblichen Wirtschaft im 18. und 19. Jahrhundert, Darmstadt 1982. Reiner *Schulze,* Die Polizeigesetzgebung zur Wirtschafts- und Arbeitsordnung in der Mark Brandenburg, Aalen 1978, schildert die frühneuzeitlichen Polizeinormengeschichte leider ohne die großen Arbeitsmarktschwankungen, die der 30jährige Krieg hervorruft, in ihrer zentralen Bedeutung zu berücksichtigen. Anders in einem kleinen Kapitel Volkmar *Wittmütz,* Die Gravamina der bayerischen Stände im 16. und 17. Jahrhundert als Quelle für die wirtschaftliche Situation und Entwicklung Bayerns (Miscellanea Bavarica Monacensia 26), München 1970, S. 88 ff.; Joachim *Runge,* Justus Mösers Gewerbetheorie und Gewerbepolitik im Fürstentum Osnabrück in der 2. Hälfte des 18. Jahrhunderts (Schriften zur Sozial- und Wirtschaftsgeschichte 2), Berlin 1966.

25 Vgl. noch die Anthologie *Die Zunftlade.* Das Handwerk vom 15. bis 19. Jahrhundert im Spiegel der Literatur, 2. Aufl., Berlin 1976; besonders die vielfältigen Darstellungen aus dem Bereich der Volkskunde, die sich zu Beginn dieses Jahrhunderts schwerpunktmäßig mit dem Handwerk befaßt hat, legen diese Auffassungen nahe. Vgl. dazu bei Wilfried *Reininghaus,* Die Entstehung der Gesellengilden im Spätmittelalter (Beiheft 71 zur Vierteljahresschrift für Sozial- und Wirtschaftsgeschichte), Wiesbaden 1981, S. 15 ff., mit Rez.: Rolf *Sprandel,* in: VSWG 70 (1983), S. 231 ff., vgl. noch Abschn. 1.4.

26 Rein normativ zur sozialen Sicherung aus den Zunftordnungen Sigrid *Fröhlich,* Die soziale Sicherung bei Zünften und Gesellenverbänden. Darstellung, Analyse, Vergleich (Sozialpolitische Schriften 38), Berlin 1976, S. 62 f. sowie *Göttmann,* S. 30, mit Hinweisen auf die Sekundärliteratur! A. a. zu recht *Maschke,* Unterschichten, S. 67, 79 sowie *Reininghaus* (Fn. 25), S. 45; vgl. Abschn. 4.7.1.

1.6. Methodisches Vorgehen und Prämissen

Wenn man die Ergebnisse der oben erwähnten Forschungsrichtungen, die in der Rechtsgeschichte kaum wahrgenommen wurden, fruchtbar machen will, muß die Darstellung notwendig kompliziert sein. Überdies widersetzt sie sich herkömmlichen Einordnungen wie Literaturbericht oder Gesetzgebungsgeschichte etc. Vier Faktoren müssen in die Darstellung einbezogen werden, die nicht denselben analytischen Ebenen entstammen.

1. Ergebnisse und Theorien der Wirtschaftsgeschichte (Agrarkrise) müssen vorgestellt und für die Rechtsgeschichte fruchtbar gemacht werden.
2. Ergebnisse der Sozialgeschichte in bezug auf Schichtung, lokale und soziale Mobilität müssen gleichfalls Berücksichtigung finden.
3. Die Existenz eines mittelalterlichen Arbeitsmarkts ist der gedankliche Ausgangspunkt der Abhandlung, hingegen nicht die normative Situation.
4. Die Bezüge zwischen diesem Arbeitsmarkt und dem Arbeitsrecht müssen aufgewiesen werden; darüber hinaus muß die Effektivität der gefundenen Normen Beachtung finden[1].

Für diese Vorgehensweise ist es unvermeidlich, einige Prämissen zu klären:

1. Ist es sinnvoll, von einem „*Arbeitsrecht*" des Mittelalters zu sprechen?

---

[1] Für die Untersuchung und die Darstellung der Ergebnisse ergaben sich zwei Möglichkeiten:

a) Theoretische Annäherung: Zunächst wird ein ökonomisches bzw. soziales Modell aufgestellt, daß solchen, die in der heutigen Wirtschaftstheorie Anwendung finden, vergleichbar ist. Sodann versucht man, die Normen, ihre Entstehung und ihren Inhalt in bezug auf dieses Modell zu analysieren.

b) Konkrete Annäherung: Man erforscht mit Hilfe von Quellen und anderem Archivmaterial die wirtschaftlichen, sozialen und Arbeitsverhältnisse einer bestimmten Region, um diese mit den arbeitsrechtlichen Normen zu kontrastieren.

Die Abhandlung geht im wesentlichen den ersten Weg unter Benutzung des Agrarkrisenmodells, ohne allerdings auf die Konfrontierung der Ergebnisse mit den (veröffentlichten) Quellen zu verzichten. Die Wirtschafts- und Sozialgeschichte hat eine solche Fülle nicht weiter verwerteter Literatur hervorgebracht, daß deren Vorstellung in bezug auf die Rechtsgeschichte notwendig erscheint. Entsprechend rechtshistorischer Tradition sollen sogleich die Quellen mit herangezogen werden, denn die Überlegungen, die für das Arbeitsrecht aus den wirtschafts- und sozialgeschichtlichen Modellen folgen, können so zwar noch nicht bewiesen, aber immerhin plausibel gemacht werden.

2. Ist die Konzeption eines *Arbeitsmarktes* für das Spätmittelalter zutreffend, denn mit diesem steht und fällt die Untersuchung[2]?

1.6.1. Arbeitsrecht im Mittelalter

Die normative Annäherung an das mittelalterliche Arbeitsrecht erfolgte, weil es — zumindest für Juristen — zweifelhaft erscheint, nach einem *Recht* der mittelalterlichen Arbeit zu fragen[3]. Die Konstitution des heutigen Arbeitsrechts einerseits und die Notwendigkeit historischer Forschung andererseits scheinen zu Unvergleichbarkeiten zu führen. Zu deutlich stehen dem Rechtshistoriker noch die Versuche des 19. Jahrhunderts vor Augen, als man mit Hilfe von nordeuropäischen Quellen des Hochmittelalters ein germanisches Obligationenrecht konstruieren wollte, obwohl schon der Begriff der Obligation dem germanischen Denken fremd gewesen sein dürfte. Stellt also die Suche nach einem mittelalterlichen Arbeitsrecht nicht einen vergleichbaren untauglichen Versuch dar?

So, wie sich der Begriff des Arbeitsrechts zu Beginn dieses Jahrhunderts in der wissenschaftlichen Meinung verfestigte, betrifft er das Recht der Angestellten und Arbeiter, also eines Teils der Personen, die abhängige Arbeit leisten. Die Absicht, in der *Lotmar, Sinzheimer* und *Potthoff*[4] aus einer Vielzahl von Regelungen über gewerbliche Arbeiter, das Gesinde etc. ein „Sonderrecht der unselbständigen Arbeitnehmer"[5] schaffen wollten, hing mit dem Wunsch zusammen, die materiellen Verhältnisse der Arbeitnehmer zu verbessern.

Diese Erkenntnis entspricht heute der h. M., und zwar scheint sie unabhängig vom politischen Standort der Arbeitsrechtler zu sein. Alfred *Hueck* vertrat diese Meinung ebenso wie *Zöllner*, der erklärt:

„Das Arbeitsrecht steht in dem Bemühen um sozialen Wandel an erster Stelle" ... „Arbeitsrecht ist historisch entstanden aus der Bemühung, die

---

[2] Die weitere Frage, ob es wissenschaftlich zulässig ist, den Ablauf der mittelalterlichen Wirtschafts- und Sozialentwicklung auf eine Ursache, die Agrarkrise, zurückzuführen, wird im Abschn. 2.6. erörtert, nachdem die Agrarkrisentheorie vorgestellt ist.

[3] *Mestiz* (Abschn. 1.5. Fn. 2), S. 47; a. A. die in Abschn. 1.5. ab Fn. 9 angeführten Autoren, bes. *Carlen*. Vgl. auch den Ansatz bei Helmut *Roscher*, Die Anfänge des modernen Arbeitsrechts. Ein Beitrag zur Geschichte des Jugendarbeitsschutzes unter besonderer Berücksichtigung der Entwicklung in Preußen, Diss. jur. Göttingen 1977.

[4] Philipp *Lotmar*, Der Arbeitsvertrag, 2 Bde., Leipzig 1902, 1908; Hugo *Sinzheimer*, Grundzüge des Arbeitsrechts, Jena 1921; *ders.*, Der korporative Arbeitsnormenvertrag, 2 Bde., Leipzig 1907, 1908; *ders.*, Über den Grundgedanken und die Möglichkeit eines einheitlichen Arbeitsrechts für Deutschland, Berlin 1914; Heinz *Potthof*, Probleme des Arbeiterrechts, Jena 1912.

[5] Alfred Hueck (Abschn. 1.5., Fn. 2), S. 6, Fn.

schwierige soziale Lage der Arbeitnehmer mit den Mitteln des Rechts erträglicher zu machen und den Arbeitnehmer gegen die Nachteile und Gefahren seiner Stellung abzusichern."[6]

Däubler faßt diesen Gedanken anders zusammen:

„Es (sc. das Arbeitsrecht) sorgt dafür, daß die Austauschbedingungen sich nicht beliebig zu Lasten der Arbeitnehmer verschlechtern können, es schafft gleichzeitig die Voraussetzungen dafür, daß die bisherigen ökonomischen und politischen Verhältnisse erhalten bleiben."[7]

Die gesetzlichen Regeln des Arbeitsrechts sind in weiten Bereichen durch die Gewerkschaften und die Sozialdemokratie erkämpft worden. Diese Regeln hatten aufgrund der rechtlichen Absicherungen für die Arbeitnehmer eine Statusverbesserung in materieller und immaterieller Hinsicht zur Folge[8]. In Kenntnis der Tatsache, daß noch zu Beginn des 19. Jahrhunderts in der Unterschicht Hungersnöte vorkamen, daß materielle Not und Bedürftigkeit bis nach der Jahrhundertwende in Arbeiterkreisen vorherrschend blieben, versuchten die Arbeitsrechtler das öffentliche und private Arbeitsrecht so festzulegen, daß es ein wirksames Instrument zur Abwehr dieser Not wurde.

Der gerichtlichen und gesetzlichen Fixierung des Arbeitsrechts — vom Arbeitsschutz bis zur Mitbestimmung — liegt also ein *intentionales Handeln* zugrunde. Zwar ist inzwischen unbestreitbar, daß es im Mittelalter rechtliche Regeln über Arbeitsverhältnisse gab, ob diese aber gleichfalls materielle Not verhindern sollten, ist zweifelhaft.

Aus der Sicht der Arbeitnehmer hat das Arbeitsrecht vornehmlich den Zweck, die materiellen Bedürfnisse (das finanzielle und soziale Wohlergehen) sicherzustellen[9]. Für Arbeitnehmer und Arbeitgeber legt Arbeitsrecht gleichzeitig die Bedingungen sowie den Umfang der Arbeitsleistungen fest. In diesem Sinne sind rechtliche Regeln über die menschliche Arbeit vergleichbar, gleichgültig, ob sie aus dem Mittelalter oder der Neuzeit stammen. Letzlich geht es im Arbeitsrecht stets um Fragen der Risikoverteilung zwischen Arbeitgebern und Arbeitnehmern sowie um solche der Einkommensverteilung.

---

[6] Alfred *Hueck*, Wolfgang *Zöllner* (Fn. 2), Vorwort zur 1. Aufl. u. S. 1.

[7] Wolfgang *Däubler*, Das Arbeitsrecht. Von der Kinderarbeit zur Betriebsverfassung. Ein Leitfaden für Arbeitnehmer, Reinbek 1976, S. 29, 31.

[8] Zu recht weist *Däubler* darauf hin, daß diese rechtlichen Fixierungen nur eine sehr begrenzte Absicherung zur Folge haben, z. B. in Zeiten großer Depressionen oder in der Zeit des Nationalsozialismus. Gegen Verschlechterungen in solchen Situationen hilft nach seiner Auffassung nur die Kampfbereitschaft der Arbeitnehmerschaft. Dennoch ist die Statusverbesserung für die Arbeitnehmer gerade in diesem Jahrhundert unverkennbar, und diese geht maßgeblich auf rechtliche Festschreibungen zurück.

[9] So schildert auch *Zöllner* (Abschn. 1.5., Fn. 2), S. 15, sogleich ausführlich: „Die Einkommenssituation der Arbeitnehmer."

Die Position von *Mestiz*[10], der von „Arbeitsrecht als einem spezifischen Rechtsgebiet" erst „mit der Entstehung des Kapitalismus" sprechen will, hat den Vorzug wissenschaftlicher Klarheit. Mit der Unterstellung, bei einer Suche nach frühem „Arbeitsrecht" würden historisch geprägte Kategorien unhistorisch übertragen, wird er sowohl den neueren Bemühungen, als auch den historischen Erscheinungsformen mittelalterlicher Arbeit nicht gerecht. Gerade so gerät man in die Gefahr, vorindustrielle Verhältnisse weiter zu romantisieren und nicht wahrzunehmen, wie groß der Anteil vorindustrieller Massenarbeitsverhältnisse ist und wie klein der einer typisch zünftigen Arbeit. Mit dieser Annahme ist natürlich nichts über die Aussagekraft von Ergebnissen und die Übertragbarkeit für heutige Verhältnisse gesagt.

1.6.2. Arbeitsmarkt im Mittelalter

Es ist nicht erst die traurige Erkenntnis der letzten Jahre, daß der Arbeitsmarkt nicht durch die Normen des Arbeitsrechts gesteuert wird[11]. Die wirtschaftliche Entwicklung sowie die politischen Rahmenbedingungen spielen eine weitaus entscheidendere Rolle. Selbst gestützt auf Normen des Kündigungsschutzgesetzes kann ein Arbeitnehmer kaum seine Wiedereinstellung erzwingen[12]. M. E. hing im Mittelalter das Wohlergehen, die materielle Sattheit und der Status der abhängigen Arbeitskräfte weitaus stärker als heute von außer(arbeits)rechtlichen Regeln ab. Es besteht heute kein Zweifel mehr an der Existenz von mittelalterlichen Normen, die Arbeitsverträge, kollektive Aktionen der Arbeitnehmer und den Arbeitsmarkt betrafen[13]. Deren Effektivität ist — damals wie heute — ein anderes Problem.

Die Arbeitsverhältnisse der Sklaven wurden in der Antike und in der Neuzeit vom *Markt* geprägt, die Massenarbeitsverhältnisse der indu-

---

[10] *Mestiz* (Fn. 3), S. 47.

[11] Thilo *Ramm*, Der Arbeitsmarkt und das Recht, in: Arbeitslosigkeit als Problem der Rechts- und Sozialwissenschaften (Schriften der Vereinigung für Rechtssoziologie, Bd. 4), 1980, S. 11—36; Arbeitsmarkt — ökonomische, soziale und rechtliche Grundlagen. Hrsg. v. Michael *Kittner*, 2. Aufl., Heidelberg 1982; Toni *Pierenkemper* / Richard *Tilly* (Hrsg.), Historische Arbeitsmarktforschung. Entstehung, Entwicklung und Probleme der Vermarktung von Arbeitsrecht (Kritische Studien zur Geschichtswissenschaft, Bd. 49), Göttingen 1982.

[12] Rainer *Erd*, Gesetzlicher Kündigungsschutz und Wirtschaftskrise, in: Kritische Justiz 1982, S. 367 ff.

[13] Vgl. dazu Hermann *Kellenbenz* (Hrsg.), Wirtschaftspolitik und Arbeitsmarkt. Sozial- und wirtschaftshistorische Studien, München 1974, Einl., der von der Existenz eines Arbeitsmarktes ebenso ausgeht wie viele wirtschaftshistorische Autoren, z. B. *van Houtte*, Jan und Raymond *van Uytven*, Wirtschaftspolitik und Arbeitsmarkt in den Nierderlanden vom Spätmittelalter bis zur Schwelle des Industriezeitalters, in: Kellenbenz ..., S. 47—68.

striellen Zeit gleichfalls. Während der Sklavenmarkt ein Gütermarkt war, ist unser Arbeitsmarkt von der, zumindest theoretisch bestehenden, persönlichen Freiheit der Individuen geprägt. Die Verkehrsfähigkeit der Ware „Sklave" wurde ersetzt durch die Verkehrsfähigkeit der Ware „Arbeitskraft". Die rechtliche und tatsächliche Freiheit der Verfügung über die Arbeitskraft, also z. B. die soziale und lokale Mobilität, sind notwendige Voraussetzungen für das Entstehen eines entsprechenden Marktes. An diesen konstitutiven Merkmalen fehlte es scheinbar im Spätmittelalter.

— In *tatsächlicher* Hinsicht waren Kommunikationsmöglichkeiten, Transport und Verkehr nur unter sehr erschwerten Bedingungen möglich. In unserer Vorstellung ist die Zeit eher durch Seßhaftigkeit, als durch Mobilität gekennzeichnet.

— Die abhängigen Arbeitskräfte waren nicht nur sozial, sondern gleichfalls *rechtlich* abhängig. Folgende Begriffe kennzeichnen das Spätmittelalter eher, als die freie Verfügbarkeit von Arbeitskraft:

  Lehenswesen,

  Grundherrschaft,

  z. T. Gutsherrschaft.

Hörige und Gesinde, also die Masse der möglichen Arbeitskräfte, waren in der Wahl ihres Aufenthaltsortes und in der Gestaltung ihrer sozialen Verhältnisse nicht frei. Im Gegenteil kennzeichnete Gebundenheit und Unfreiheit ihren Status. Freies Gesinde[14] und freie Arbeitskräfte schienen die seltene Ausnahme zu sein, denn selbst dort, wo Gesellen städtische gewerbliche Arbeit leisteten, die ja der heutigen Arbeit am nächsten steht, wurden die Verflechtungen mit Zünften und Meistern hervorgehoben, und die Einbindung des Gesellen in das Haus seines Arbeitgebers schien von entscheidender Bedeutung zu sein. Letzlich lag diesen Auffassungen der Gedanke zugrunde, freie Arbeit im Sinne des modernen Arbeitsvertrages könne nur von statusmäßig freien Personen geleistet werden, denn nur diese könnten frei über ihre Arbeitskraft verfügen. Folgt man dieser Auffassung, dann ist die Konzeption der Untersuchung bereits verfehlt, da es keinen oder allenfalls einen verhältnismäßig unbedeutenden Arbeitsmarkt gegeben haben kann. Bei diesen Überlegungen handelt es sich aber um einen klassischen Fehlschluß von der Norm auf die Wirklichkeit.

In popularisierter Form las sich der Gedanke so:

„Der Ursprung der gewerblichen Tätigkeit liegt ja in dem Handwerksbetriebe, der auf den großen Grundherrschaften und Herrenhöfen erfolgte; es

---

[14] Vgl. Herta *Firnberg*, Abschn. 1.4., Fn. 15; Hans *Platzer*, Abschn. 1.2., Fn. 14.

war Arbeit, die auf den Herrenhöfen vom Gesinde und von Hörigen, also von unfreien Leuten geleistet wurde."[15]

Schon relativ früh konnte Adolf *Zycha*[16] zeigen, daß die tatsächliche Möglichkeit, über die Arbeitskraft zu verfügen, entscheidend war, während sich der rechtliche Status als unbedeutend herausstellte.

„Man pflegt ihre Anfänge (sc. der Lohnarbeit) viel zu spät anzusetzen, indem man den Begriff der freien Lohnarbeit mit der geburtsständischen Freiheit verbindet und sie, abgesehen etwa von zerstreutem Vorkommen erst in die Zeit der bürgerlichen Freiheit ins 13. ja 14. Jahrhundert verweist."

Zycha ging davon aus, daß ein Unfreier aufgrund der Verfügungsmöglichkeit über seine Arbeitskraft seinen rechtlichen Status verändern konnte. Keinesfalls war also die rechtliche Freiheit des Arbeitnehmers Voraussetzung für ein vertraglich vereinbartes Arbeitsverhältnis. Das kleine Kaiserrecht (Frankenrecht) aus dem 14. Jahrhundert schreibt:

„Eyn iclich man, dem got beschert, dar er hat gesinde, beyde magde und knechte, der enhat keyn recht uber sie nit dan alz vil als im ire dienst gevellet um sinen lon."[17]

Die Auseinandersetzung um diese Fragen fand schon um die Jahrhundertwende im Rahmen des Streites um die „Hofrechtliche Theorie" statt. Deren Vertreter begründeten das Herkommen der freien Handwerker aus der grundherrlichen Abhängigkeit oder aus den unfreien städtischen Fronhöfen. Georg von *Below* hat diese Auffassung scharf

---

[15] Adolf *Lobe*, Welche zivilrechtlichen Folgen knüpfen sich an die modernen Lohnkampf üblichen Verrufserklärungen, insbesondere an das Verbot des Einkaufs und Verkaufs, des Arbeitgebens und Arbeitnehmens? (Referat auf dem 29. Deutschen Juristentag 1908), Verhandlungen des 29. Deutschen Juristentages, Bd. 5, S. 173.

[16] Adolf *Zycha*, Über den Anteil der Unfreiheiten am Aufbau von Wirtschaft und Recht. Rektoratsrede gehalten in der Aula der K. Ferdinands Universität in Prag am 4. Dezember 1915, S. 87; *ders.*, Über die Anfänge der kapitalistischen Ständebildung in Deutschland, in: Vierteljahresschrift für Sozial- und Wirtschaftsgeschichte, Bd. 31 (1938), S. 105—241.

[17] Kleines Kaiserrecht (Frankenrecht) 2, 28. Dazu G. *Dolezalek*, in: HRG, Bd. I; *Mitteis-Lieberich*, Deutsche Rechtsgeschichte, 15. Aufl., München 1978, § 37 III 1b. Vgl. weiter Louis *Carlen*, Das Recht der Hirten. Zur Rechtsgeschichte der Hirten in Deutschland, Österreich und der Schweiz (Studien zur Rechts-, Wirtschafts- und Kulturgeschichte VII), Innsbruck 1970, S. 31. Schon Gustav *Hertz*, Abschn. 1.2., Fn. 14, berichtete zutreffend, daß das Gesinde im wesentlichen frei war. Man wußte von ihm schon im hohen Mittelalter die Unfreien (Leibeigenen, Hörigen) zu unterscheiden. So berichtet die Sachsenspiegelglosse (II, 32 § 1 [in hochdeutscher freier Übersetzung]):

„Nun sollst Du wissen — es gibt zweierlei Knechte: eigentliche, die heißen Knechte, die sind eigen; die anderen heißen Diener und sind freie Leute, die uns dienen."

Und die Glosse zum Sächsischen Weichbild, Art. 77, führte aus: „Ihr sollt wissen: „Wie lange ein Freiknecht uns dient, damit wird er nicht unser eigen ..."

bekämpft[18], und Adolf Zycha konnte frühzeitig nachweisen, daß die Kausalität umgekehrt war. Diese Gedanken eröffneten der arbeitsrechtshistorischen Forschung neue Möglichkeiten. Allerdings blieben die Auffassungen Otto von *Gierkes* vorherrschend[19]. Dieser behauptete eine geschichtliche Kontinuität zwischen dem Dienstvertrag und seinen deutschrechtlichen Keimen. Konsequent sah er das Wesen des Dienstvertrages in der personenrechtlichen Bindung und im personenrechtlichen Gemeinschaftsverhältnis, nicht aber in der (vertraglichen) Vereinbarung eines ggf. Unfreien mit einem Arbeitsnachfrager[20].

Gierkes Ideen, verbunden mit eher romantischen Betrachtungen vorindustrieller Zustände, haben den Blick von den freien Arbeitsverträgen und insbesondere vom mittelalterlichen Arbeitsmarkt, der in eine Anzahl von Teilmärkten aufgespalten war, abgelenkt.

Heute bestehen aufgrund wirtschaftshistorischer Forschungen keine Zweifel an der Tatsache, daß im Spätmittelalter Arbeitsmärkte sowohl im Bereich der gewerblichen Wirtschaft als auch der Landwirtschaft vorhanden waren. Die Voraussetzungen dieser Arbeitsmärkte sind nachgewiesen: Es bestand eine relativ hohe *Mobilität*[21], die sich nicht nur in einer weit größeren als bisher angenommenen Wandertätigekit der Gesellen ausdrückte, sondern die vor allem mit der Landflucht und den Wüstungen zusammenhing. In den mittelalterlichen Städten lag die Sterberate regelmäßig über der Geburtenrate. Die Bevölkerung wurde mit Hilfe von Landbewohnern wieder aufgestockt, was jeweils von besonderer Bedeutung war, wenn die Pest Städte entleert hatte.

---

[18] Georg von *Below*, Der Deutsche Staat des Mittelalters. Eine Grundlegung der deutschen Verfassungsgeschichte, 1. Bd.: Die allgemeinen Fragen, 2. Aufl., Leipzig 1925, der in der Rückschau zu dem gesamten Streit besonders S. 75, S. 92, S. 124 f. Stellung nimmt; *ders.*, Zur Entstehung der Deutschen Stadtverfassung, in: Historische Zeitung 58 (1887), S. 193 ff., 59 (1888), S. 193 ff.; a. A. Karl *Lamprecht*, Deutsches Wirtschaftsleben im Mittelalter. Untersuchungen über die materielle Kultur des platten Landes aufgrund der Quellen zunächst des Mosellandes, 1886; dagegen *Below*, Die Entstehung des Handwerks in Deutschland, in: Zeitschrift für Wirtschafts- und Sozialgeschichte, Bd. 5 (1893), S. 124 ff. Zu den Zunfttheorien Hans *Lentze*, Nürnbergs Gewerbeverfassung des Spätmittelalters im Rahmen der deutschen Entwicklung, in: Beiträge zur Wirtschaftsgeschichte Nürnbergs, Bd. II, Nürnberg 1967, S. 593 ff.

[19] Vgl. Abschn. 1.2.

[20] Instruktiv der Vertrag eines Mühlenarbeiters (Papiermühle) von 1434 bei C. W. *Pauli*, Lübeckische Zustände im Mittelalter, Bd. III, Lübeck 1978, S. 156 f., abgedruckt bei Karl *Kroeschell*, Deutsche Rechtsgeschichte, Bd. II, Reinbek 1973, S. 107.

[21] Karl *Bosl*, Über soziale Mobilität in der mittelalterlichen „Gesellschaft". Dienst, Freiheit, Freizügigikeit als Motive sozialen Aufstiegs, in: VSWG 67 (1980), S. 306—332. Wilfried *Reininghaus*, Die Migration der Handwerksgesellen in der Zeit der Entstehung ihrer Gilden (14./15. Jahrhunderten), in: VSWG 68 (1981), S. 1—21. Zur Landflucht und Einwanderung in die Städte vgl. Abschn. 3.1. u. 4.5.

Die vielen Rechtsregeln, die solche Mobilität der Landbevölkerung verhindern wollten, werden noch dargestellt.

Die Schilderung des mittelalterlichen Arbeitsrechts bleibt also unvollständig, wenn man nicht die Marktentwicklungen sowie die vielfältigen rechtlichen und tatsächlichen Versuche betrachtet, den Arbeitsmarkt — besser: die verschiedenen Arbeitsmärkte — zu regulieren[22]. Die Betrachtung mittelalterlichen Arbeitsrechts muß also über den bisher im Zentrum des wissenschaftlichen Interesses stehenden Bereich individueller vertraglicher Beziehungen hinausgreifen. Was der Meister mit dem Gesellen, der Herr mit dem Gesinde oder der Bauer mit dem Drescher vereinbarte, war zweifellos wichtig[23]. Doch war solchen Vereinbarungen durch den Arbeitsmarkt und durch die allgemeinen wirtschaftlichen Bedingungen ein Rahmen vorgegeben. Die Zahl der Arbeitsplätze, die Arbeitsmöglichkeiten und insbesondere die Verdienstmöglichkeiten der Arbeitnehmer sowie nicht zuletzt die Durchsetzung individueller Vereinbarungen hingen von den strukturellen Bedingungen der Arbeitsverfassung ab.

---

[22] Vgl. dazu *Kellenbenz*, Hermann (Hrsg.), Wirtschaftspolitik und Arbeitsmarkt. Sozial- und wirtschaftshistorische Studien, München 1974, Einl., der von der Existenz eines Arbeitsmarktes ebenso ausgeht wie viele wirtschaftshistorische Autoren, z. B. *van Houtte*, Jan und Raymond *van Uytven*, Wirtschaftspolitik und Arbeitsmarkt in den Niederlanden vom Spätmittelalter bis zur Schwelle des Industriezeitalters, in: Kellenbenz ..., S. 47—68. Michael *Mitterauer*, Die Wirtschaftspolitik der österreichischen Landesfürsten im Spätmittelalter und ihre Auswirkungen auf den Arbeitsmarkt, in: ebd., S. 15—46. Ulf *Dirlmeier*, Mittelalterliche Hoheitsträger im wirtschaftlichen Wettbewerb. Zur Frage des Verhältnisses staatlicher Gewalt gegenüber dem Bereich der Wirtschaft im Raum des Deutschen Reiches vom 12. bis 14. Jahrhundert (Beiheft 51 zur Vierteljahresschrift für Sozial- und Wirtschaftsgeschichte), Wiesbaden 1966; Hermann *Kellenbenz*, Die unternehmerische Betätigung der verschiedenen Stände während des Übergangs zur Neuzeit, in: Vierteljahresschrift für Sozial- und Wirtschaftsgeschichte, Bd. 44 (1957), S. 1 ff. John B. *Garraty*, Unemployment in history. Economic Thought and public policy, New York et. al. (Harper & Row), 1978.

[23] So kann man sich z. B. nicht auf Fragen beschränken, wie lange der Erbe des Herrn den Knecht behalten mußte, vgl. *Sachsenspiegel*, Landrecht, I. Buch, Art. 28, § 2.

2. Der Zusammenbruch der Märkte nach der Pest: Theoretische Überlegungen zur Agrarkrise und zum Arbeitsmarkt

2.1. Der Bevölkerungsrückgang

In der Mitte des 14. Jahrhunderts rief die Pest einen bevölkerungspolitischen Einbruch hervor, der den Arbeitsmarkt auf dem Lande und in den Städten erschütterte[1]. Die Bevölkerungs- und Wirtschaftsentwicklung unterliegt Schwankungen, die im Mittelalter sicher stärker als heute waren. Bevölkerungszahlen, Wanderbewegungen zwischen Stadt und Land, Preise und Arbeitseinkommen wurden durch diese Schwankungen stark beeinflußt[2].

---

1 Wilhelm *Abel*, Agrarkrisen und Agrarkonjunktur. Eine Geschichte der Land- und Ernährungswirtschaft Mitteleuropas seit dem hohen Mittelalter, 3. Aufl., Hamburg und Berlin 1978; Ernst *Pitz*, Wirtschafts- und Sozialgeschichte Deutschlands im Mittelalter, Wiesbaden 1979, S. 138 ff.; Edith *Ennen* / Walter *Janssen*, Deutsche Agrargeschichte. Von Neolithikum bis zur Schwelle des Industriezeitalters, Wiesbaden 1979, S. 187 ff. Z. B. Heinrich *Bechtel*, Wirtschafts- und Sozialgeschichte Deutschlands. Wirtschaftsstile und Lebensformen von der Vorzeit bis zur Gegenwart, München 1967, vgl. z. B. S. 149—157; historische Standardwerke geben diese Auffassung ohne weitere Problematisierungen wieder: *Bosl* in: Handbuch der deutschen Geschichte, hrsg. v. Gebhard / Grundmann (Staat, Gesellschaft, Wirtschaft im deutschen Mittelalter, Kap. 33); Joachim *Leuschner*, Deutschland im späten Mittelalter, Deutsche Geschichte, Bd. 3, Göttingen 1975, S. 196 ff.; Wirtschaftshistorisch: Neithard *Bulst*, Der schwarze Tod. Demographische, wirtschafts- und kulturgeschichtliche Aspekte der Pestkatastrophe von 1347—1352, in: Saeculum 20 (1979), S. 45—67; Jacob van *Claveren*, Die wirtschaftlichen Auswirkungen des schwarzen Todes, in: Vierteljahresschrift für Sozial- und Wirtschaftsgeschichte, 54. Bd. (1967), S. 187—202.

2 Friedrich-Wilhelm *Henning*, Das vorindustrielle Deutschland 800—1800, Paderborn, 3. Aufl., 1977; *ders.*, Landwirtschaft und ländliche Gesellschaft in Deutschland, Bd. 1: 800—1750, Paderborn 1979; Friedrich *Lütge*, Deutsche Sozial- und Wirtschaftsgeschichte, 3. Aufl., Berlin — Heidelberg 1966; als ältere Darstellung vgl. Josef *Kulischer*, Allgemeine Wirtschaftsgeschichte des Mittelalters und der Neuzeit, Bd. I: Das Mittelalter, 3. unveränderte Aufl. (Stand 1928), München 1965, S. 170 ff.; die neueste großangelegte Untersuchung: Ulf *Dirlmeyer*, Untersuchungen zu Einkommensverhältnissen und Lebenshaltungskosten in oberdeutschen Städten des Spätmittelalters (Mitte 14. bis Anfang 16. Jahrhundert), Abh. der Heidelberger Akademie der Wissenschaften. Phil.-hist. Kl., Heidelberg 1978. Zum entsprechenden Problem in bezug auf den 30jährigen Krieg, der zu vergleichbaren Bevölkerungsverlusten führte, vgl. Heiner *Haan*, Prosperität und Dreißigjähriger Krieg, in: Geschichte und Gesellschaft 7 (1981), S. 91—118; Friedrich *Lütge*, Die wirtschaftliche Lage Deutschlands vor Ausbruch des Dreißigjährigen Krieges, in: Jahrbücher für Nationalökonomie und Statistik 170 (1958), S. 43—99.

„Do men zalte noch gotz geburte 1349 jar, *do was der groeste sterbotte zuo Strosburg und durch die welt.*"

„Dirre sterbotte kam ouch gein Strosburg in dem summer des vorgenannten jores, und sturbent so also men schetzete uf 16 tusent menschen."[3]

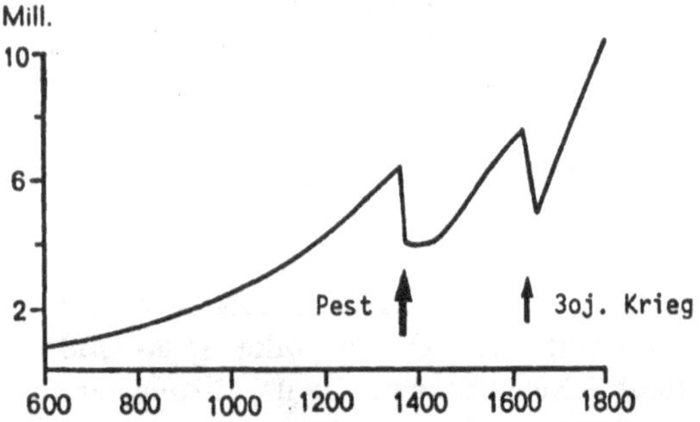

Abb. 1. Bevölkerungszahl Westdeutschlands von 600 bis 1800 in Millionen. Quelle: Friedrich-Wilhelm *Henning*, Das vorindustrielle Deutschland 800 bis 1800, Paderborn, 3. Aufl., 1977, S. 19[4].

Die Zahlen über den *Bevölkerungsrückgang*, der sich durch die Pest ergab, sind nicht einheitlich[5]. In diesem Bereich gehören sie aber zu den am wenigsten umstrittenen Fragestellungen. Die Differenzen sollen hier nicht weiter interessieren. Sehr wahrscheinlich ist, daß beim ersten Seuchendurchzug ca. 1349 über 20 % der Bevölkerung starben und daß bis 1376 die Sterbequote auf 40 % gestiegen war. Die Beulenpest war die Ursache für dieses Sterben[6]. In den Städten war der Anteil derjenigen, die die teilweise durch den Pestfloh übertragene Seuche nicht überlebten, jeweils besonders hoch. So verstarben in Bremen angeblich 60

---

[3] Die Chroniken der deutschen Städte vom 14. bis 16. Jh., 8./9. Bd. = Die Chroniken der oberrheinischen Städte, Bde. 1/2: Straßburg. Hrsg. durch die hist. Kommission bei der Kgl. Akademie der Wissenschaften von *C. Hegel*, Leipzig 1870, 1871, hier: Chronik des Jacob Twinger von Königshofen, S. 769, vgl. weiter S. 759 (Einwohner 1444: 25 000, davon 16 000 Stadtbevölkerung), vgl. Straßburger Volkszählung — Urkunden und Nachweise bei Gisela *Möncke* (Hrsg.), Quellen zur Wirtschafts- und Sozialgeschichte mittel- und oberdeutscher Städte im Spätmittelalter, Darmstadt 1982, S. 314 ff.

[4] Vgl. näher *Henning*, S. 19.

[5] *Henning* (Fn. 2), S. 125 ff., geht von „mehr als 33 %" aus. Er hält 40 % in den Städten für gegeben. *Abel*, Wüstungen, S. 89, gibt die im folgenden Text genannten Zahlen.

[6] Die Werke, die sich mit der Pest befassen, sind nur noch schwer zu erfassen. Jüngst hat eine gute Übersicht erstellt Neithard *Bulst*, Der schwarze Tod. Demographische, wirtschafts- und kulturgeschichtliche Aspekte der Pestkatastrophe von 1347 bis 1352. Bilanz der neueren Forschung, in: Saeculum 20 (1979), S. 45 bis 67 mit vielen weiteren Nachweisen.

bis 70 % der Einwohner[7]. Mag die Zahl auch extrem sein, so kann man in den im 13. Jahrhundert durch Handel und Gewerbe wieder aufgeblühten Städten von einer höheren Sterbequote als auf dem Lande ausgehen, denn die hygienischen Verhältnisse, die die Ausbreitung der Pest begünstigten, waren nach heutigen Maßstäben katastrophal. Aufgrund des in den Städten geringeren Geburtenüberschusses und der höheren Todesraten während der vielen Pestumzüge, für die die Epidemie von 1347 ff. nur stellvertretend steht, konnten sich die Städte nur durch ständigen Zuzug vom Lande erhalten[8]. Wie man an den Stadtmauern sehen kann, fand nur in seltenen Fällen nach 1350 noch eine Stadterweiterung statt[9]. Die Bevölkerung der Städte blieb insgesamt in etwa konstant. *Henning*[10] geht von folgenden Zahlen aus:

1350: 640 000 Einw. in Städten und 5,76 Millionen in Dörfern (= 100:11,1)
1430: 385 000 Einw. in Städten und 5,85 Millionen in Dörfern (= 100:10,0)
1450: 640 000 Einw. in Städten und 3,95 Millionen in Dörfern (= 100:17,8)

---

7 H. *Reincke*, Bevölkerungsprobleme der Hansestädte, in: Hansische Geschichtsblätter, 70. Jg. (1951), S. 9 ff., dazu Wilhelm *Koppe*, in VSWG 1953, S. 69 f., mit Entgegnung *Reincke*, Bevölkerungsverluste der Hansestädte durch den schwarzen Tod 1349/50, in: Hansische Geschichtsblätter 72 (1954), S. 88—90; Allgemeiner: Yves *Renouard*, Conséquences et intérêt démographique de la peste noire de 1348, in: Population 3 (1948), S. 461. Hanni *Spiegler*, Die Geschichte der Pest in Erfurt von den Anfängen bis zum Beginn des 17. Jahrhunderts (masch. Diss. med.), Erfurt 1962; Bernd I. *Zaddach*, Die Folgen des schwarzen Todes (1347—51) für den Klerus Mitteleuropas (Forschungen zur Sozial- und Wirtschaftsgeschichte 17), Stuttgart 1971. Michel *Mollat*, Notes sur la mortalité à Paris au temps de la Peste Noire d'après les comptes de l'oevre de Saint-German-l'Auxerrois, in: Le Moyenâge 69 (1963), S. 505—527; *Russel*, British Medieval Population, Albuquerque 1948; Marcel *Reinhard*, André *Armengand* u. Jacques *Dupaquier*, Histoire générale de la population mondiale, Paris 1968, S. 88 ff.; für best. Personengruppen instruktiv: Jean Noel *Biraben*, Les hommes et la peste en France et dans les pays européens et méditerranéens, 2 Bde., Mouton, Paris, La Haye 1975—76, bes. S. 11—17; Elisabeth *Carpentier* u. Jean *Génisson*, Bilans et methodes: La démographie francaise au XIVe siècle, in: Annales E. S. C. 17 (1962), S. 109—129; Herbert *Klein*, Das große Sterben von 1348/49 und seine Auswirkungen auf die Besiedlung der Ostalpenländer, in: Mitteilungen der Gesellschaft für Salzburger Landesgeschichte 100 (1960), bes. S. 120, 141, 152 ff., vgl. die folgenden Fn. sowie Abschn. 4.2. u. 4.5. ff.

8 Fr. *Lütge*, Das 14./15. Jahrhundert in der Sozial- und Wirtschaftsgeschichte, in: Jahrbücher für Nationalökonomie und Statistik, Bd. 162 (1950), S. 161—213, bes. S. 183 ff.; mit anderer Tendenz E. *Kelter*, Das deutsche Wirtschaftsleben des 14. und 15. Jahrhunderts im Schatten der Pestepidemien, in: Bd. 165 (1953), S. 161—207. H. *Klein*. Jüngst: Theodor *Penners*, Fragen der Zuwanderung in den Hansestädten des späten Mittelalters, in: Hansische Geschichtsblätter 83 (1965), S. 12—45; vgl. die Lit. zur Städte und Schichtungsforschung, insbesondere Heinrich *Reincke*, Bevölkerungsprobleme der Hansestädte, in: Hansische Geschichtsblätter 70 (1951), S. 1—33.

9 Grundlegend Hans *Planitz*, Die deutsche Stadt im Mittelalter — von der Römerzeit bis zu den Zunftkämpfen, Graz — Köln 1954, S. 198 ff., 251 ff.

10 Guter Überblick bei F.-W. *Henning*, Das vorindustrielle Deutschland 800—1800, Paderborn 1977, z. B. S. 125 ff., bes. S. 130 sowie 71, 172; *ders.*, Landwirtschaft und ländliche Gesellschaft in Deutschland, Bd. 1 (800—1750), Paderborn 1979.

Der Zuzug vom Lande bildete also die Grundlage für die gewerbliche Wirtschaft der Städte.

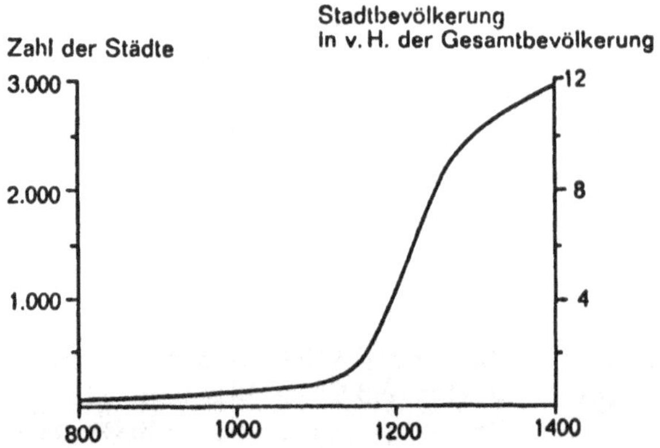

Abb. 2. Zahl der Städte und Anteil der Stadtbevölkerung an der Gesamtbevölkerung von 800 bis 1400 in Deutschland (Schätzung). Quelle: *Henning*, S. 71[11].

Ursprünglich waren 95 % aller Beschäftigten in der Landwirtschaft tätig. In der Zeit der Städtegründung waren es 88—90 %. Vor 1618 ergaben sich 75 % und ca. 1750 verblieben 70 % der Beschäftigten in der Landwirtschaft.

Quellen der Pestzeit schilderten eindringlich die schrecklichen Umstände, den Bevölkerungsrückgang, die Hoffnungslosigkeit und den Einfluß dieser Umstände auf die sozialpsychologischen Verhältnisse[12]. Die Pest bewirkte neben anderen Ursachen einen derartigen Rückgang der Bevölkerung, daß auf dem Lande eine Vielzahl von Orten wüst wurde[13]. *Niklein der Purgklitter* erklärt:

„Nach dem grossen Sterben [1380] chom er dahin [auf den Hof Planetsch] und fant nimant darinnen, newr eine alte Frawen und ein klains Kindel, ir

[11] Vgl. näher *Henning*, S. 71.

[12] Vgl. schon J. *Huizinga*, Herbst des Mittelalters, Studien über Lebens- und Geistesformen des 14. und 15. Jh. in Frankreich und den Niederlanden, 5. Aufl., Stuttgart 1939, S. 30 f. sowie Louis F. *Green*, Chronicle into History, An essay on the interpretation of history in Florentine fourteenth-century chronicles, Cambridge 1972; *Bulst* (Fn. 1).

[13] *Aubin*, Hermann / *Zorn*, Wolfgang (Hrsg.), Handbuch der deutschen Wirtschafts- und Sozialgeschichte, Bd. 1: Von der Frühzeit bis zum Ende des 18. Jahrhunderts, Stuttgart 1971, Kap. 13, Landwirtschaft 1350—1500, mit Tabellen und Graphiken (bes. S. 302); *Abel*, Die Wüstungen des ausgehenden Mittelalters, 3. Aufl., Stuttgart 1976, sowie als Detailuntersuchungen z. B. *Staerk*, Dieter, Die Wüstungen des Saarlandes — Beiträge zur Siedlungsgeschichte des Saarraumes vom Frühmittelalter bis zur Französischen Revolution — Veröffentlichungen der Kommission für saarländische Landesgeschichte der Volksforschung, Bd. VII, Saarbrücken 1976.

Enichel. Do het er ain klains Kindel, verheiratten di Kindel mit einander und hiet er, Nyklein, den Hof an der Kindlein Stat inne."[14]

Die *anderen möglichen Ursachen*, sowohl für den Bevölkerungsrückgang als auch für *Wüstungen*, waren die allgemeinen *Hungersnöte*, von denen die der Jahre 1309 bis 1318 die schlimmsten waren[15]. Viele Fehden kamen hinzu, die dem Rechtshistoriker wegen der Stadt- und Landfriedensbewegung wohl bekannt sind[16]. Zumeist konnte man des Gegners nicht habhaft werden, weil oft die technischen Mittel nicht ausreichten, um befestigte Häuser zu erstürmen. Also entzog man diesem seine wirtschaftliche Basis; klarer ausgedrückt: Die Äcker und Felder der Feinde wurden verwüstet, das Vieh wurde aus den Ställen getrieben. Auf diese Weise wurden unmittelbar die abhängigen Bauern geschädigt, die von den Kämpfenden in gleicher Weise bei Streitigkeiten um Eigen, Erbe oder Abgaben herangezogen wurden. Solche Auseinandersetzungen haben nicht nur die Bevölkerung unmittelbar vermindert, sondern zugleich die Bereitschaft wegzuziehen erhöht.

Hamburg, dessen Bevölkerung durch die Pest von etwa 10 000 auf 4000 Personen gesunken war, nahm nach der Pest im erheblichen Umfang Neubürger auf: 1351 = 108 Neubürger, 1352 = 114 Neubürger sowie im Durchschnitt der Jahre 1350—1355 je 85 Neubürger[17]. In den Jahren 1317—1349 lag der Durchschnitt bei 59 Neubürgern.

---

[14] H. *Klein*, Das große Sterben von 1348/49 (Mitteilungen der Gesellschaft Salzburger Landeskunde 100 (1960), S. 170, und andernorts zit. Günther *Franz*, Quellen zur Geschichte des deutschen Bauernstandes im Mittelalter, Darmstadt 1974, S. 483. Immer wieder ist in den Rechtsquellen der Zeit von Regelungen über wüste Höfe etc. die Rede, z. B. Urteilsspruch des Gerichts Ritten bei Bozen wegen eines wüsten Hofes vom 12. April 1351 bei *Franz*, Nr. 171 = S. 466 oder aus den Konstitutionen für den Bauernstand in Ermland vom 12. März 1435 die Anordnung, daß niemand etwas von wüsten Gärten oder Höfen etwas wegnehmen solle, ohne die Erlaubnis des Schöffen (II, 6), Akten der Ständetage Preußens unter der Herrschaft des Deutschen Ordens, hrsg. v. M. *Toeppen*, Bd. I, Berlin 1878, S. 667 ff. oder die Anordnungen Herzog Rudolphs für Wien 1361 über wüste Häuser und nicht angebaute Gärten in den Vorstädten.

[15] Henry S. *Lucas*, The Great European Famine of 1315, 1316 und 1317, in: Speculum 5 (1930), S. 343—377; H. van *Werveke*, La famine de l'an 1316 en Flandre et dans les régions voisines, in: Révue du Nord 41 (1959), S. 5—14; Fritz *Curschmann*, Hungersnöte im Mittelalter, Leipzig 1900.

[16] Die historische und rechtshistorische Literatur hierzu ist Legion, vgl. z. B. die Art. des HRG, Landfrieden I und II (E. *Kaufmann* und H. *Holzhauer*), Fehde (E. *Kaufmann*). Bezeichnend ist auch hier, daß die wirtschaftlichen Hintergründe, die doch bei sinkenden Grundrenten und Feudalquoten auf der Hand liegen und in den Kämpfen der „Raubritter" gegen die „Pfeffersäcke" romantisiert wurden, kaum angedeutet werden z. B. Sp. 1090: „Die das späte Mittelalter erschütternden politischen Auseinandersetzungen . . .". Als belletristische Studie auf guter Quellenbasis für Südtirol eindringlich: Dieter *Kühn*, Ich Wolkenstein — eine Biographie, Frankfurt 1977.

[17] Zu Fragen der Stadtbevölkerung und Einwanderung vgl. *Reincke* (Fn. 7), S. 272, 275; *Penners* (Fn. 8). Angaben zur Pest, ebd. Instruktiv bei *Reining*-

Die Zahl der Neubürger darf jedoch nicht mit der Zahl der tatsächlich eingewanderten Personen verwechselt werden, die wesentlich größer war. Es konnten bei weitem nicht alle Personen das Bürgerrecht erwerben. Dieses wurde allenfalls dem Familienoberhaupt verliehen, nicht aber seiner Frau und seinen Kindern und auch nicht den gewerblich tätigen Unterschichtsangehörigen, die allein oder mit ihren Familien einwanderten. In Frankfurt wurden zwischen 1385 und 1499 5300 Neubürger aufgenommen[18]. Wenn man diese Zahl mit dem Faktor 3 oder 4 multipliziert, um zumindest auf eine durchschnittliche Familiengröße zu kommen, dann zeigt sich die Bevölkerungsumwälzung sehr deutlich. Im selben Zeitraum ging nämlich die Frankfurter Bevölkerung von rund 10 000 auf 7500 Personen zurück[19].

2.2. Die Krise als Normalzustand: Ernteausfälle und Gütermarkt

Der Versuch, Zusammenhänge zwischen der Bevölkerungsentwicklung und dem Arbeitsmarkt einerseits und dem Arbeitsrecht jener Zeit andererseits herzustellen, wird durch die fehlende Kontinuität der Bevölkerungs- und Wirtschaftsentwicklung erschwert. Krisenhafte Prozesse, die durch die Ernteschwankungen ausgelöst wurden, bestimmten die Normalität des Wirtschaftslebens. Die Ernten hingen in weit stärkerem Maße als heute von den Umweltbedingungen ab. Typisiert kann man solche Krisen von ihrem Anfang, dem Ernteausfall, bis zu ihrem

---

haus (Abschn. 1.5., Fn. 25), S. 62; die Zusammenhänge zwischen Pest oder Seuchenjahren und Gesellenaktionen vgl. *Kelter* (Fn. 8).

[18] Karl *Bücher*, Die Bevölkerung Frankfurts am Main, Bd. I, Tübingen 1880, S. 45; *ders.*, Die Entstehung der Volkswirtschaft, Bd. I, 17. Aufl., Tübingen 1922, S. 402.

[19] *Below*, Probleme der Wirtschaftsgeschichte. Eine Einführung in das Studium der Wirtschaftsgeschichte, 2. Aufl., Tübingen 1926, vgl. auch für andere Städte S. 454, vgl. z. B. *Danzig* 1400—1404 mit 174 Einwohnern pro Jahr × 3 Personen pro Familie = mehr als 2000 Einwohner (Pest hier 1401/2); 1405—1409 163 Einwanderer pro Jahr × 3 Personen pro Familie = 2500 Personen; 1411—1420 130 Personen erhielten das Bürgerrecht × 3 = 4000 Personen (Pest 1413/14), hinzu kamen viele Personen, die nicht Vollbürger werden wollten oder konnten, vgl. H. *Bechtel*, Wirtschaftsstile des deutschen Spätmittelalters, München 1930, S. 33, Anm. 10. Vgl. N. *Bulst* (Fn. 1), S. 49 z. B. unter Berufung auf die Chronik des Ulmann Stromer in: Die Chroniken der fränkischen Städte. Nürnberg, Bd. 1. Hrsg. von Carl Hegel, Leipzig 1862, S. 84 f. Rudolf *Wackernagel*, Geschichte der Stadt Basel, 3 Bde., Basel 1907, 1911, 1916, Bd. II, 1, S. 355 f., 391. *Ammann*, Hektor, Die Bevölkerung von Stadt und Landschaft Basel am Ausgang des Mittelalters, in: Baseler Zeitschrift für Geschichte und Altertumskunde, Bd. 49 (1950), S. 25 f.; Peter *Ochs*, Geschichte der Stadt und Landschaft Basel, 8 Bde., Berlin — Leipzig 1786—1822, Bd. III, S. 486; Traugott *Geering*, Handel und Industrie der Stadt Basel. Zunftwesen und Wirtschaftsgeschichte bis zum Ende des 17. Jhs., Basel 1886, S. 55. Die Einwanderungsfrage ist komplexer, als das hier im ersten Zugriff dargestellt werden konnte. Vgl. Abschn. 4.5. ff.

Ende, dem Hunger unterschiedlich großer Bevölkerungsteile, so beschreiben[1]:

— Wer sich nicht mit Lebensmitteln selbst versorgte, mußte einen je nach seinem Einkommen unterschiedlich großen Teil desselben für Korn aufwenden. Korn war als kalorienreichstes und im Verhältnis zum Nährwert preiswertestes Nahrungsmittel — anders als Fleisch etc. — nicht ersetzbar (ökonomisch gesprochen: Die Nachfrage nach Korn war nicht elastisch).

— Da weite Teile der Bevölkerung nicht nur in den Städten (wie noch zu zeigen sein wird) arm waren, mußten sie erhebliche Teile ihres Einkommens, wenn nicht ihr ganzes Einkommen, dafür aufwenden, Lebensmittel für sich und ihre Familien zu kaufen.

— *Der Ernteertrag sank*, weil (alternativ oder kumulativ) die Wetterbedingungen sich verschlechterten, die Transportbedingungen sich veränderten oder Kriege bzw. sonstige politische Ereignisse die Versorgung verhinderten.

— Die Mengen, die die Bauern (unterschiedlich nach Hofgröße) für den Markt abgeben konnten, sanken.

— *Die Kornpreise stiegen* (Hortungskäufe und Spekulationen konnten die Preissteigerungen vergrößern)[2].

— Jedermann mußte einen relativ größeren Teil seines Einkommens auf Korn verwenden.

— Wer arm war konnte u. U. trotz Einsatzes seines ganzen Einkommens nicht mehr genügend Korn kaufen, um satt zu werden, so daß Hunger, verbunden mit größerer Anfälligkeit für Krankheiten etc., eintrat.

— Wer nicht arm war mußte seinen sonstigen Verbrauch (für Lebensmittel — z. B. Fleisch — oder gewerbliche Produkte — z. B. Kleidung oder Luxusprodukte —) einschränken.

— Die Nachfrage nach gewerblichen Produkten sank.

— *Die Erträge der Anbieter gewerblicher Produkte sanken.*

— Dauerte eine solche Krise länger als wenige Monate, konnten sich erhebliche Konsequenzen für den Arbeitsmarkt ergeben.

Solche „kurzfristigen" Hungerkrisen gab es häufig. Berühmt waren die Hungersnöte aus der zweiten Hälfte des zweiten Jahrzehnts wegen

[1] Schilderung nach *Abel* und *Henning*, Abschn. 2.1.

[2] Franz *Irsigler*, Getreide- und Brotpreise, Brotgewicht und Getreideverbrauch vom Spätmittelalter bis zum Ende des ancien régime, in: Zwei Jahrtausende Kölner Wirtschaft, Bd. I, Köln 1975, S. 519—539, S. 528.

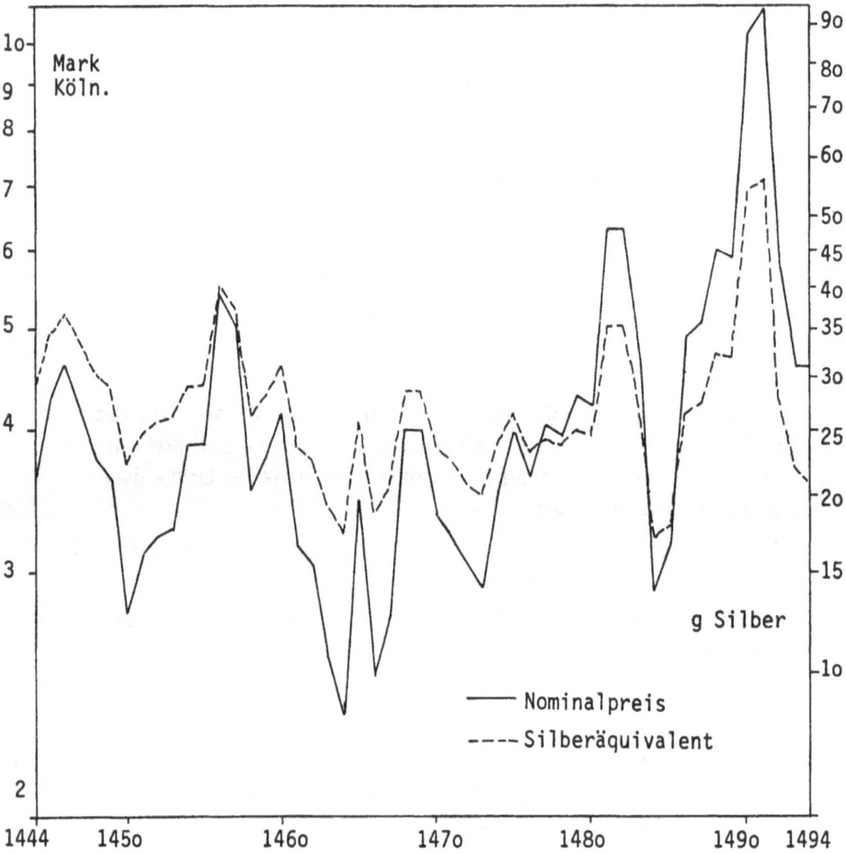

Abb. 3. Kölner Weizen/Roggenpreise 1444—1494 sowie 1494—1530. Quelle: Franz *Irsigler*, Getreide- und Brotpreise, Brotgewicht und Getreideverbrauch vom Spätmittelalter bis zum Ende des ancien régime, in: Hermann Kellenbenz (Hrsg.), Zwei Jahrtausende Kölner Wirtschaft, Bd. I, Köln 1975, S. 519—539, S. 528 f.

einer großen Sterblichkeit[3]. Für arme Personen, deren Prozentanteil an der Bevölkerung wesentlich größer war als heute, stellte den Hunger eine ständige reale Bedrohung dar. In den Hungersnöten vervielfachten sich die Brot- und Getreidepreise[4]. Mancherorts verzehnfachten

[3] Abschn. 2.1., Fn. 15.

[4] Die Hungersnöte und Preissteigerungen des Mittelalters sind aus den literarischen Quellen der Zeit hinlänglich bezeugt. Die Schilderungen der Chronisten sind, das hat die Sozialstatistik erwiesen, nicht übertrieben. Vgl. z. B. *Abel*, Agrarkrisen und Agrarkonjunktur, 3. Aufl., Hamburg 1978, S. 14, und passim, instruktiv: die Tabellen und Graphiken S. 14, 27, 29, 70. Zu Getreidepreisen zumeist in Edelmetalläquivalenten s. S. 42 f.; in bezug auf die Pest und die Folgezeit vgl. S. 53, 57, 60 und für Löhne vgl. S. 63, 64, 65. Guter

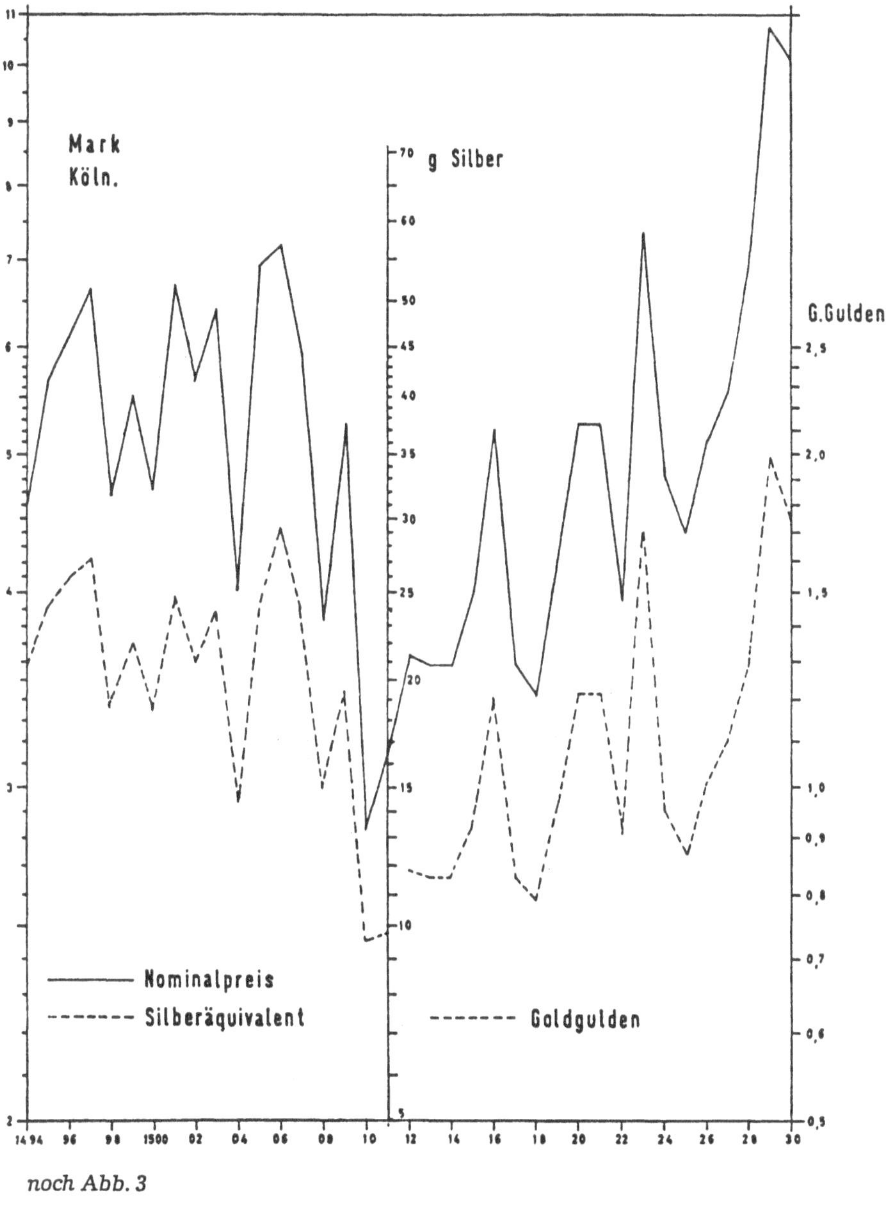

noch Abb. 3

Überblick bei F.-W. *Henning*, Das vorindustrielle Deutschland 800—1800, Paderborn 1977 z. B. S. 125 ff.; *ders.*, Landwirtschaft und ländliche Gesellschaft in Deutschland, Bd. 1 (800—1750), Paderborn 1979; Moritz John *Elsaß*, Umriß zu einer Geschichte der Preise und Löhne in Deutschland vom ausgehenden Mittelalter bis zum Beginn des 19. Jahrhunderts, 2 Bde., Leiden 1936, 1940, 1949; vgl. genauer unten Abschn. 4.2.

sich diese Preise. Solche Zustände zwangen die Selbstversorger dazu, das zurückgelegte Saatgetreide zumindest teilweise aufzuessen, wodurch im folgenden Jahr weniger angebaut werden konnte, was wiederum eine Knappheit an Getreide zur Folge hatte etc. etc.[5].

Die große Pest und die nachfolgenden Seuchen mit ihren gewaltigen Effekten stellen keine solch „normalen Krisen" dar. Der Bevölkerungseinbruch war so groß, daß schon theoretisch ihre Auswirkungen anders zu erfassen sind.

2.3. Die Agrarkrisentheorie im Überblick

Ausgangspunkt für die Abhandlung sind z. T. umstritten, im wesentlichen aber gesicherten Erkenntnisse der Wirtschaftsgeschichte über die Zusammenhänge von Bevölkerungszahlen einerseits und Kornpreisen, gewerblichen Preisen sowie Löhnen andererseits, die auf der Annahme eines unterschiedlichen Wirtschaftsverlaufs in den eher gewerblich orientierten Städten und dem auf Agrarprodukte konzentrierten Land beruhen. Für den deutschsprachigen Raum verbinden sich wesentliche Erkenntnisse mit den Personen Friedrich *Lütges* und Wilhelm *Abels*, die in einer Vielzahl von Abhandlungen den Zusammenhang zwischen der Bevölkerungsentwicklung, den Agrarkrisen und der vorindustriellen Massenarmut erläutern[1].

---

[5] Es handelt sich um die Krisen vom ancien type wie sie Erneste *Labrousse* entwickelte: Esquisse du mouvement des prix et des revenus en France au XVIIIe, Paris 1933; vgl. auch Abel, Massenarmut, S. 279 ff. Vgl. schon Wilhelm *Roscher*, Über Kornhandel und Theuerungspolitik, 3. Aufl., 1852, S. 160 ff. Die Krisentheorie hat sich über *Juglar, Kondratiew, Spiethoff* und *Schumpeter* entwickelt, was aber nicht Gegenstand dieser Darstellung sein soll.

[1] Wilhelm *Abel*, Geschichte der deutschen Landwirtschaft vom frühen Mittelalter bis zum 19. Jahrhundert, Stuttgart 1978; *ders.*, Agrarkrisen und Agrarkonjunktur. Eine Geschichte der Land- und Ernährungswirtschaft Mitteleuropas seit dem hohen Mittelalter, 3., neubearbeitete Aufl., Hamburg und Berlin 1978; *ders.*, Massenarmut und Hungerkrisen im vorindustriellen Europa. Versuch einer syposis, Hamburg und Berlin 1974; *ders.*, Die Wüstungen des ausgehenden Mittelalters, 3. neubearbeitete Aufl., Stuttgart 1976; *ders.*, Wüstungen und Preisverfall im spätmittelalterlichen Europa, in: Jahrbuch für Nationalökonomie und Statistik, Bd. 165 (1953), S. 380 f. Vgl. die Lit. in Abschn. 2.1. Bereits hier sei darauf hingewiesen, daß die Thesen der Agrarkrisentheorie nicht umstritten waren. Unter den Kritikern befinden sich nicht nur Autoren, die Krise des Mittelalters als *Feudalkrise* auffassen (z. B. Hans *Mottek*, Wirtschaftsgeschichte Deutschlands, Bd. I, Berlin (Ost) 1976, S. 166 ff.), sondern z. B. Rolf *Sprandel*, Gewerbe und Handel 1350—1500, in: Handbuch der deutschen Wirtschafts- und Sozialgeschichte, Hrsg. v. Aubin / Zorn, Bd. I, Stuttgart 1971, S. 335—357, S. 335 ff., sieht in dieser Zeit depressive Kräfte in der städtischen Wirtschaft vorherrschen. Zur weiteren Kritik vgl. u. a. *Kelter*, Das deutsche Wirtschaftsleben des 14. und 15. Jahrhunderts im Schatten der Pestepidemie, in: Jahrbücher für Nationalökonomie und Statistik, Bd. 165 (1953), S. 161—208. Die Frage Agrarkrise und/oder Feudalkrise soll hier noch

Diese Theorie behauptet im wesentlichen:

Während der Pest brach der Agrarmarkt zusammen, so daß die Agrarpreise kurzfristig (etwa bis 1370/80) stiegen und dann im langfristigen Trend fast bis zum Ende des 15. Jahrhunderts fielen bzw. hinter den Steigerungsraten der Preise für gewerbliche Produkte zurückblieben. Die Bevölkerung auf dem Lande ging zunächst erheblich zurück, so daß Wüstungen die Folge waren. Infolgedessen ergab sich ein Rückgang der Agrarproduktion, während die Preise für gewerbliche Produkte, zumindest nach der Zeit der pestbedingten Desorganisation der Wirtschaft, stiegen. Die gewerblichen Einkommen stiegen bis zum Beginn des 15. Jahrhunderts stark an und blieben bis in die zweite Hälfte dieses Jahrhunderts regelmäßig über den Einkommen aus der Landwirtschaft. Entscheidend ist, daß es sich um Realeinkommenssteigerungen, die in Edelmetall- oder Getreideäquivalenten gemessen werden, handelte.

---

offen bleiben (vgl. Abschn. 2.7.) Die Abelsche Agrarkrisentheorie wurde von wirtschaftshistorischer Seite im Rahmen einer Neubewertung des 14. und 15. Jahrhunderts aufgestellt. Die Mehrheit der Historiker sah eine kontinuierliche Entwicklung von der Barbarei des Mittelalters bis hin zur Kultur der Renaissance. So jedenfalls lautete der Vorwurf, den Abel 1953 erhob. Die Pauschalität dieses Vorwurfs wurde damals und wird heute frühen Arbeiten wie denen von *Pirenne* u. a. nicht gerecht. Henri *Pirenne*, Les phases sociales dans le développement du capitalisme médiéval, in: Révue Belge de Philosophie et d'Histoire, 1914; *ders.*, Wirtschafts- und Sozialgeschichte des Mittelalters, 3. Aufl., 1974, nach der frz. Aufl. 1933, S. 168 ff. H. *Sieveking*, Die mittelalterliche Stadt. Ein Beitrag zur Theorie der Wirtschaftsgeschichte, in: Vierteljahresschrift zur Sozial- und Wirtschaftsgeschichte, Bd. 2 (1904); Johannes *Nohl*, Der Schwarze Tod, eine Chronik der Pest 1348—1720, Potsdam 1924 (ein eher literarischer Versuch). Doch wird deutlich, daß die Entdeckung des wirtschaftlichen und bevölkerungspolitischen Einbruchs etwa in der Mitte des 14. Jahrunderts (gleichgültig, wie man ihn bewertet) die Annahme einer Kontinuität, was den Übergang zwischen dem Hochmittelalter und der Neuzeit anging, verhindert. Heute geht es natürlich nicht mehr um diese Periodisierungsprobleme. Seit den 30er und 40er Jahren dieses Jahrhunderts versuchten Autoren in verschiedenen Ländern dies Problem zu bewältigen: *Abel* in Deutschland, *Schreiner* in Norwegen, *Postan* in England, *Bloch* und die später sogenannte Schule der „Annales" in Frankreich. Wilhelm *Abel*, Agrarkrisen (Fn. 1), 1. Aufl. 1935; *ders.*, Wüstungen (Fn. 1), 1. Aufl. 1943; Johann *Schreiner*, Pest og Prisfall i Senmiddelalderen, Oslo 1948; M. M. *Postan*, Revisions in Economic History: The Fifteenth Century, in: Economic History Review, Bd. 9 (1939), S. 160 sowie *ders.* (Hrsg.), The Cambridge Economic History of Europe, bes. Bd. II, S. 101 ff.; E. *Perroy*, A L'origine d'une Economie contractée: Les Crises du XIV siécle, in: Annales.

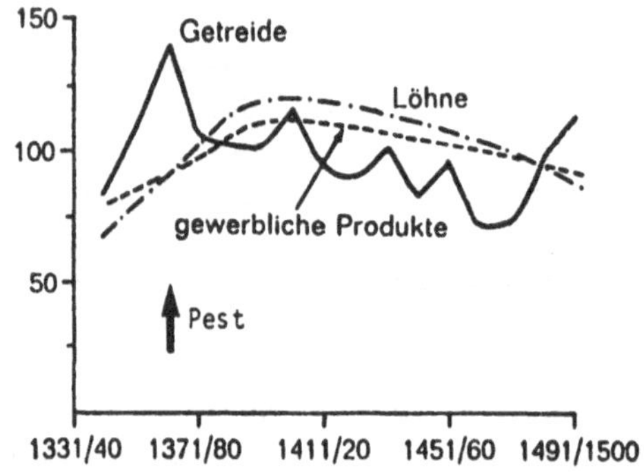

Abb. 4. Entwicklung der Getreidepreise, der Löhne und der Preise für gewerbliche Produkte 1331/40 bis 1491/1500. Quelle: *Henning*, S. 127[2].

Die Vertreter der Agrarkrisentheorie sind der Auffassung, daß die Löhne sich günstiger als die Preise für gewerbliche Produkte entwickelten, so daß sich die Situation der Einkommensempfänger, besonders der Lohnempfänger, aus gewerblicher Tätigkeit wesentlich verbesserte. Für diese Zeit sprach *Abel* in bewußter Überzeichnung vom „goldenen Zeitalter gewerblicher (Lohn-) Arbeit“.

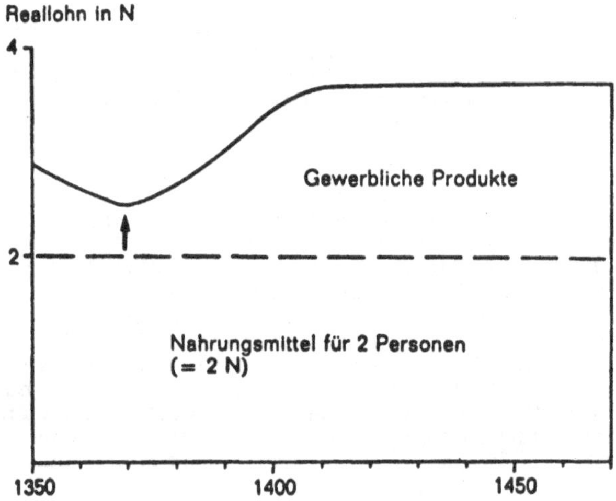

Abb. 5. Entwicklung des Reallohns in Nahrungsmitteln für eine Person pro Jahr. Quelle: *Henning*, S. 128[3].

---

[2] Vgl. näher *Henning* (Abschn. 2.1., Fn. 2), S. 127.

[3] Vgl. näher ebd. (Fn. 2), S. 128.

Die hier zugrunde gelegte Betrachtung der Agrarkonjunktur und der Agrarkrisen beruht auf der Relation zwischen Bevölkerungsentwicklung und Getreidepreisen. Beide verliefen in zwei großen Wellen: Die Höhepunkte der Entwicklungen liegen etwa vor 1350 und 1620, also den säkularen Bevölkerungsrückgängen aufgrund der Pest und aufgrund des 30jährigen Krieges. Die Preiskurve für Getreide folgt mit Höhe- und Tiefpunkten im Abstand von etwa 25 bis 50 Jahren. Zur Erklärung der Reaktionszeit muß auf die relative Trägheit der Wüstungen bzw. Neubesiedlungen hingewiesen werden. Die Nachfrage nach Getreideproduktion war im wesentlichen unelastisch, da diese wegen ihrer günstigen Nährwert/Preisrelation nicht durch kostengünstigere Nahrungsmittel ersetzt werden konnten. Mit dem Anstieg der Bevölkerung konnten zunächst die in der Wüstungszeit aufgelassenen Güter wieder bewirtschaftet werden. Sodann konnte man wieder die ertragsschwächeren Böden unter den Pflug nehmen, doch von einem bestimmten Zeitpunkt an mußte ein erneuter Nachfrageüberhang eintreten, der sich zwangsläufig in Preissteigerungen ausdrücken mußte und bei ärmeren Familien den wesentlichen Teil des Einkommens für Getreideprodukte abschöpfte.

2.4. Die Folgen der Pest für den Güter- und Arbeitsmarkt

Für die Beschreibung der Marktreaktionen auf die Pest ist zwischen kurz- und mittelfristigen Wirkungen sorgfältig zu unterscheiden[1]. Kurzfristig treten in Krisen Marktstörungen ein, die Preis-Leistungsverhältnisse sprunghaft verändern können. Mittelfristig erfolgen die Anpassungsprozesse an die veränderten Marktparameter, denn Reaktionen wie Produktionsveränderungen, -einstellungen oder -wiederaufnahmen erfordern einige Zeit, weil das ganze System sich nicht unmittelbar auf einem hier durch die Bevölkerungsverluste veränderten Niveau stabilisieren kann. Die rechtlichen Regelungen, die bei beiden Effekten eine Rolle spielen, werden gesondert behandelt.

Kurzfristig mußten nach diesem Modell zwei Effekte eintreten:

— Lohnsteigerungen und

— Preissteigerungen für Agrarprodukte.

In der *akuten Pestsituation* brach der Agrarmarkt, durch den vor allem die Städte versorgt wurden, zusammen. Dem plötzlichen Wegfall der Arbeitskräfte standen keine Anpassungsmöglichkeiten der Agrarproduzenten gegenüber. Neben diesen Problemen gab es Transportschwierigkeiten, selbst wenn genügend Personal vorhanden war. Wer wollte denn unmittelbar nach oder während einer Pest Getreide in eine Stadt liefern, um sich dort neuer Ansteckungsgefahr auszusetzen.

---

[1] *Van Claveren* (Abschn. 2.1., Fn. 1).

Nach den akuten Situationen machte sich der Bevölkerungsrückgang besonders bemerkbar, da neben der Pest auch eine erhebliche Landflucht einsetzte, die jeweils einige Zeit nach dem Durchzug der Seuche sicher die aktiveren und besseren Arbeitskräfte ergriff, wie ja auch die Wander- und Auswanderungsbewegungen des 19. Jahrhunderts von relativ qualifizierten Arbeitskräften getragen wurden[2]. Das Maß der zu leistenden Arbeit konnte zumindest kurzfristig nicht so weit vermindert werden, wie Arbeitskräfte wegfielen. Arbeit mußte zwangsläufig auf dem Lande ein knappes Gut werden, so daß nach unserem Marktmodell Lohnsteigerungen die Folge sein konnten. Das galt im übrigen für kleine und große Betriebsgrößen, die man unterscheiden muß, wenn man das Modell präziser fassen will. Ein Betrieb, der vor allem für den Eigenbedarf arbeitete, mußte von sämtlichen Effekten eher unberührt bleiben, da die Marktabhängigkeit sowohl in bezug auf den Arbeits- als auch auf den Gütermarkt geringer war. Die großen Grundherrschaften hingegen, deren Wohlergehen von einer florierenden Produktion für den Markt abhing, wurden von sämtlichen Effekten um so mehr betroffen.

Von den kurzfristigen Veränderungen sind die mittel- und langfristigen zu unterscheiden.

Mittelfristig, nachdem die ersten Pestwellen durchgezogen waren, fielen die Agrarpreise und blieben im Trend bis in die zweite Hälfte des 15. Jahrhunderts unter den Preisen für gewerbliche Produkte, vornehmlich auch unter den Preisen für gewerbliche Löhne.

Die Preise für landwirtschaftliche Produkte mußten nach diesem Modell mittelfristig fallen, weil nach den Marktstörungen eine Landwirtschaft, der zunächst dieselbe Anbaufläche zur Verfügung stand, sich einer geringeren Nachfrage gegenübersah. Die Anpassung geschah für die einzelnen Betriebe durch das Auflassen der marginalen (eher unfruchtbaren) Böden sowie insgesamt durch die Wüstungen[3]. Indes blie-

---

[2] Karl *Bosl,* Über soziale Mobilität in der mittelalterlichen Gesellschaft, in: Vierteljahresschrift für Sozial- und Wirtschaftsgeschichte 67 (1980), S. 306 ff.; noch ohne diese Aspekte *ders.*, Staat, Gesellschaft, Wirtschaft im Deutschen Mittelalter, Sonderabdruck aus: *Gebhardt / Grundmann,* Handbuch der Deutschen Geschichte, München 1973, S. 189 ff. und auch *ders.*, Armut, Arbeit, Emanzipation. Zu den Hintergründen der geistigen und literarischen Bewegung vom 11. bis zum 13. Jahrhundert, in: Beiträge zur Wirtschafts- und Sozialgeschichte des Mittelalters. Festschrift für Herbert Helbig zum 65. Geburtstag, Köln — Wien 1976. Zur örtlichen und sozialen Mobilität vgl. neuerdings Wilfried *Reininghaus,* Die Migration der Handwerksgesellen in der Zeit der Entstehung ihrer Gilden (14./15. Jahrhundert), in: Vierteljahresschrift für Sozial- und Wirtschaftsgeschichte 68 (1981), S. 1—21. Zur Wechselwirkung zwischen Mobilität und Arbeitsmarktentstehung vgl. schon Adolf *Zycha,* Die Anfänge der kapitalistischen Ständebildung, S. 209 ff.

[3] *Blaschke,* Karlheinz, Bevölkerungsgeschichte von Sachsen bis zur indu-

ben stets mehr Böden unter dem Pflug, als Nahrungsmittel nachgefragt wurden. Das änderte sich — wie schon erwähnt — erst, als auch diese Böden die erneut gestiegene Bevölkerung gegen Ende des 15. Jahrhunderts nicht mehr ernähren konnten.

Der Lohnanteil an den Agrareinkommen mußte wegen der Personalknappheit relativ stabiler bleiben, als die allgemeinen Einkünfte aus der Landwirtschaft, weil sich der Arbeitskräftemangel z. B. bei der Saisonarbeit und bei den großen Betrieben deutlich bemerkbar machte.

Eine bäuerliche und/oder grundherrliche Wirtschaft floriert um so besser, je größer ihr Anteil an Produkten ist, den sie nicht für den eigenen Bedarf verbraucht, wenn die Marktpreise konstant bleiben oder steigen. Solche Produkte wurden vor und nach der Pest vornehmlich in die Städte geliefert. Pest und Fehlernten ließen die Preise der Agrarprodukte bis ca. 1380 steigen und dann hinter den Preisen der gewerblichen Produkte und den Löhnen zurücktreten. Die Effekte kumulierten ggf. bei unterschiedlichen Betriebsgrößen. Marktabhängige Höfe und Grundherrschaften hatten besonders stark fallende Erträge, da Löhne zugleich Kosten der Betriebe waren. Wegen des Arbeitskräftemangels konnten die Löhne aber nicht in dem Maße fallen, wie die Preise für landwirtschaftliche Produkte. Besonders für marktabhängige Betriebe, die mit Lohnarbeitern wirtschafteten, verschlechterte sich die Situation[4].

Schon im Modell muß berücksichtigt werden, daß es sich nur um Trendanalysen handelt, die aus Durchschnittswerten errechnet sind. Tatsächlich blieben Hungerkrisen des alten Typs nach wie vor in der Welt, ebenso wie Fehden und Brände, die Agrarpreissprünge verursachten. Die Personen, die in einer kurzfristigen Krise ruiniert wurden oder die gar verhungerten, konnten nicht vom „langfristig sinkenden Trend" — in 10 Jahresdurchschnitten ausgedrückt — profitieren[5]. Hinzu kommen regionale Abweichungen. In der Münchener Ebene scheint der oben beschriebene Prozeß des Ansteigens der Realeinkommen für gewerblich Tätige bereits zu Beginn des 15. Jahrhunderts beendet gewesen zu sein, von diesem Zeitpunkt ab stiegen dort wieder die realen Agrarpreise.

Die Erklärung für die Reallohnkonstanz der gewerblich Tätigen ergibt sich gleichfalls aus dem Marktmodell: Die verstärkte Nachfrage nach gewerblichen Produkten — vor allem textiler Art — hatte ihren Grund in der finanziellen Besserstellung, vor allem der städtischen Be-

---

striellen Revolution, Weimar 1969, z. B. S. 233; *Henning* (Abschn. 2.1., Fn. 2), Abb. 13, S. 127 sowie *Abel*, Wüstungen, S. 104.

4 *Abel*, Agrarkrise, Einleitung.

5 *Kelter* vertritt eine abweichende Auffassung, da sich die Dauer der Krise nicht aus diesen Faktoren erklären lasse; Kelter (Abschn. 2.1., Fn. 8).

völkerung. Die Pest hatte die Sachwerte und Grundstücke nicht vernichtet, sondern diese waren in der Regel durch Erbgang an weniger Eigentümer gelangt. Dadurch mußte zwangsläufig der Prozentanteil des Einkommens sinken, der für Lebensmittel aufgewendet wurde, so daß ein größerer Teil zur freien Verfügung stand. Dieser Effekt verstärkte sich noch wegen der sinkenden Preise am Agrarmarkt[6]. Einerseits wurden „Luxusprodukte" stärker nachgefragt, andererseits aber auch höherwertige Nahrungsmittel wie insbesondere Fleisch[7].

Arbeitskräfte waren auf dem Lande besonders für Großbetriebe knapp. Aus dem gewerblichen Sektor der Städte kam gleichfalls eine erhebliche Nachfrage, so daß Stadt und Land in Konkurrenz um die Arbeitskräfte standen. Die Landflüchtigen befriedigten diesen Bedarf, da sie — von anderen Ursachen abgesehen — in den Städten bessere Verdienstmöglichkeiten hatten[8].

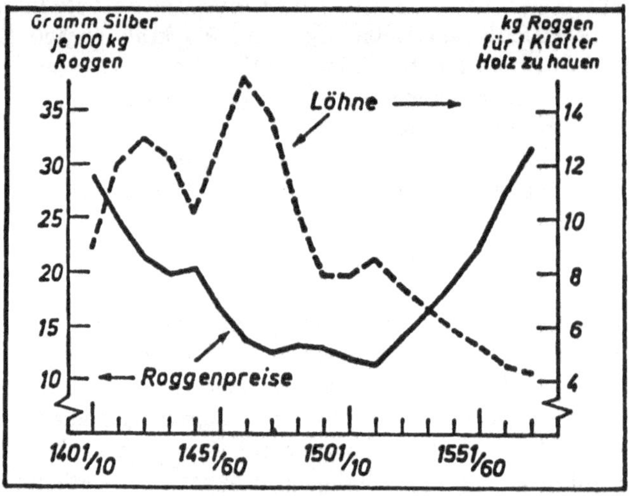

Abb. 6. Löhne und Roggenpreise in Göttingen 1401—1580. Quelle: Wilhelm *Abel*, Landwirtschaft 1350—1500, in: Aubin / Zorn, Handbuch der deutschen Wirtschafts- und Sozialgeschichte, Bd. I. Stuttgart 1971, S. 300 ff., S. 311.

Neben den Bedenken, die dem Modell aus dem tatsächlichen Bereich — z. B. wegen der regionalen Differenzierungen — entgegenstehen, sind

---

6 *Henning* (Abschn. 2.1., Fn. 2), S. 128—130; *Lütge*, S. 183, 189. Anders *Kelter*, S. 164 ff.

7 Zum Fleischkonsum Abschn. 4.3., Fn. 4.

8 Wilhelm *Abel*, Landwirtschaft 1350—1500, in: Aubin / Zorn, Handbuch der deutschen Wirtschafts- und Sozialgeschichte, Bd. I, Stuttgart 1971, S. 300 ff., S. 311; ebd., viele instruktive Graphiken!

noch folgende Punkte zu beachten: Die Interpretation langfristiger Agrarpreissteigerungen als nominale Einkommenserhöhungen und sinkender Agrarpreise als Verminderungen der Realeinkommen muß in Zweifel gezogen werden, wenn man mittlere und kleinere Bauernbetriebe betrachtet. Die kleine Bauernwirtschaft, die — wie schon erwähnt — fast nur für den Eigenbedarf arbeitete, war natürlich von sinkenden Preisen nicht in dem Maße betroffen, wie die größeren Betriebe. Daß die Zahl der bäuerlichen Wirtschaften als solche von den Bevölkerungszahlen abhing sowie von den erbrechtlichen Regelungen etc., liegt auf der Hand. Bei sinkenden Agrarpreisen also und sinkender Bevölkerung konnten Kinder in der Regel besser mit Land zur Selbstversorgung ausgestattet werden. Eine unterbäuerliche Schicht entsteht nicht in so großem Maße, wenn vornehmlich kleine Wirtschaften, die sich selbst erhalten können, vorhanden sind. Diese Effekte milderten die Folgen der Agrarkrise für Teile der bäuerlichen Bevölkerung. Hinzu kam, daß das Einkommen der bäuerlichen Wirtschaft sich noch nie allein aus den Erträgen der Landwirtschaft bemessen hatte. Es kamen, je nach Bedarf, gewerbliche Tätigkeiten (selbständig oder unselbständig z. B. im Verlagswesen) hinzu. Von den Einkommen waren die Lasten, insbesondere die Feudallasten, abzuziehen, die persönlicher oder dinglicher Natur waren[9], die gerade in Pestzeiten z. T. gesenkt wurden[10], weil die Grundherren ihre Bauern halten wollten und mußten.

Man kann für das Mittelalter und das 18. Jahrhundert den Zusammenhang zwischen Hofgröße und der Notwendigkeit eines Zuerwerbs deutlich aufzeigen[11]. Die Bevölkerungszunahme mußte darüber hinaus zwangsläufig eine Verlagerung zu kleineren Betriebseinheiten sowie einen *Trend zu reinen Lohn- und Gewerbeeinkommen* zur Folge haben. Das war z. B. vor der Pest im 14. Jahrhundert der Fall. In dieser Zeit entstand ein beachtliches Verlagswesen, also gewerbliche Arbeit, die auf dem Lande geleistet wurde. Die Umkehrung dieser Situation auf dem Lande bewirkte, daß Unternehmer die wenigen Personen, die gewerbliche Arbeit leisten konnten oder wollten, umwarben. Da die Gewerbe in den Städten gleichfalls Arbeitskräfte suchten, standen die bäuerlichen oder grundherrlichen Wirtschaften, die auf Lohnarbeit angewiesen waren, in einem erheblichen Wettbewerb um die Arbeitskräfte. In diesen Wettbewerb mußte es zwangsläufig zu Lohnverbesserungen bzw. zur Verbesserung der Arbeitssituation kommen[12].

---

[9] Hubert *Freiburg*, Agrarkonjunktur und Agrarstruktur in vorindustrieller Zeit. Die Aussagekraft der säkularen Wellen der Preise und Löhne in bezug auf die Entwicklung des bäuerlichen Einkommens, in: Vierteljahresschrift für Sozial- und Wirtschaftsgeschichte 64 (1977), S. 289—327, bes. S. 290, Abbildung 1 und passim, S. 321, Fn. 47.

noch Fußnote 9

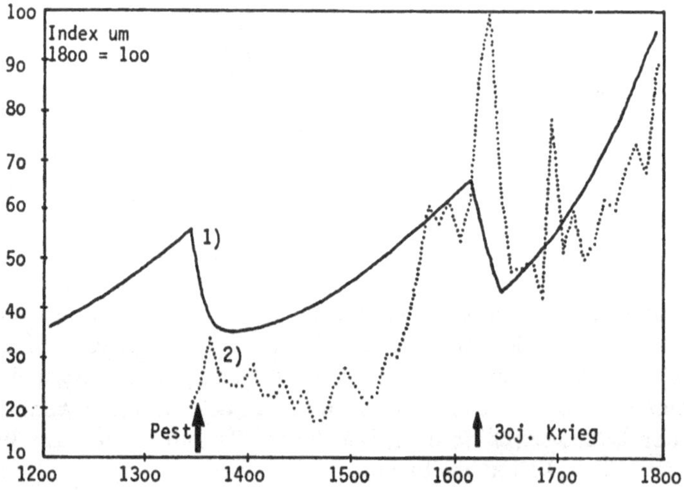

Abb. 7. Bevölkerung und Roggenpreise — säkulare Wellen von 1200 bis 1800. Quelle: Hubert *Freiberg*, Agrarkonjunktur und Agrarstruktur in vorindustrieller Zeit. Die Aussagekraft der säkularen Wellen der Preise und Löhne auf die Entwicklung des bäuerlichen Einkommens, in: Vierteljahresschrift für Sozial- und Wirtschaftsgeschichte 64 (1977), S. 289 ff., S. 290.

[10] Eckart *Schremmer*, Die Wirtschaft Bayerns. Vom hohen Mittelalter bis zum Beginn der Industrialisierung. Bergbau, Gewerbe, Handel, München 1970. Friedrich *Lütge*, Geschichte der deutschen Agrarverfassung vom frühen Mittelalter bis zum 19. Jahrhundert, Stuttgart 1963, S. 41 ff.; *ders.*, Art.: Grundherrschaft und Gutsherrschaft, in: HDSW, Bd. 4, Stuttgart 1965; vgl. dazu auch die differenzierten Tabellen und Schemata bei *Freiburg*, Abbildung 2 und 3; *Schremmer*, S. 60 f., vgl. oben zur Feudalkrise Abschn. 2.7.

[11] *Freiburg* sowie J. A. *Houtte*, Stadt und Land in der Geschichte des flandrischen Gewerbes im Spätmittelalter und in der Neuzeit, in: Festschrift Friedrich Lütge, Stuttgart 1966, S. 88 ff., S. 92: „Der Preisfall der landwirtschaftlichen Güter zwang den Landmann seine Verarbeitung von Wolle und Flachs über den Hausbedarf hinaus zu erweitern und sich in die Marktwirtschaft mit einzuschalten.“ Vgl. auch Gunnar *Mickwitz*, Luxus- oder Massenware im spätmittelalterlichen Tuchhandel, in: Vierteljahresschrift für Sozial- und Wirtschaftsgeschichte 32 (1939), S. 245—250. Diese Preisveränderungen hatten eine Fülle weiterer Konsequenzen: So wurde der durch die Agrarpreise bedrängte Landadel reichspolitisch noch städtefeindlicher. Vgl. Wolfgang *Zorn*, Die politische und soziale Bedeutung des Reichsstadtbürgertums im Spätmittelalter, in: Zeitschrift für Bayerische Landesgeschichte 24 (1961), S. 460 ff., 463.

[12] Die Richtigkeit dieser Annahme zeigt sich gleichfalls bei der Umkehrung des Arbeitsmarktes im 16. Jahrhundert. *Wittmütz*, Die Gravamina, S. 88, berichtet über die Verschiebung des Lohnniveaus zwischen den Städten und dem Lande. Dienstboten wanderten aus den Städten aufs Land, da die Bauern dort bessere Löhne (Naturallöhne) zahlen konnten.

2.5. Die tatsächlichen Auswirkungen der Pest auf die Märkte

Die Annahmen des vorigen Kapitels bestätigen sich bei einem ersten Blick in die Literatur und die Quellen. Hinsichtlich der Preise für Agrarprodukte zeigen sämtliche mir erreichbaren Quellen einen Preissprung unmittelbar nach den Pestdurchzügen[1].

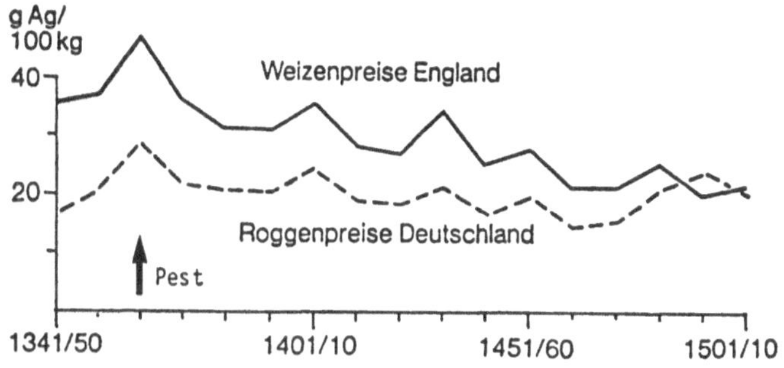

Abb. 8. Weizenpreise in England und Roggenpreise in Deutschland zwischen 1341/50 und 1501/10. Quelle: Friedrich-Wilhelm *Henning*, Landwirtschaft und ländliche Gesellschaft in Deutschland, Bd. 1: 800 bis 1750, Paderborn 1979, S. 148, nach *Abel*, Agrarkrisen und Agrarkonjunktur, 3. Aufl., Hamburg und Berlin 1978[2].

Untersuchungen für einzelne Städte, z. B. Orvieto[3], auch soweit sie nicht den Aussagen *Abels* zugrunde liegen und die Pestzeit betreffen, stützen diese Annahme. In Frankreich traten diese Preissteigerungen trotz guter Ernten ein: „Malgré la promesse d'abondantes récoltes en 1348 et 1349 les cultivateurs terrifiés par la peste, avaient abandonné le blé et les autres récoltes dans les champs. Les prix des grains subirent une hausse trés accentuee."[4]

Die Limburger Chronik schrieb in bezug auf den zweiten Pestdurchzug 1356:

---

[1] Übereinstimmend zeigen Tabellen z. B. *Henning* (Abschn. 2.1., Fn. 1), S. 127, einen heftigen Preissprung für Getreide. Vgl. dazu auch *Aubin / Zorn* (Abschn. 2.1., Fn. 13). Dazu s. die gesamte wirtschaftshistorische Literatur m. w. N.; a. A. Ph. *Ziegler*, The black death, London 1969.

[2] *Henning*, Landwirtschaft (Abschn. 2.1., Fn. 10), Abb. 12, S. 148 mit Ausführungen zu den Einzelheiten.

[3] Elisabeth *Carpentier*, Une ville devant la peste. Orvieto et la Peste Noire de 1348, Paris 1962, bes. das Kap.: Conséquences proches, S. 161—198. Die Darstellung ist differenziert, da nicht alle Preise Marktpreise waren, sondern teilweise schon vor der Pest obrigkeitlich fixiert. Das galt besonders für Lebensmittel (S. 185).

[4] Robert *Viviers*, Une crise économique au milieu du XIV siècle, in: Révue d'histoire économique et sociale 8 (1920), S. 199—230, S. 215.

„Auch so galt das Korn und die Frucht sein Geld, daß es in manchem Lande gar kärglich und kümmerlich ward stehn, sonderlich in Hessen, in Westfalen und dann, und anderswo. Item der Wein galt groß Geld, mit Namen so galt ein Quart Weines von Elsaßen zu Limburg fünf Engelsen, das ist wahr und der Landwein und vom Rheine einen Schilling Pfennige."[5]

Detailuntersuchungen machen neben den Chroniken und anderen Quellen deutlich, daß unmittelbar nach der Pest, als Arbeitskräfte knapp waren, Forderungen nach höheren Löhnen laut wurden[6].

„Es war ain ellend erschrocken ding, es möcht schier alles Volk verzweifelt han. Es blib vil Kornes auf dem Veld anabgeschnitten und blib auch vil Landes ungeset und ungepauen prechenhalb der Leut."[7]

Heinrich von Hervord hob hervor, es sei kein Schnitter zu finden gewesen, und kein Hirte habe sich bei den Herden befunden[8]. Ja es gab Autoren, die die Pest wegen ihrer segensreichen wirtschaftlichen Folgen lobten. Die *Wiener Chronik* schrieb: „Und wurden zu dieser Zeit Diener und Dienerinnen so teuer, daß man ihrer hart bekam."[9] *Matteo Villani* erklärte: „i lavoratori delle terre (womit er die Coloni im Auge hatte)

---

[5] Die *Limburger Chronik*, hrsg. v. Otto Brandt, Jena 1922. Vgl. insbes. S. XXXII—XXXVII, 8, 43. Das Zitat auf S. 25.

[6] Elisabeth *Carpentier*, Orvieto-Une Ville devant la peste, S. 184—187, wo zwischen den einzelnen Berufen und den städtischen Maßnahmen genau differenziert wird. William M. *Bowsky*, The Impact of the Black Death upon Siennese Government and Society, in: Speculum 39 (1964), S. 1—34, S. 30, S. 34. D. *Herlihy*, Population, Plague and Social Change in Rural Pistoia 1201—1340 in: The Economic Historical Review 18 (1965), S. 225—244, S. 243 (Aufhebung der Fixpreise für geleistete Arbeit). John *Hatcher*, Plague, Population and the English Economy 1348—1530, London 1977, S. 70 ff. (mit sehr interessanten Tabellen). Zu dem Ganzen schon Maxim *Kowalewski*, Die wirtschaftlichen Folgen des schwarzen Todes in Italien, in: Zeitschrift für Sozial- und Wirtschaftsgeschichte, Bd. 3 (1895), S. 406—423, S. 411 ff. unter Berufung auf Matteo *Villani's* Chronik lib. 1, cap. IVf, sowie S. 417 und Annali decem virali a. 1387, Archivo municipale di Perugia. Kowalewski weist schon auf die Folgen des schwarzen Todes für die Grundherren hin, da die Arbeitskräfte das Land verließen, um bei solchen Grundherren zu arbeiten, die weniger Pacht forderten. Zum Ganzen vgl. schon Karl *Lechner*, Das große Sterben in Deutschland in den Jahren 1348—1351 und die folgenden Pestepidemien bis zum Schlusse des 14. Jhs., Innsbruck 1884, S. 73, in bezug auf die Abtei St. Gallen und passim sowie bei *Abel*, Wüstungen (Abschn. 2.1., Fn. 13), S. 93 ff., 104, der viele von Lechners Quellen verwendet. *Johann v. Parma* erklärte zur Trienter Region, daß 1348 „tunc temporis non inveniebantur laboratores, et segetes remanebant per campos ..." (Pezzana 1, 52, zit. n. Lechner, S. 72).

[7] Augsburger Chronist in: *Hegel* (Hrsg.), Chronik der Deutschen Städte, Bd. V, S. 26 (schon zit. bei Hoeninger, S. 88, und Abel, Wüstungen, S. 90). Robert *Hoeninger*, Der schwarze Tod in Deutschland. Ein Beitrag zur Geschichte des vierzehnten Jahrhunderts, Berlin 1882, weist ebenso wie Lechner unter Bezugnahme auf eine Fülle von Quellen, S. 88, auf die Steigerung der Löhne und Preise hin. Es wird hier auf die Wiedergabe dieser schon mehrfach popularisierten Quellen verzichtet.

[8] *Heinrich von Hervord* bei Abel, Wüstungen, S. 90, und Lechner.

[9] Hieronimus *Pez*, Scriptores rerum Austriacarum I, Leipzig 1721, Sp. 971.

voleano tutti buoi et tutti seme e lavouare le migliorè terre, e lasciare l'altre."[10]

Eine Anzahl von städtischen Quellen macht deutlich, daß die Städte und Zünfte zu bestimmten Zeiten die Einwanderung begünstigten, um den Zuzug von Arbeitskräften zu sichern, und bisweilen versuchten Städte verzweifelt, bestimmte Handwerker (z. B. Färber[11]) zu bekommen. Wir haben weiter einige Dokumente von den ersten Lohnforderungen der Gesellen, die sich gegen die Meister richteten, z. B. die Forderung der Speyerer Webergesellen von 1351, die behaupteten, der Lohn sei ihnen zu klein und sie wollten dabei nicht bestehen[12]. Hinzu kam eine ganze Anzahl von Beschwerden, in denen sich die Bauern und die Gutsherren darüber beklagten, daß das Gesinde zu hohen Lohn forderte etc.[13]. Eine Quelle von 1352 führte an, daß „jedermann immer warten will der großen Löhne und will sich keines Baues (i. e. Ackerbaues) unterziehen".[14]

Ja selbst die Priester, deren Zahl auch erheblich gesunken war, nutzten die Stunde, um höhere Vergütungen zu fordern, und sie erhielten sie[15]. In Siena forderten die Truppen höhere Löhne, als sie sie vor der Pest hatten, da ihnen die Vorräte ausgingen und die Nahrungsmittelpreise stiegen[16].

---

[10] *Rachaelli* (Hrsg.), Chronice di Giovanni, Matteo e Filippo Villani, Bd. 2, Triest 1858, lib. 1 cap. 57 sowie S. 9.

[11] *Sombart*, Studien zur Entwicklungsgeschichte des modernen Kapitalismus, München 1913, Bd. I, 1, S. 252.

[12] Mone's Zeitschrift für die Geschichte des Oberrheins, Bd. 17 (1865), S. 56; mehrfach wieder abgedruckt z. B. bei Karl *Kroeschell*, Deutsche Rechtsgeschichte, Bd. 2 (1250—1650), Reinbek 1973, Quelle 26 = S. 106, vgl. zum Widerstand der Gesellen näher unter Abschn. 4.7.2.

[13] Abel, Wüstungen, S. 107.

[14] Gesetz *Herzog Ludwigs* von Oberbayern von 1352, vgl. dazu u. Abschn. 3.1. Weitere Quellen bei Felix *Ammer*, Ein wirtschaftsgeschichtlicher Beitrag zur Sonderstellung Bayerns im Deutschen Bauernkrieg 1525, Diss., München 1943, S. 87 f.; vgl. auch *Kelter* (Abschn. 2.1., Fn. 8), 274 f.; *Lütge*, Das 14./15. Jahrhundert (Abschn. 2.1., Fn. 8), S. 195, sowie Hans *Platzer*, Geschichte der ländlichen Arbeitsverhältnisse in Bayern (Altbayerische Forschungen), München 1904, S. 65 f. Der böhmische Chronist *Beness*, Scrittores rerum Bohemicarum, Prag 1784, II, S. 355. Indirekte Schlüsse auf Preis und Lohnsteigerungen läßt zu W. *Wostry*, Ein deutschfeindliches Pamphlet aus Böhmen aus dem 14. Jh., in: Mitteilungen des Vereins für die Geschichte der Deutschen in Böhmen, 53. Jahrgang (1915), S. 235. Ähnliche Hinweise schon bei M. *Kowalewsky*, Die ökonomische Entwicklung Europas, 5. Bd. 1901, S. 272. Viel zitiert wird allgemein auch der Abt *Li Muisis*, vgl. Lechner, Fn. 6, S. 74.

[15] Bernd Ingolf *Zaddach*, Die Folgen des schwarzen Todes (1347—51) für den Klerus Mitteleuropas (Forschungen zur Sozial- und Wirtschaftsgeschichte, Bd. 17), Stuttgart 1971, S. 97, der reiche Quellen aus England und Europa zitiert (für Deutschland S. 109, Nr. 32); sowie A. *Lüthi*, Wirtschafts- und Verfassungsgeschichte des Klosters Königsfelden, phil. Diss., Zürich 1947, S. 149.

[16] *Bowsky* (Fn. 6), S. 20 f., S 113 f. mit Quellen.

2.6. Die Folgen der Agrarkrise für das Arbeitsrecht

Es ist klar, daß Wechselwirkungen zwischen den wirtschaftlichen und sozialen Erscheinungen einerseits und der Arbeitsverfassung andererseits bestanden haben müssen, sei es, daß

— rechtliche Regeln aufgestellt wurden, um Mißstände, z. B. Lohnsteigerungen oder kollektive Aktionen der Gesellen, zu bewältigen,

— Vorschriften gegenstandslos wurden, weil die zugrundeliegende Situation sich änderte oder

— Rechtsregeln sich als ineffektiv erwiesen bzw. nicht durchgesetzt werden konnten, z. B. Höchstlöhne, Abgabenpflichten.

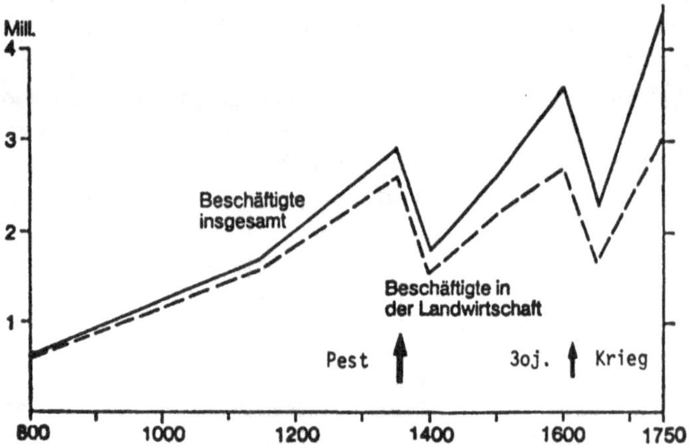

Abb. 9. Zahl der Beschäftigten in der westdeutschen Landwirtschaft und in der Wirtschaft insgesamt von 800 bis 1750 (größenordnungsmäßige Schätzung). Quelle: *Henning*, Landwirtschaft, S. 24[1].

Aus der Sicht der Arbeitgeber war es regelungsbedürftig, daß einerseits der Preis der Arbeit stieg, weil Arbeitskräftemangel herrschte, und andererseits die Erträge der ländlichen Betriebe sanken bzw. die Erträge im Gewerbe hinter den Steigerungsraten der Löhne zurückblieben. Berichte über kollektive Aktionen besonders der Arbeitskräfte im gewerblichen Bereich im Zeitraum nach der Pest[2] lassen auf Gegen-

1 Vgl. näher *Henning*, Landwirtschaft (Abschn. 2.1., Fn. 10), S. 24.

2 Georg *Schanz*, Zur Geschichte der Deutschen Gesellenvereine im Mittelalter, Leipzig 1886 (Nachdruck: Glashütten 1973), mit Rez.: Gustav *Schmoller*, in: Historische Zeitschrift 38 (1877), S. 87—92 sowie v. w. einschlägigen Rezensionen. Antoni *Czacharowski*, Soziale Schichten in den Städten des deutschen Ordenslandes im Spätmittelalter, in: Bernhard *Diestelkamp* (Hrsg.), Beiträge zum spätmittelalterlichen Städtewesen, Köln — Wien 1982, S. 119—129 (in die-

reaktionen der Arbeitgeber schließen. Auf dem Lande kam es zu Aktionen z. B. der abgabenpflichtigen Pächter bzw. Bauern, meines Wissens aber nicht zu kollektiven Aktionen des Gesindes oder der Tagelöhner[3].

Wenn die Arbeitgeber versuchen wollten, diesen Preisanstieg in Grenzen zu halten, so konnte das evtl. mit reinen Machtmitteln oder mit rechtlichen Mitteln geschehen. Beide Reaktionen lösten wahrscheinlich entsprechende Gegenreaktionen, und zwar gleichfalls machtmäßiger oder rechtlicher Natur, aus. Für eine Geschichte des Arbeitsrechts ist es indes vornehmlich interessant, ob es rechtliche Reaktionen auf diese Situation gab, die vom Modell her vor allem von seiten der Arbeitgeber versucht werden mußten, um den Arbeitskräftemangel zu bewältigen bzw. das Lohnniveau konstant zu halten.

Die Durchsetzung der rechtlichen Mittel gegen die Arbeitnehmer war damals wie heute vom Markt abhängig. Solche Mittel greifen nur schwer, wenn bei gegebener Konkurrenzsituation Arbeitskräftemangel besteht, da das Marktsubjekt, das die Durchsetzung versucht, sogleich Nachteile erleidet. Das muß besonders für eine Zeit gelten, in der die Vollstreckung und Durchsetzung von Recht aus vielfältigen Gründen schnell an Grenzen kam[4]. Umgekehrt ist die Situation natürlich bei einem Arbeitskräfteüberangebot, wie es spätestens allgemein im 16. Jahrhundert wieder bestand. Hier muß der Preis der Arbeit wieder gefallen sein, obwohl Sonderentwicklungen einzelner Arbeitsmärkte nicht auszuschließen sind. Wie das Beispiel des 19. und 20. Jahrhunderts zeigt, kann dies Marktprinzip in gewissem Umfang durch Organisation der Arbeitnehmer ausgeglichen werden[5], jedoch war ein entsprechender Organisationsgrad allgemein noch nicht vorhanden.

Von 1470 bis 1618 war folgende Verschiebung in den Relationen der Preise und Löhne zu verzeichnen:

---

sem Werk auch weitere Artikel von *Rüthing, Mörke*). *Czacharowski* macht S. 128 die Organisation der Gesellen (z. T. auch der Tagelöhner) deutlich sowie die Aktionen der Hochmeister (z. B. von 1358) gegen diese. Vgl. oben Schoenlank (Abschn. 1.1., Fn. 8); zu mittelalterlichen Krisen allgemein (Abschn. 2.7.) sowie ausführlich unten zu den Aktionen der Gesellen (Abschn. 4.7.2.).

3 Vgl. u. Abschn. 3.3.

4 Vgl. u. Abschn. 3.4. u. 3.7.

5 Der Zrsammenhang zwischen Konjunktur und wirtschaftlichem Protestverhalten ist noch nicht vollständig erforscht. Ansätze z. B. bei Klaus *Schönhoven*, Arbeitskonflikte in Konjunktur und Rezession. Gewerkschaftliche Streikpolitik und Streikverhalten der Arbeiterschaft vor 1914, in: *Tenfelde / Volkmann* (Hrsg.), Streik. Zur Geschichte des Arbeitskampfes in Deutschland während der Industrialisierung, München 1982, S. 177—193; sowie *Grießinger*, Das symbolische Kapital der Ehre, Streikbewegungen und kollektives Bewußtsein deutscher Handwerksgesellen im 18. Jahrhundert, Frankfurt — Berlin — Wien 1981, S. 285 ff.

— Getreide plus 260 v. H. (= 0,874 v. H./Jahr)

— Tierische Produkte plus 180 v. H. (= 0,772 v. H./Jahr)

— Gewerbliche Waren des täglichen Bedarfs plus 40 v. H. (= 0,23 v. H./Jahr), z. B. Textilien

— Gewerbliche Investitionsgüter plus 80 v. H. (= 0,401 v. H./Jahr), vorwiegend Produkte des Bau- und des Metallgewerbes

— Löhne plus 120 v. H. (= 0,537 v. H./Jahr).

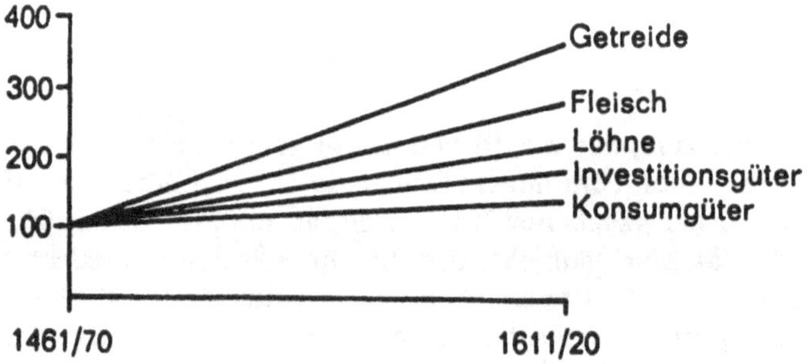

Abb. 10. Entwicklung der Löhne und Preise für Getreide, Fleisch, Investitionsgüter und Konsumgüter aus gewerblicher Produktion von 1461/70 bis 1611/20. Quelle: *Henning*, Landwirtschaft, S. 184[6].

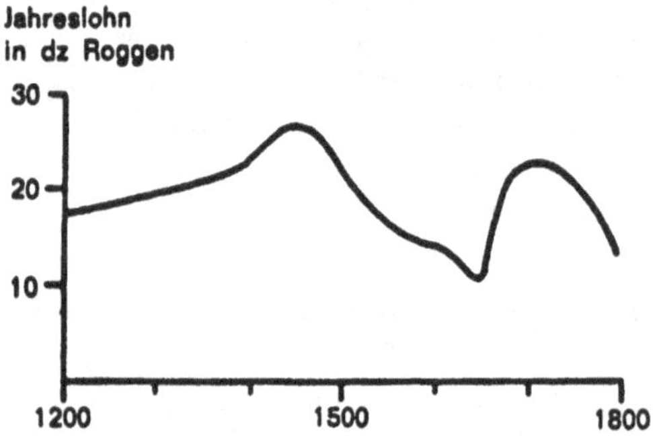

Abb. 11. Reallohnentwicklung im säkularen Trend gemessen am Jahreslohn von Bauhandwerkern (in dz Roggen). Quelle: *Henning*, S. 26[7].

Von der Logik dieses Modells her — und allgemein von der Logik solcher Marktmodelle — ist es nicht der Marktstärkere, der eine Verrechtlichung nötig hat, denn seine Position kann er über den Markt durchsetzen. Für die Zeit nach der Pest scheinen die Arbeitnehmer

[6] Vgl. näher *Henning* (Abschn. 2.1., Fn. 2), S. 184.

[7] Vgl. näher *Henning*, S. 26.

wegen des Arbeitskräftemangels marktstärker gewesen zu sein, was sich dann im 16. Jahrhundert wieder änderte. Das bis dahin unerhörte Aufkommen von Lohnforderungen, die kollektiven Aktionen und die entsprechenden Klagen der Arbeitgeber zeugen von einer nach der Pest nachhaltig veränderten Situation.

Solchen Überlegungen trägt die Arbeitsrechtsgeschichte allgemein keine Rechnung, obwohl die Einflüsse doch vor der Hand liegen.

2.7. Agrarkrise als alleinige Ursache für die Entwicklung der Wirtschafts- und Arbeitsverfassung?

Die Untersuchung stützt sich wesentlich auf die Agrarkrisentheorie. Dieselbe Epoche, das Spätmittelalter, dessen wirtschaftliche und soziale Entwicklung mit Hilfe dieser Theorie beschrieben wird, ist zugleich

— Zeitalter sozialer Unruhen und

— Epoche der Feudalkrise (bzw. des Übergangs vom Feudalismus zum Frühkapitalismus).

In dieser rechtshistorischen Untersuchung soll nicht entschieden werden, welche dieser Theorien „richtig" ist. Schon der Gedanke wäre wissenschaftstheoretisch und praktisch absurd. Es geht weiter nicht darum, alle Phänomene mit Hilfe *einer* Theorie, wenngleich einer umfangreich bestätigten, zu erklären. Die anderen Konzeptionen haben erheblichen Erklärungswert, und zwar sowohl für sich, als auch als Ergänzungen der Agrarkrisentheorie.

Das gilt z. B. für die Frage: Krise des Feudalsystems oder Agrarkrise[1]? Die DDR-Forschung betont natürlich jenen Standpunkt[2]. Die

---

[1] Peter *Kriedte*, Spätmittelalterliche Agrarkrise oder Krise des Feudalismus, in: Geschichte und Gesellschaft, 7. Jg. (1981), S. 42—68; *ders.*, Spätfeudalismus und Handelskapital. Grundlinien der europäischen Wirtschaftsgeschichte vom 16. bis zum Ausgang des 18. Jahrhunderts, Göttingen 1980. Guy *Bois*, Crise du féodalisme, Economie rurale et démographie en Normandie orientale du début du 14e siècle au milieu du 16e siècle, Paris 1976 — z. B. S. 50 ff., 349 ff.; *ders.*, Noblesse et crise des revenues seigneuraux en France aux XIVe et XVe siècles: essai d'interpretation, in: Essais à la mémoire de Robert Boutruche, hrsg. von Philippe Contamine, Paris 1976, S. 219—233. Zum Zusammenhang des 100jährigen Krieges in Frankreich mit der Wirtschaftskrise vgl. Barbara *Tuchmann*, Der ferne Spiegel. Das dramatische 14. Jahrhundert, dt. Übersetzung, Düseldorf 1980.

[2] Vgl. die Autoren in Abschn. 1.5., Fn. 18 f. sowie Jürgen *Kuczinsky*, Über die Rolle der Natur in der Gesellschaft anläßlich der Lektüre von *Abels* Buch über Wüstungen, in: Jahrbuch für Wirtschaftsgeschichte 1963, S. 284 ff.; dazu Heinrich *Rubner*, Die Landwirtschaft der Münchener Ebene und ihre Notlage im 14. Jahrhundert, in: Vierteljahresschrift für Sozial- und Wirtschaftsgeschichte 151 (1964), S. 433—455; sowie z. B. Bernhard *Töpfer*, Bemerkungen zu dem Problem der „Krise des Feudalismus" im 14. und 15. Jahrhundert, in: Städtische Volksbewegungen im 14. Jahrhundert, Berlin (Ost) 1960, S. 180—185 (vgl. Fn. 27c); Benedykt *Zientara*, Die Agrarkrise in der Uckermark im

Krise des Feudalsystems, besonders die rückläufigen Einkommen der Feudalherren und deren Versuche, sie auf Kosten der Untertanen anzuheben, verstärkten die Folgen der Pest. Es bestanden alternative und kumulative Wechselwirkungen. Wenn z. B. die Grundherren ihre Feudalquote stabilisierten — sprich: erhöhten —, konnte das die negativen Effekte der Pest auf die Einkommen der Bauern verstärken, denn zu den Einkommensverlusten kamen höhere Abgaben hinzu. Eine Notwendigkeit zur Anhebung der Feudalquote konnte z. B. bei kostspieligen Fehden oder kriegerischen Auseinandersetzungen, wie sie zu dieser Zeit zwischen England und Frankreich stattfanden, gegeben sein. Die Versuche, Bauern, Hörige, Gesinde oder sonstige (nicht rechtlich) Abhängige mit rechtlichen oder reinen Machtmitteln an den Ort bzw. Betrieb zu binden, konnten gleichfalls mit diesen Absichten zusammenhängen. Auf der anderen Seite machten die wirtschaftlichen Effekte der Pest, die noch dargestellt werden, vielfach solche Versuche schon im Ansatz zunichte. Es fehlten oft Personen, die das grundherrliche Land bestellen konnten, so daß Arbeitskräfte nicht bedrückt werden durften. Ihnen mußten im Gegenteil finanzielle und rechtliche (statusmäßige) Erleichterungen gewährt werden, um sie zu halten. So erklärt sich das z. T. merkwürige Nebeneinander repressiver Regeln einerseits und den Verboten, die Bauern zu bedrücken bzw. die Gewährung finanzieller Erleichterungen andererseits.

Die Zeit, die auf die Pest folgte, war eine unruhige Zeit. Das äußerte sich nicht nur in Lohnforderungen der Arbeitnehmer und in den Versuchen der Hörigen, ihren Status zu verbessern, sondern z. B. in Bauernaufständen. Solche sind aus ganz Europa z. B. Frankreich, Flandern und England (1381) bezeugt[3]. In der Einschätzung dieser Aufstände gehen die Meinungen allerdings weit auseinander. So wurde ihre Bedeutung heruntergespielt, indem man sie als „Wutanfälle ohne Folgen“[4] bezeichnete. Sozialistische Historiker erklären die Bauernaufstände im wesentlichen aus der Belastung mit Frondiensten und Abgaben[5]. Dane-

---

14. Jahrhundert, in: Evamaria *Engel* und B. *Zientara*, Feudalstruktur, Lohnbürgertum und Fernhandel im spätmittelalterlichen Brandenburg (Abhandlungen zur Handels- und Sozialgeschichte, Bd. 7), Weimar 1967, S. 336, Betonung des „Klassenkonfliktes“. Autoren wie *Sprandel* und *Kelter* differenzieren stark. Vgl. Abschn. 2.3. m. w. N.

[3] Henri *Pirenne*, Sozial- und Wirtschaftsgeschichte Europas im Mittelalter, 3. (dt.) Aufl., München 1974, S. 191, Fn. 2; Michel *Mollat* und Philippe *Wolff*, Ongles bleus: Jacques et Ciompi. Les révolutions populaires en Europe aux XIVe et XVe siècles, Paris 1970. Friedrich *Lütge*, Das 14./15. Jahrhundert in der Sozial- und Wirtschaftsgeschichte, in: Jahrbücher für Nationalökonomie und Statistik, Bd. 162 (1950), S. 161—213, S. 187, Fn. 68.

[4] *Pirenne*, ebd.

[5] Hans *Mottek*, Wirtschaftsgeschichte Deutschlands. Ein Grundriß, Bd. 1: Von den Anfängen bis zur Zeit der französischen Revolution, Berlin 1946, S. 205 ff.

ben wird von diesen Autoren auf die „positive Rolle der Bauernverknappung“ aufmerksam gemacht[6]. Ausführliche Untersuchungen zu dieser nicht nur in wirtschaftlicher, sondern auch in religiöser und politischer Hinsicht so unruhigen Zeit machen es deutlich, daß Zusammenhänge zur Bevölkerungsentwicklung bestehen[7]. Das gilt nicht nur für die sog. Zunftrevolutionen und die Gesellenaufstände[8]. Doch wäre es eine Überschätzung des Bevölkerungsansatzes, die Welt allein aus diesem Punkte zu erklären.

Das Streben, die Agrarkrise und ihre Ergebnisse möglichst konsistent darzustellen, darf nicht zu Generalisierungen führen und zu ggf. monokausalen Ableitungen aus diesen, die die Entwicklung des Rechts betreffen. Allerdings besteht die Gewißheit, daß ohne Betrachtung wirtschaftlich langfristiger Trends man den rechtlichen Entwicklungen nicht gerecht werden kann. Zu einer reinen rechtshistorischen-normativen Betrachtung kann man selbst dann nicht zurückkehren, wenn man die Begrenztheit der verwandten Theorie für die Analyse erkennt. Eine Untersuchung, die alle Faktoren berücksichtigte, überstiege indessen die Kraft eines einzelnen.

---

[6] Ebd.

[7] Th. *Walsingham*, Historia Anglicana II, 32, hrsg. von H. T. Riley, Rerum britanicarum medii aevi scriptores (1862—64) sowie weiter bei Rolf *Sprandel*, Verfassung und Gesellschaft im Mittelalter, Paderborn 1975, S. 226 f.; Karte der Bauernaufstände vor 1524; B. *Huppertz*, Räume und Schichten bäuerlicher Kulturformen in Deutschland, Bonn 1939; Ralph E. *Turner*, Economic discontent in Medieval Western Europe in: Journal of Economic History, Supplement VIII, 1948, sowie die ausgezeichnete populär gehaltene Darstellung bei Barbara *Tuchman*, Der ferne Spiegel (Fn. 1), S. 119—121. František *Graus*, Das Spätmittelalter als Krisenzeit. Ein Literaturbericht als Zwischenbilanz, in: Mediaevalia Bohemica Supplementum 1 (Prag 1969); *ders.*, Ketzerbewegungen und soziale Unruhen im 14. Jh., in: Zeitschrift für historische Forschung, Bd. 1 (1974), S. 3—21; *ders.*, Vom „Schwarzen Tod“ zur Reformation. Der krisenhafte Charakter des europäischen Spätmittelalters, in: Revolution in Europa, hrsg. von Peter Blickle, Beiheft 4 der Historischen Zeitschrift, München 1975.

[8] Zum Widerstand der Gesellen vgl. Abschn. 4.7.2.; Wilfried *Schulze*, Aufstände, Revolten, Prozesse. Beiträge zu bäuerlichen Widerstandsbewegungen im frühneuzeitlichen Europa (Bochumer Historische Studien 27), Stuttgart 1983; *ders.*, Aufruhr und Empörung? Neue Studien zum bäuerlichen Widerstand im alten Reich, in: Zeitschrift für historische Forschung, 9. Bd. (1982), S. 63—73, S. 66 f. der Forschungsschwerpunkt liegt beim Bauernkrieg 1525 und danach. Allerdings zählt Peter *Bierbrauer*, 125 Erhebungsbewegungen zwischen 1300 und 1798 auf: „Bäuerliche Revolten im alten Reich“, in: Peter *Bickle* (Hrsg.), Aufruhr und Empörung? Studien zum bäuerlichen Widerstand im alten Reich, München 1980, S. 1—68.

3. Zur Regelung der Arbeit (vornehmlich) auf dem Land

80—90 % der menschlichen Arbeit wurde auf dem Lande geleistet. Der größte Teil der Bevölkerung lebte und arbeitete dort vornehmlich in der Landwirtschaft. Der soziale Status dieser Arbeitskräfte war unterschiedlich. Sie übten ihre Tätigkeit aus als Lehensnehmer, Bauern als freie Eigentümer, Erbpächter oder Zeitpächter sowie unterbäuerliche Arbeitskräfte, z. B. als Gesinde oder Tagelöhner. Z. T. waren bäuerliche und unterbäuerliche Personen ganz oder teilweise gewerblich tätig, und zwar im Verlag (Textilien) oder auch im Handwerk[1]. Der Schwerpunkt der Tätigkeit auf dem Lande lag allerdings in der Nahrungsmittelproduktion, obwohl die gewerbliche nichtselbständige Arbeit z. B. im Textilverlag einen oft unterschätzten Umfang hatte. Auf andere Formen gewerblicher Arbeit (Bergbau) soll hier nicht eingegangen werden.

Nicht die Arbeit auf dem Land, sondern die in den Städten wurde und wird wissenschaftlich stärker beachtet. Für diese ist nicht nur die Quellenlage besser, sondern die gewerbliche Tätigkeit als Neuentwicklung scheint deshalb interessanter zu sein, weil sie eine Vorform heutiger gewerblicher Tätigkeit darstellt. Einer Fülle von Arbeiten über Städte und Zünfte stehen relativ wenige über den dörflichen Lebenskreis gegenüber. In den wieder erblühten oder neu eingerichteten Städten wurde schwerpunktmäßig Handel betrieben, und eine Vielzahl von Personen ging differenzierten gewerblichen Tätigkeiten nach. Die Zünfte, mit der Arbeit von Meistern, Gesellen und Lehrjungen, standen regelmäßig im Mittelpunkt der Betrachtung. Unzünftige Arbeit, z. B. in der Weberei und im Bauwesen, war indes zumindest genauso wichtig. Zahlenmäßig war die unzünftige Arbeit des Gesindes, der Hausarbeitskräfte sowie der Hilfsarbeiter für Handel, Verkehr, öffentlichen Dienst

---

[1] Die wichtige Frage gewerblicher Tätigkeit auf dem Land, die schon relativ früh erkannt wurde, soll hier nicht behandelt werden. Vgl. unten Abschn. 4.7., Fn. 74. Der Umfang dieser Produktionsform war erheblich, vgl. z. B. Gerhard *Heitz*, Ländliche Leinenproduktion in Sachsen (1470—1555), Berlin (Ost) 1961; grundlegend Gustav *Aubin*, Die Leineweberzechen in Zittau, Bautzen und Görlitz, in: Jahrbücher für Nationalökonomie und Statistik 104 (1915), S. 577—625; *ders.*, Aus der Frühzeit des deutschen Kapitalismus (Der kollektive Lieferungsvertrag, in: Zeitschrift für das gesamte Handels- und Konkursrecht 84 (1921), S. 423—458; *ders.*, Zur Geschichte des Verlagssystems in der Periode des Frühkapitalismus, in: Jahrbücher für Nationalökonomie und Statistik 127 (1927), S. 336—342; *ders.*, und Arno *Kunze*, Leinenerzeugung und Leinenabsatz im östlichen Mitteldeutschland zur Zeit der Zunftkäufe, Stuttgart 1940.

und Gewerbe gleichfalls beträchtlich, gleichgültig, ob sich diese Arbeit im Dauerarbeitsverhältnis oder im Tagelohn vollzog.

Analytisch und für die Darstellung bietet sich eine Trennung in die Arbeit auf dem Lande und in die in den Städten an. Arbeitsmärkte und arbeitsrechtliche Normen folgen dieser Trennung aber nicht:

— Herrschaftliche Gesetze und Verordnungen galten z. T. für Stadt und Land (Wien, Paris).
— Städtische Verordnungen über die Weingartenarbeit betrafen ländliche Arbeit.
— Der Arbeitsmarkt (im technischen Sinne) für die Rekrutierung städtischer Hilfsarbeiter befand sich auf dem Lande. Übergreifende Betrachtungen sind daher erforderlich.

3.1. Bedeutsame Gesetze unmittelbar nach der Pest[2]

Nach der Pest hatten Lohnforderungen und Lohnsteigerungen ihre Ursachen z. T. in Preissteigerungen. Diese drei Entwicklungen provozierten alsbald eine Fülle von rechtlichen Reaktionen in bezug auf den Arbeits- und Gütermarkt. Diese richteten sich nicht allein gegen Lohnsteigerungen, sondern sie versuchten, die instabile Ökonomie zu regulieren[3]. Solche Vorschriften ergingen nicht erst nach der Pest, sondern die jeweiligen Herrscher konnten z. T. auf ältere Gesetze bzw. Regelungsversuche zurückgreifen[4]. Im folgenden sollen aus der Fülle der Maßnahmen in bezug auf die Arbeits- und Wirtschaftsverfassung die arbeitsmarkt- und arbeitsvertragswirksamen Regelungen herausgegriffen werden. Diese ergingen nicht aufgrund einer systematischen Analyse der wirtschaftlichen Situation, sondern sie stellten Reaktionen auf Symptome dar. Solche Maßnahmen finden sich besonders zahlreich nach dem ersten großen Pestdurchzug 1349 ff. Während die rechtshistorischen Darstellungen sich vornehmlich auf das Individualarbeitsrecht der Zeit

---

[2] Der Begriff ‚Gesetz' paßt hier nur bedingt. Auf diese Problematik soll aber nicht eingegangen werden. Vgl. dazu z. B. Karl *Kroeschell*, S. 152; H. *Krause*, Art. Gesetzgebung, in: HRG, Bd. 1, Sp. 1606.

[3] Die Antwort auf die Frage, ob es eine mittelalterliche (fürstliche) Wirtschaftspolitik gab, ist sehr schwierig. Vgl. Ulf *Dirlmeier*, Mittelalterliche Hoheitsträger im wirtschaftlichen Wettbewerb (Vierteljahresschrift für Sozial- und Wirtschaftsgeschichte, Beiheft 51), Wiesbaden 1966, S. 225 ff.; Michael *Mitterauer*, Die Wirtschaftspolitik der österreichischen Landesfürsten im Spätmittelalter und ihre Auswirkungen auf den Arbeitsmarkt, in: Hermann *Kellenbenz* (Hrsg.), Wirtschaftspolitik und Arbeitsmarkt (Sozial- und wirtschaftshistorische Studien), München 1974, S. 23.

[4] Neue Ausgabe Marta Giachhero, Edictum Diocletianum et Colleganum de pretiis rerum venalium, 2 Bde., Genua 1974; vgl. *Dulckeit / Schwarz / Waldstein*, Römische Rechtsgeschichte, 7. Aufl., München 1981, § 37, sowie *Liebs*, Privilegium und Ständezwang in den Gesetzen Konstantins, in: Révue Internationale des Droits de l'Antiquité 3e Serie — Tome XXIV — 1977, S. 297 ff.

konzentrierten, zeigt sich in diesen Gesetzen die Bedeutung des Arbeitsmarktes, der damals wie heute in großer Abhängigkeit der Bevölkerungs- und Wirtschaftsentwicklung steht[5]. Über die bekannten Rechtsregeln, betreffend das gewerbliche Arbeitsrecht hinaus, belegen diese Gesetze, daß es nicht nur ein Individualarbeitsrecht, sondern eine Arbeitsverfassung des Mittelalters gab.

Neben Eingriffen der städtischen Autoritäten in die Wirtschafts- und Arbeitsverhältnisse ihrer überschaubaren und im Verhältnis zum Lande besser verwalteten Wirtschaften[6], reagierten einige Landesherrn unmittelbar auf die Pest:

— In *Frankreich* findet sich eine Ordonnanz König Johanns II.[7],

— in *England* ein später durch Parlamentsbeschluß bestätigtes Königliches Dekret[8],

—in *Tirol* mehrere Statuten des oberbayrischen Herzogs Ludwigs des Brandenburgers[9],

— in *Bayern* Festlegungen Ludwigs für Oberbayern[10],

— in *Österreich* Maßnahmen Albrechts II.[11].

[5] Vgl. z. B. Hermann *Kellenbenz*, Wirtschaftspolitik und Arbeitsmarkt (Schlußbetrachtung), München 1974, S. 321 m. w. N.; vgl. schon oben Abschn. 1.6.2. Für heutige Verhältnisse mit historischem Ausblick Günther *Schmid*, Strukturierte Arbeitslosigkeit und Arbeitsmarktpolitik, Königstein 1980.

[6] Vgl. dazu *Carpentier* sowie auch *Kelter*, S. 195, der Belege für die Preissteigerungen in den Pestjahren bringt und der diese Jahre für durch behördliche Aktivität gekennzeichnet hält. *Ders.*, Geschichte der obrigkeitlichen Preisregelung, Jena 1935.

[7] Ordonnance concernant la Police du Royaume, Jean I selon d'autres Jean II, le penultième du mois de Fevr. 1350, in: *Secousse*, Ordonnances des Rois de France de la troisie'me race, Bd. II, Paris 1728, S. 350—386. In der Literatur wird diese Ordonnanz üblicherweise als die vom Februar 1351 bezeichnet.

[8] Statute of Labourers Edwards III vom Juni 1349, erneuert durch das Parlament im Februar 1351, in: Statutes of the Realm, Bd. 1, London 1810, S. 307—313, abgedruckt auch bei Bertha Haven *Putnam*, The Enforcement of the Statute of Labourers During the First Decade after the Black Death 1349—1359, New York — Columbia University 1908, Anh. S. 13*—17*; dort auch weitere Statuten, die ähnliches Material betreffen; S. 17* und passim.

[9] Am besten bei Karl *Moeser*, Die drei Tiroler Wirtschaftsordnungen aus der Pestzeit des 14. Jhs., in: Festschrift für F. Huter, hrsg. v. E. Troger und G. Zwanowetz (Schlern Schriften 207), Innsbruck 1959, S. 253—263, der nachwies, daß es über die schon im 19. Jh. bekannte Ordnung vom 9. Januar 1352 hinaus schon Vorgänger, z. B. vom 10. Dezember 1349 gab; dies. teilweise auch abgedruckt in: G. Franz, Nr. 180 = 468. Abgedruckt auch bei E. *Schwindt* / H. *Dopsch*, Ausgewählte Urkunden zur Verfassungsgeschichte der deutsch-österreichischen Erblande, 1895, S. 184 n. 100.

[10] Monumenta Boica XXXV/2, S. 97 n. 80; vgl. dazu Heinrich *Rubner*, Die Landwirtschaft der Münchener Ebene und ihre Notlage im 14. Jahrhundert, in: Vierteljahresschrift für Sozial- und Wirtschaftsgeschichte 51 (1964), S.433—451, 443.

[11] J. A. *Tomaschek*, Rechte und Freiheiten der Stadt Wien, I. Bd., Wien

Die Einleitung der Gesetze machten bereits die Probleme deutlich:

„Because a great Part of the People, and especially of Workman and Servants, late died of the Pestilence, many seeing the Necessity of Masters, and great Scarcity of Servants, will not serve unless they may receive *excessive Wages*, and some rather willing to beg in Idleness, than by Labour to get their Living; We, considering the grievous Incommodities, which of the lack especially of Ploughmen and such Labourers may hereafter come ..."[12]

Herzog *Ludwig* führte 1349 so ein:

„Daz wir angesehen haben den grozzen geprechen, der uns und menniclichen, edeln und unedeln, purgern, reychen und armen, und den pawlaeuten überal in unsrer herschaft Tyrol anligend ist von dez todes wegen, der in dem Lande ist gewesen, und besunderlich umb *antwerkleut und arbaiter, die ungewonlichen und unzeitlichen lon vordernt und haben wellent*, ..."[13]

Die Tiroler Ordnung und das Statut befaßten sich vornehmlich mit Fragen der Arbeit, z. T. auch mit Preisen. In der Ordonnanz steht die Wiederherstellung eines funktionsfähigen Güter- und Arbeitsmarktes im Vordergrund[14]. Hauptgebot war die *Begrenzung des Lohnes.*

„Daz erst gesatzt und gepot ist gemainclich umb antwerkleut und arbaiter, ez sein smid, sneyder, schuster, tagwaerker, hausgesinde, chneht und maeyde, wie si genant sein, daz die beleiben suellen mit irm lon in aller der weise, als ez vor fünf jaren gewesen ist über alle arbait ..."[15]

Die Lohnbegrenzung auf den Stand vor der Pest war im englischen Statut von Bedeutung:

„Receiving Salary and Wages, accustomed in Places where they ought to serve in the Twentieth Year of the Reign of the King that now is, or five or six Years before".[16] „First, that Carters, Ploughmen, Drivers of the Plough, Shepherds, Swineherds, Deies, and all other Servants, shall take Liveries and Wages, accustomed the said Twentieth Year, or Four Years before; so that in the Country where Wheat was wont to be given, they shall take for the

---

1877 n. 47 ff. Diese werden im folgenden noch präziser angegeben und erörtert.

[12] Statut Edwards, S. 307; Statut des Parlaments, S. 311.

[13] *Moeser*, S. 254. Anders als in der Tiroler Landesordnung findet sich bei den Höchstlohnfestsetzungen für Oberbayern kein Hinweis auf die Pest.

[14] Der Charakter der Ordonnance war heftig umstritten. Die Diskussion faßt zusammen Robert *Vivier*, La grande ordonnance de Février 1351. Les mesures anticorporatives et la liberté du travail, in: Revue Historique 46 (1921), S. 201—214; *ders.*, Une crise économique au milieu du XIVe siècle, La première grande intervention de la royauté dans le domaine économique: ses causes, in: Revue d'histoire économique et sociale 8 (1920), S. 199—230. Antikorporative Maßnahmen gab es — nicht erst zu diesem Zeitpunkt — auch im Deutschen Reich; vgl. *Kelter*, S. 191: Unter Friedrich I. 1152, Friedrich II. 1219, 1232, Rudolf von Habsburg 1278; im schweren Pestjahr wurden Zünfte und Einungen in Bayern 1368 untersagt.

[15] *Moeser*, S. 255; dasselbe Gebot wurde 1352 ausführlicher wiederholt.

[16] S. 311.

Bushel Ten pence, or Wheat at the Will to the Giver, till it be otherwise ordained.“[17]

Die Ordnungen setzten entweder fixe Löhne fest oder wollten Beschränkungen auf den Stand vor jeweils 5 Jahren[18]. Es handelte sich also um *Lohntaxen*.

„and take only the Wages, Livery, Meed or Salary, which were accustomed to be given in the places where he oweth to serve, the xx. year of our Reign of England, or five or six other common years next before.“[19]

Die französische Ordonnanz, die sich ab Titel 20 mit den „laboureurs“ befaßte, legte für viele Personen den dreifachen Satz fest[20].

„Nul quel qu'il soit, qui ait prins, ou tienne chevaux, brebis, & autres bestes à garder & mener à provender, pour certaine somme d'argent & de grains, ne pourront prendre & avoir pour leur salaire, tant grain comme argent, que le tiers plus seulement de ce qu'ils prenoient avant la mortalité de l'épidemie: & ne pourront laisser leurs Maistres à qui ils seront allouez: mais feront leur loüages ramenez ausdits prix, & tiendra au bailleur lieu tout ce qu'il auront en avant, par ces presentes Ordonnances.“

Für andere Gruppen vor Arbeitnehmern (z. B. Drescher) wurden Fixlöhne bzw. fixe Leistungslöhne festgeschrieben.

„Batteurs en grange ne pourront prendre de la saint Remy jusques à Pasques, que dix-huit deniers par jour, sans despens, & non plus; ...“[21]

Diese Leistungslöhne lagen offenbar gleichfalls über dem Niveau von 1348. Solche Festschreibungen mußten zwangsläufig bei der Arbeitsmarktsituation und den Preissteigerungen auf Widerstand stoßen. Den offenbar gesuchten Zimmerleuten und Maurern, die aufgrund ihrer Arbeitssituation, besonders des regelmäßigen Arbeitsplatzwechsels, mobiler waren und somit die Möglichkeit hatten, sich im Markt zu optimalen Bedingungen anzubieten, sollte man den Lohn „nach rat pezzern“. Aber auch die Lohnfestsetzungen im Statut wurden schon 1351 differenziert, als das englische Parlament über den Sachverhalt beschloß[22]. Für einen Meister wurden z. B. Beträge festgesetzt, die noch wesentlich über den Löhnen der sehr gesuchten Drescher lagen.

Für Österreich fixierte Herzog Albrecht II 1352 wenige Wochen nach Ludwig dem Brandenburger sehr differenziert die Löhne der unterschiedlichen Weingartenarbeiter, weil der Weinbau für Wien und Öster-

---

[17] Ebenda.

[18] S. 307, vgl. auch Tiroler Landesordnung, *Moeser*, S. 255, 258.

[19] *Moeser*, S. 255.

[20] S. 369, Titel XXIV, XXV sowie auch XXXII, LVIII.

[21] XXVI.

[22] Statut, S. 308, cap. V sowie S. 312, cap. II. Zum Lohnniveau vgl. die Schriften von *Abel, Lütge* sowie *Dirlmeier*.

reich von größter Bedeutung war[23]. Für die anderen Personen ergingen Lohnvorschriften in Weistümern einzelner Herrschaften[24]. Schon 1353 erneuerte Albrecht II sein Gesetz, da sich die Löhne erhöht hatten, und paßte die Sätze an einen veränderten Münzwert an[25]. Hingegen galt das Tiroler Gesetz nicht nur für Weingartenarbeiter, sondern für

— Stadt und Land und dort für
— bäuerliche Hilfskräfte sowie
— Handwerker.

Hier wie in den anderen Gesetzen standen also Lohnbegrenzungen im Vordergrund. Um *Minimallöhne*[26] dürfte es sich nicht gehandelt haben. Solche setzen andere Marktverhältnisse voraus[27]. *Heinrich von Langenstein* dachte am Ende des 14. Jahrhunderts über Mindestlöhne nach, um ein Einkommen bestimmter Schichten zu sichern[28].

Die Lohnfixierungen sollten über flankierende Maßnahmen durchgesetzt werden:

— Wer höhere Löhne forderte oder versprach (bzw. zahlte), dem drohte in Tirol Gefängnis oder Geldbuße[29].
— Wer vorzeitig aus dem Dienst schied, dem wurde — in England — Gefängnis angedroht[30]. Der Abzug, und zwar sowohl von freien Arbeitern als auch von unfreien Personen, stand unter Strafe.
— Die Arbeitnehmer sollten in England zweimal jährlich auf das Statut schwören[31].

Richter und Amtleute sollten ermitteln, das Vermögen der Abgezogenen konnte eingezogen werden. Der Herr konnte dem Abgezogenen

[23] 1352 Herzog Albrecht II. für Österreich *Tomaschek*, n. 47. Zur Bedeutung des Weinbaus in Österreich vgl. schon die Urkunde Rudolf IV. vom 3. Nov. 1358, abgedr. bei *Tomaschek*, n. 57; dazu vgl. noch u. Abschn. 3.6.

[24] *Firnberg*, S. 93 ff., Wilhelm *Weber* / Theo *Mayer-Maly*.

[25] *Tomaschek*, n. 47 ff., n. 57.

[26] Peter *Feldbauer*, Lohnarbeit im österreichischen Weinbau. Zur sozialen Lage der niederösterreichischen Weingärtenarbeiter des Mittelalters und der frühen Neuzeit, in: Zeitschrift für bayerische Landesgeschichte 38 (1975), S. 227—243, 237. Von Maximallöhnen geht die allg. M. aus, vgl. *Mitterauer*, S. 21.

[27] Minimallohnvorschriften gab es in seltenen Ausnahmefällen z. B. für die Kölner Seidenweberinnen, vgl. Ernst *Kelter*, Preisregelung, S. 144.

[28] Vgl. Winfried *Trusen*, Spätmittelalterliche Jurisprudenz und Wirtschaftsethik, dargestellt an Wiener Gutachten des 14. Jahrhunderts (Beiheft 43 zur Vierteljahresschrift für Sozial- und Wirtschaftsgeschichte), Wiesbaden 1961, S. 47. Dort allgemein auch zu „Arbeit und Lohn" sowie S. 138 ff. „Zu der Gesetzgebung Herzog Rudolfs IV. . . ."

[29] Tyroler Landesordnung 1352, *Moeser*, S. 259 Mitte.

[30] 1349 Statut II; 1351 V a. E.

[31] 1349 Statut II a. E.

nachfolgen und die Ausantwortung verlangen. Der neue Herr und ggf. der Abgezogene mußten an den alten Herrn eine erhebliche Buße zahlen[32].

Anderer Art waren Maßnahmen zur Verbesserung des Angebots an Arbeitskräften, daß z. B. durch *Arbeitszwang* bewirkt werden sollte.

„Pour ce que plusieurs personnes, tant hommes, que femmes, *se tiennent oiseux* parmi la Ville de Paris, & les autres Villes de la Prevosté & Vicomté d'icelle, & ne veulent exposer leurs corps à faire aucunes besongnes, ains truandent les aucuns, & les autres se tiennent en tavernes & en bordeaux; est ordonné que toute maniere de telles gens oiseux, ou joüeurs de dez, ou enchanteurs és rues, ou truandans, ou mandians, de quelque estat, ou condition qu'ils soient, ayens mestier ou non, soient hommes, ou femmes, qui soient sains de corps & de membre, s'exposent à faire aucunes besongnes de labeur, en quoy ils puissent gaigner leur vie, ou vuident la Ville de Paris, & les autres Villes de ladite Prévosté & Vicomté, dedans trois jours aprés ce cry."[33]

„Welich arbeiter auch in dem Lande waeren, die vormals umb lone gearbeitt hieten und nu von des unsers gesatzts und gebots wegen nicht arbeiten wolten, die selben sullen unser richter und amptlaeute, iegleicher in seinem ampte, do si wonend sind, darzu dwingen und noten, daz si umb lone arbeiten, bey der vorgenanten pene und als vor begriffen ist."[34]

Darüber hinaus wollte man fremde durchziehende Arbeitskräfte zum Bleiben einladen: „daz man in allen aigen all arbaiter und arbaiterin, von wan sie darchoement, beherbergen soll ..."[35]

Das Inleuteverbot im Hochstift Salzburg für Bergleute und Holzknechte, die stark nachgefragt wurden, wurde aufgehoben[36]. Man wollte also für die Wohnung der Arbeitskräfte sorgen. Darüber hinaus waren Abwerbelöhne verboten, die Arbeitszeit, einschließlich einer evtl. vorgesehenen Naturalentlohnung wurde fixiert[37].

Eine Arbeitsmarktstabilisierung erhoffte man sich durch Herstellung einer größeren Transparenz in bezug auf die sich anbietenden Arbeitskräfte und die Vertragsabschlüsse. Die Einrichtung von Dingstätten spielte hier eine Rolle, also exklusiven Orten für die Vertragsabschlüsse[38].

---

[32] *Moeser*, S. 257.

[33] Ordonnance, Tit. I.

[34] *Moeser*, S. 259.

[35] Tomaschek, S. 129 n. 48, vgl. dazu *Feldbauer* (Fn. 26), S. 241.

[36] Österreichische Weistümer, Bd. I: Die Salzburger Taidinge, hrsg. von H. *Siegel* und K. *Tomaschek*, Wien 1870, S. 235.

[37] *Tomaschek* und *Feldbauer*, ebd. Darüber hinaus Rudolf IV. im Jahre 1364: „daß es bei einem rechten littern Lohn bleibe", Tomaschek, S. 157 n. 67.

[38] *Tomaschek*, n. 57, 67, 107. 1400 wurde erneut eine ausführliche Ordnung über die Mietstätten erlassen, die vor jedem Stadttor eingerichtet werden sollten und wo die Vertragsabschlüsse durch vier Geschworene überwacht

„and that (all) workmen bring openly in their Hands to the Merchant Towns their Instruments, and there shall be hired in a common place and not privy."[39]

Mit diesem Maßnahmenkatalog ist in etwa beschrieben, was von seiten der Obrigkeit an rechtlichen Einflußmöglichkeiten auf den Arbeitsmarkt gegeben war. Nämlich:

— *unmittelbare Regelung* der Verträge (= Eingriff in die Individualarbeitsverträge)

— — Regelung der Löhne

— — Regelung der Vertragsdauer

— — Verbot des Vertragsbruchs bzw. der Abwerbung

— *mittelbarer Einfluß* über die Steuerung des Arbeitsmarktes durch

— — Verbesserung des Angebots durch positive Anreize oder Arbeitszwang

— — Erhöhung der Transparenz durch Einflußnahme auf Ort und Zeit der Vertragsabschlüsse.

Diese Regeln bildeten das Instrumentarium, das Arsenal, aus dem zu verschiedenen Zeiten in je verschiedener Form bis in das 19. Jahrhundert hinein geschöpft wurde, wenn es galt, Einfluß auf Arbeitsmarkt und Arbeitsverträge zu nehmen. In allen drei Territorien, die in der politischen Geschichtsschreibung deutlich unterschieden dargestellt werden, griffen die Herrscher im wesentlichen zu den gleichen rechtlichen Mitteln. Das ist nicht verwunderlich, denn es herrschten in diesen Gebieten in etwa vergleichbare Verhältnisse auf den Arbeits- und Gütermärkten.

3.2. Weitere gesetzliche Reaktionen auf die Pest

Der Gedanke, daß es sich um ein einheitliches durch die Pest verursachtes Problem handelte, wird durch eine Anzahl weiterer gesetzlicher Maßnahmen nahegelegt. Vergleichbare Gesetze finden sich

1. in denselben Territorien nach weiteren Pestdurchzügen in den 50er und zu Beginn der 60er Jahre,
2. in anderen Territorien bzw. Städten in derselben Zeit,
3. für einzelne Personengruppen dieser Zeit.

---

werden sollten: Tomaschek, Bd. II, S. 7 n. 107, S. 18 n. 115, S. 20 n. 117, vgl. *Mitterauer*, S. 37; *Feldbauer*, S. 237. Auch für andere Tagelöhner gab es Märkte. So sollten diese in Hamburg (1480) jeden Morgen auf die Trostbrücke kommen, vgl. *Pitz*, S. 35.

[39] Statut 1351 I a. E.

1. Eine Anzahl von Maßnahmen erfolgte in England, Frankreich etc., um die großen Gesetze durchzusetzen. Das galt besonders für den französischen Bereich. Am 28. Dezember 1355 verordnete Jean II., daß die Arbeitnehmer oder die Arbeitgeber, die mehr forderten oder mehr Lohn bezahlten, als in der Verordnung vorgeschrieben war, eine „amende" bezahlen mußten[1]. Am 28. August 1356 ermächtigte er die Magistrate, den Arbeitszwang bei Notwendigkeit durchzuführen. Der Durchsetzung dieser Gesetze war eine Anzahl von weiteren gesetzlichen Maßnahmen gewidmet, die in einem besonderen Kapitel behandelt werden.
2. Viele andere Territorien und Städte führten Höchstlöhne ein. *Orvieto* z. B. wollte die Steigerungsrate der Löhne auf 25 % begrenzen[2]. In *Sienna* verordnete der Rat im Mai 1349 einen Arbeitszwang für denjenigen, „qui propriis manibus laborat et laborare consuevit".[3]
3. In England erfolgten bischöfliche Lohnregelungen für Priester, die am 9. November 1362 von König und Parlament erneut festgelegt wurden[4].

3.3. Parallelentwicklungen im Feudalbereich

Die Existenz eines Arbeitsmarktes war unabhängig von der rechtlichen Form, in der abhängige Arbeit geleistet wurde. Rechtlich trennte z. B. die Tiroler Landesordnung zwischen Hörigen und freien Arbeitskräften:

„Das erste gesatzt und gebot ist umb paulaeut, daz alle pawlaeut, die uns oder ander, die in unserr herschaft gesezzen sind, angehoerent."

„Das ander gesatzt und gebot ist umb gedingte knehte und maegde, umb tagwercher und antwerchlaeut."[1]

In den Sachregelungen wurde kein Unterschied zwischen statusmäßig freien und unfreien Personen gemacht. Die wirtschafts- und arbeitsmarktpolitischen Effekte der Pest waren dieselben, denn die Arbeitskräfte, die die Erträge der Güter erwirtschafteten, wurden knapp. Wüstungen waren die notwendige Folge.

---

[1] Ordonnances des Rois de France, hrsg. von Secousse, Tom. III, Paris 1732, S. 32, Art. XXIII.

[2] Vgl. oben sowie *Zaddach*, S. 98, 119, 126; Elisabeth *Carpentier*, S. 150 f., 184 ff., 187, 200 ff., 223.

[3] William M. *Bowski*, The impact of the black deaht upon Siennise government and society, in: Speculum 39 (1964), 1 ff., S. 14, Fn. 74, S. 26, Fn. 145. Vgl. auch die entsprechenden Maßnahmen: D. *Herlihy*, Population, Plague and Social Change in Rural Pistoia, 1201—1430, in: The Economic History Review, Bd. 18 (1965), S. 225—244, 243.

[4] Vgl. o. *Putnam* und *Zaddach*.

[1] *Moeser*.

Die Pest rief z. B. regelmäßig Einbrüche im Einkommen des Braunschweiger Blasiusstiftes hervor. Die sich wiederholenden Pestwellen ruinierten den Kapitelbesitz im Laufe des Jahrhunderts. Erstaunlich sind allerdings die nach den einzelnen Pestwellen eintretenden Erholungen[2].

Die Graphik zeigt Zusamenhänge zwischen den Wüstungen und Zinserträgen in der Münchener Ebene im 14. Jahrhundert.

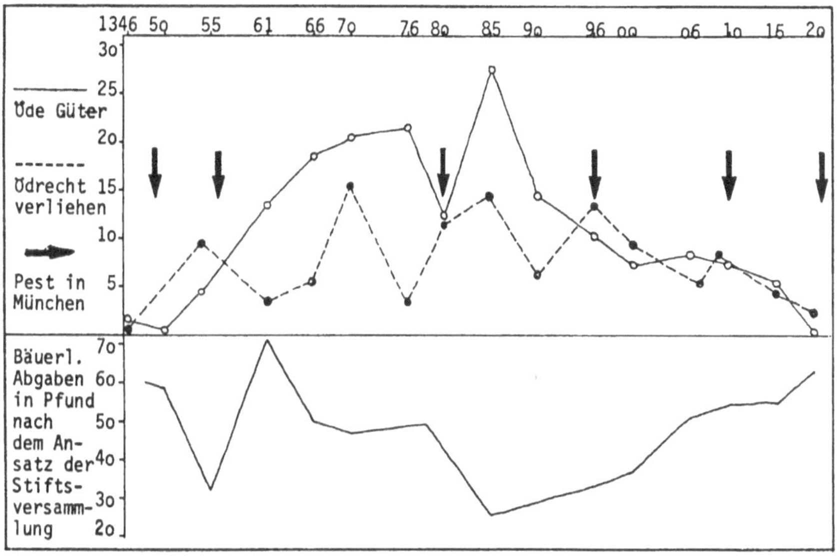

Abb. 12. Die Güterverödung im Tegernseer Amt Gevild 1346—1420 und die bäuerlichen Abgaben. Quelle: Heinrich *Rubner*, Die Landwirtschaft der Münchener Ebene und ihre Notlage im 14. Jahrundert, in: Vierteljahresschrift für Sozial- und Wirtschaftsgeschichte 51 (1964), S. 433 ff., S. 439.

Die Erträge konnten also nur durch verstärkten Arbeitseinsatz gesteigert werden. Daher finden sich im Feudalbereich — entsprechend dem Bereich freier Arbeitsverdingung — die positive Förderung durch Zinserleichterungen und widerwillig gewährte Statusverbesserungen einerseits und repressive Maßnahmen wie Wegzugsverbote etc. andererseits[3]. Der Wegzug von Arbeitskräften, gleichgültig auf welchem Rechtsgrund

[2] Anhand realer Einnahmen des Braunschweiger Blasiusstiftes zeigt Hartmut *Hoffmann*, Das Braunschweiger Umland in der Agrarkrise des 14. Jahrhunderts, in: Deutsches Archiv für Erforschung des Mittelalters 1981, S. 162—286, die Einbrüche, die durch die Pest hervorgerufen wurden. Die sich wiederholenden Pestwellen ruinierten den Kapitelbesitz. Erstaunlich sind die nach den einzelnen Pestwellen eintretenden Erholungen. Daß sich die Situation der Abgabenpflichtigen verbesserte, liegt auf der Hand.

[3] Heinrich *Rubner*, Die Landwirtschaft der Münchener Ebene und ihre Notlage im 14. Jahrhundert, in: Vierteljahresschrift für Sozial- und Wirtschaftsgeschichte 51 (1964), S. 433—451, insbesondere 439 ff. m. w. N.

die Arbeitsverpflichtung beruhte, sollte unterbunden werden. Den Verboten, aus dem Vertrag zu gehen, entsprachen Abzugs- und Wegzugsverbote[4]. Darüber hinaus wurde die Freizügigkeit der Bauern erheblich eingeschränkt. Faktisch indes konnten Hörige kaum gehindert werden, unter Zurücklassung eines Teils ihrer Habe zu verschwinden. Es kam vor, daß Hörige sich ihre Freiheit vom Herrn „kauften"[5], um sich andernorts evtl. zu besseren Bedingungen anzusiedeln[6] oder um in eine Stadt zu ziehen.

Bemerkenswert war die Entwicklung in Tirol. Dort hatte seit der bauernfreundlichen Politik *Meinhards* II[7] ein ständiges Bemühen der Landesfürsten geherrscht, das bäuerliche Besitztum zu verbessern[8]. Die Beschränkungen des freien Abzugsrechts in der Landesordnung von 1352 stellte einen Bruch mit der traditionellen Politik dar[9]. In der großen Landesordnung von 1406[10] wurde den Bauern ihr freies Veräußerungsrecht bezüglich der Erbzinsgüter als Gewohnheitsrecht wiederum bestätigt. Wie so oft gaben fiskalische Interessen den Ausschlag, denn in Tirol standen die Einkünfte aus bäuerlichen Abgaben an der Spitze[11].

---

[4] So schon in der Tyroler Landesordnung vgl. Abschn. 3.2. und auch noch in der Landesordnung vom 23. Okt. 1406, die Herzog Leopold der IV. erließ, abgedruckt in: Quellen zur Geschichte des deutschen Bauernstandes im Mittelalter (gesammelt und hrsg. von Günther *Franz*), Nr. 199 = S. 504. Dazu vgl. Hermann *Wopfner*, Beiträge zur Geschichte der freien bäuerlichen Erbleihe deutsch-tyrols, Innsbruck 1903, S. 203—209; *ders.*, Die Lage Tyrols zu Ausgang des Mittelalters, Innsbruck 1908. Diese Beschränkung lief der bisherigen Tendenz und auch den späteren Bemühungen entgegen, wonach die tiroler Bauern freies Veräußerungsrecht hinsichtlich der Erbzinsgüter hatten. Schon 1406 wurde diese Maßnahme durch die sog. große Landesordnung wieder zurückgenommen.

[5] *Henning*, Art.: Leibeigenschaft, in: HRG, Bd. II, Sp. 1763; vgl. z. B. Urkunde vom 17. März 1393 bei G. Franz (Fn. 4), Nr. 192 = S. 487, in der sich Freigekaufte als Freizinser niederlassen wollen.

[6] „... und offneten da vor uns, daß si sich und alle iru Kind von dem Marken von Schaffhusen, Burger zu Costentz, erkouft hettin, deß aigin si wärint, um 32 Pfund guter Haller, und von Treu und großer Fruntschaft wegen, so si zu uns und zu unserm vorgenanten Gotzhus hettint, so wellent si sich und all iru Kind und Nachkommen luterlich ergeben an uns und an unser Gotzhus, also daß si Frigzinser an dasselb unser Gotzhus sin sollent ewengklich", Urkunde des Abtes Werner von Reichenau vom 17. März 1339. K. *Frey*, *Wolmatingen* (Deutschrechtliche Beiträge V, 1910), S. 438 f. = Günther *Franz* (Hrsg.), Quellen zur Geschichte des deutschen Bauernstandes im Mittelalter, Darmstadt 1974, S. 487 n. 192.

[7] H. *Wiesflecker*, Meinhard der Zweite (Veröffentlichungen des Instituts für österreichische Geschichtsforschung 16), 1955, S. 240.

[8] Hermann *Wopfner*, Die Lage Tirols zu Ausgang des Mittelalters, Innsbruck 1908, S. 144 f.

[9] Hermann *Wopfner*, Beiträge zur Geschichte der freien bäuerlichen Erbleihe Deutschtirols im Mittelalter, Innsbruck 1903, S. 117 ff.

[10] Urkunde Leopolds IV. vom 23. Okt. 1406, abgedruckt bei G. Franz, S. 504 n. 199, mit Hinweisen auf Wopfner.

[11] *Wiesflecker* (vgl. Fn. 7), S. 240.

Die Anziehungskraft der Städte war groß. Welche Bedeutung mußte der erst im 19. Jahrhundert so formulierte Satz „Stadtluft macht frei" (bzw. „Luft macht eigen") gehabt haben[12], verhieß er doch dem illegal Abgezogenen nach Jahr und Tag die Möglichkeit eines legalen Neuanfangs. Darüber hinaus wurde nicht jeder Stadtbewohner erfaßt. Bürger wurden mit Sicherheit nicht alle Einwanderer, da der Erwerb des Bürgerrechts und der ggf. erforderliche Zunftkauf an besondere Bedingungen geknüpft war, die sich mit der Bevölkerungs- und Sozialentwicklung änderten[13]. Bei den Konflikten der Städte mit Herren, die ihrem weggelaufenen Hörigen oder Gesinde nachfolgten, ging es also nicht um prinzipielle rechtliche Auseinandersetzungen, sondern um wirtschaftliche Probleme.

Nach der Pest waren nicht nur Streiks und Widerstandshandlungen der Gesellen und Tagelöhner in den Städten zu verzeichnen, sondern gleichfalls Weigerungen von Pächtern und Bauern, Abgaben zu leisten[14]. Die Beträge, die als Pacht oder sonstige Abgaben geschuldet wurden, mußten herabgesetzt werden, in manchen Fällen wurden sie von hohen statischen Beiträgen in dynamische ernteangepaßte umgewandelt[15]. Um überhaupt Pächter für die wüsten Höfe zu finden oder die verbliebenen Hörigen auf den Gütern zu halten, mußten rechtliche Vergünstigungen konzediert werden. In Bayern entwickelte sich die abgabenfreie bzw. abgabenvergünstigte Vergabe von Gütern zu „Ödrecht"; die Dauer der Abgabenfreiheit wurde aus wirtschaftlichen Notwendigkeiten von 6 auf 11 Jahre erhöht, was die Besiedlung begünstigte und eine mittelfristig wirkende wirtschaftliche Gesundung ermöglichte[16].

In Österreich verschob sich die landwirtschaftliche Aktivität vom Ackerbau zum Weinbau, da insbesondere nach der Pest Wein — als Luxusgut — stärker nachgefragt wurde[17]. In einer Urkunde Rudolfs IV vom 3. November 1358 heißt es:

---

12 D. *Werkmüller*, Art.: Luft macht eigen/frei, in: HRG, Bd. III, Sp. 92. Zur Tatsache der Einwanderung vgl. A. *Knieke*, Die Einwanderung in den westfälischen Städten bis 1400, Münster 1893 sowie H. *Reincke* und die Lit. in Fn. 7, Abschn. 2.1.

13 Vgl. dazu unten Abschn. 4.6. ff.

14 Unter Hinweis auf die Quellen *Rubner* (Fn. 3), S. 443.

15 Vgl. hierzu z. B. G. *Kirchner*, Probleme der spätmittelalterlichen Klostergrundherrschaft in Bayern: Landflucht und bäuerliches Erbrecht, in: Zeitschrift für bayerische Landesgeschichte 19 (1956), S. 25; I. *Bog*, Geistliche Herrschaft und Bauer in Bayern und die spätmittelalterliche Agrarkrise, in: VSWG 45 (1958), S. 72 ff.

16 *Rubner* (Fn. 3), S. 440 f. F. *Klein*, Das große Sterben von 1348—49 und seine Auswirkung auf die Besiedlung der Ostalpenländer (Mitteilungen der Gesellschaft für Salzburger Landeskunde 100), 1960, S. 162, 165 f.

17 Gerhard *Herzog*, Die Weinwirtschaft der geistlichen Herrschaften im mittelalterlichen Krems, Diss. phil. masch., Wien 1964, S. 44 ff., 50 f.

„wein in diesem landen zu Osterreich ain solich grozz, namhaft und redleich stuckh ist, des sich alle unser stet und sunderleich die stat ze Wienn allermaist betragent, und auch nahent ir aller grozzister pau und pest aribait ist.“[18]

Grundherren und Pächter dehnten die Weinbauflächen aus, so daß es zu einem Siedlungswachstum in Weinbaugegenden kam[19]. Der Herzog unterstützte solche Bestrebungen aus fiskalischem Interesse. 1359 hatte er unter Verzicht auf weitere Münzverrufungen die Erhebung eines allgemeinen Ungeldes als Getränkesteuer mit den Ständen vereinbart[20], das eine bedeutende Einkunftsquelle wurde.

Abgabenerleichterungen hinsichtlich des sog. „Burgrechtszinses“ häuften sich. Der „Teilbau“ breitete sich aus, selten in Form des Halbbaus, sondern regelmäßig als Drittelbau, seltener später auch als Viertelbau[21]. Für die Neuanlage von Weingärten erließ man den Burgrechtszins für 5 Jahre, ähnlich wie bei der Wiederbesetzung eines wüsten Hofes. Das Herabgehen auf Drittelbau stellte keine Erfindung aus der Zeit nach der Pest dar. Schon 1271 wird eine solche Maßnahme gegen den Arbeitskräftemangel erwähnt[22].

Vergleichbare Maßnahmen kannte man in vielen Territorien: Herzog Rudolf IV. von Österreich erließ am 26. Februar 1360 den durch die Pest wüst gewordenen und neubesetzten Gütern des Bistums Seckau das Marchfutter entsprechend dem Zinserlaß des Bistums „von des gemeinen Sterbens und anderr Gepresten wegen“:

„Also wie lange sie die Leut und Holden, mit den sie die egenanten wuesten Huben und Gueter bestiftent und besetzent, ledig lazzent irs rehten Cinses, das auch wier si als lange ledig lazzen wellen unsers gesatzten Marchfuters.“[23]

Manchem Bauern, dem das bewirtschaftete Gut nur auf Zeit ausgeliehen war, gelang es, dies zu Erbrecht zu erhalten. Aus temporärer Pacht wurde Erbpacht.

---

[18] *Tomaschek*, n. 57.

[19] Alfred *Grund*, Die Veränderung der Topographie im Wiener Walde und Wiener Becken, Leipzig 1901, S. 135 f., betont das Siedlungswachstum in Weinbaugegenden trotz der Wüstungen in anderen Bereichen. Ernst *Klebel*, Zur Frühgeschichte Wiens (Abhandlungen zur Geschichte und Quellenkunde der Stadt Wien IV), Wien 1932, S. 7—112, S. 19 f. sowie *Feldbauer*, S. 320 f. sowie *Mitterauer*, S. 26 m. w. N.

[20] *Tomaschek*, n. 58 = *Schwind / Dopsch*, Ausgewählte Urkunden, S. 191, n. 103. Darüber hinaus wurde als ständige wirtschaftspolitische Maßnahme die Zahl der Brauer begrenzt. F. *Popelka*, Geschichte des Handwerks in Obersteiermark bis zum Jahre 1527, in: Vierteljahresschrift zur Sozial- und Wirtschaftsgeschichte 19 (1926), S. 95.

[21] Gerhard *Herzog* (Fn. 17), ebd.

[22] Gerhard *Herzog* (Fn. 17) sowie Feldbauer und Mitterauer.

[23] F. *Klein*, Das große Sterben von 1348—49 und seine Auswirkung auf die Besiedlung der Ostalpenländer (Mitteilungen der Gesellschaft für Salzburger Landeskunde 100), 1960, S. 165 f.

„... durch sichtbarliche Notturft und Nuz unsers Gottshaus, recht und redlichen verkauft haben zu rechtem Erbrecht unsers Gottshaus Güetter und Lechen, darauf wür vorher alle Jahr Freistift gehabt haben ..."[24]

Dieser Entwicklung versuchte z. B. der Bayerische Herzog entgegenzuwirken, da sie die Substanz des ländlichen Sozialgefüges berührte[25].

Die letzte Regelung zeigt die Schwierigkeit für die Herren: Man mußte aus wirtschaftlichen Gründen die finanzielle Stellung, manchmal sogar den rechtlich-sozialen Status der Hörigen verbessern, wollte aber die eigene wirtschaftliche, rechtliche und soziale Position nicht (auf Dauer) gefährden. Antinomische Rechtsregeln waren die Folge, wie z. B. der Versuch einiger Herren, „meist auf dem Umweg über die Gerichtsherrschaft"[26] ihre Stellung zu verbessern, zeigte. Repressivem Verhalten der Herren, z. B. zur Erhöhung der Grundrente oder der Feudalquote, stand eine positive Förderung gegenüber durch Zinserlaß und Statusverbesserung.

3.4. Durchsetzung der Rechtsvorschriften

Die verwaltungsmäßige Durchführung der neuen Regeln und ihre Vollstreckung — im Mittelalter und in der frühen Neuzeit stets ein besonderes Problem — war unterschiedlich genau geregelt.

Die Ordonnanz machte eine Fülle von Vorschriften hinsichtlich der Regelung des Gütermarktes, für den besondere Überwachungsorgane eingeführt wurden[1], ordnete aber bei Lohnfragen lediglich an:

„Des Charretiers Laboureurs ...; & qui plus en donnera & prendra, & fera le contraire, le preneur & le donneur l'amenderont chancun de soixante sols, dont l'acusateur aura dix sols."[2]

Die Überwachung sollte also wohl durch die allgemeinen Instanzen erfolgen, das Anzeigeverhalten durch die Beteiligung an der Strafsumme gefördert werden[3].

---

[24] Urkunde des Stiftes Berchtesgaden vom 11. 2. 1377 über die Umwandlung von Freistiftsgütern in Erbrechtsgüter. Zit. n. G. *Franz*, Quellen zur Geschichte des Bauernstandes im Mittelalter, Darmstadt 1974, Nr. 188 = S. 479 ff.

[25] Vgl. *Zaddach* und *Herlihy*, S. 243; vgl. weiter *Kelter*, Die wirtschaftlichen Ursachen des Bauernkrieges, in: Schmollers Jahrbücher 65 (1941), S. 19; Otto *Stolz*, Rechtsgeschichte des Bauernstandes und der Landwirtschaft in Tirol und Vorarlberg, Bozen 1949, S. 70, 93 f., 119 f., 123 ff., 153 f.; sowie *Lütge*, S. 199 und Fn. 107.

[26] H. K. *Schulze*, Art.: Grundherrschaft, in: HRG, Bd. I, Sp. 1824 ff., sowie P. *Selmer*, Art.: Gutsherrschaft, in: HRG, Bd. I, Sp. 1878 ff.

[1] Tit. XXV.

[2] Tit. XXII.

[3] Albrecht II. hingegen übertrug die Durchführung seiner Lohnordnungen von 1352 und vom 22. Februar 1353 der Stadt Wien.

Die Tiroler Landesordnung wies die Kompetenz den Amtleuten und Richtern zu und ermahnte in der für die Zeit üblichen Anrede die Herren, für die Durchsetzung Sorge zu tragen. Was die Herausgabe eines geflüchteten „Paumannes“ anging, sollte der Richter diesen „ane alle widerrede antwurten“. Die folgende Selbsthilferegel spricht dagegen, daß die Arbeitskräfte ohne weiteres herausgegeben wurden:

„Taet der richter des auch nicht, so ist er der herschaft fünfzig pfunt vervallen, und sol der vordrer seinem pawmanne dannoh nahvolgen, wo er den begreiffet, und sich des underziehen mit seinem leib und gut ane gerichtt, untz er im seinen schaden abtut, und darumb ist er der herschaft noh dem gerichtt nichts schuldig noh gebunden.“[4]

Wesentlich differenzierter war das Statut of Labourers. Zunächst richtet sich[5] eine Strafdrohung nicht nur gegen die Arbeitskräfte selbst, sondern gleichfalls ausdrücklich gegen die „Lords of the Towns or Manors“. Die erhobene Strafe sollte den Verfolgern zugute kommen. Aber:

"*Item*, If the Lords of the Towns or Manors presume in any Point to come against this present Ordinance either by them, or by their Servants, then Pursuit shall be made against them in the Counties, Wapentakes, Tithings, or such other Courts, for the Treble Pain paid or promised by them or their Servants in the form aforesaid."[6]

1349 wurden bereits die „Justices by Us to be assigned“ erwähnt. 1351 erscheinen im Parlamentsstatut in der Einleitung diese Justices, die die Durchführung des Gesetzes überwachen sollten[7].

Der Überwachung des Gesetzes hat B. H. *Putnam* eine umfangreiche Studie gewidmet[8]. Sie kam zu dem Ergebnis, daß dies Gesetz erstaunlich effektiv war, daß von seiten des Königs zumindest erstaunliche Anstrengungen zur Durchsetzung übernommen wurden. 671 Personen[9], mit einer Vielzahl von Hilfskräften wurden zwischen 1349 und 1359 als Richter für diese Materie ernannt. Das ist eine ungeheure Zahl, gemessen an der stets geringen Zahl englischer Richter.

Welche Anstrengungen man unternahm, um diese Kontrolle durchzusetzen, zeigt die Art, wie man die Überwachungspersonen ihrerseits

---

[4] *Moeser*, S. 257; die Stelle deutet darauf hin, daß die Richter, die evtl. selbst noch Grundherren waren, kein Interesse daran hatten, die Leute auszuantworten. A. A., H. K. *Schulze*, in: HRG, Bd. I, Art. Grundherrschaft, Sp. 1824, wo diese Aufspaltung für Tirol gerade bestritten wird.

[5] 1349 IV.

[6] S. 308.

[7] Tit. V, VI, VII, jeweils am Anfang.

[8] Berta Haven *Putnam*, The Enforcement of the Statutes of Labourers. During the First Decade after the Black Death 1349—1359 (Columbia University Studies 32), New York 1908.

[9] S. 20, oft gab es allerdings Überschneidungen mit Personen, die schon Ämter hatten oder Richter waren.

überwachen wollte. Richter wurden kontrolliert und ihres Amtes enthoben. Nicht nur die „courts of Labour", sondern auch die älteren courts wurden mit diesen Streitigkeiten befaßt. Zumeist registrierte man weniger oft Verstöße von landwirtschaftlichen Arbeitern als solche von Handwerkern und Dienstboten[10]. Die häufigsten der insgesamt vielen tausend actions waren ‚on the contract clause'[11], worunter Putnam Verstöße gegen das Verbot verstand, vorzeitig aus dem Dienst zu gehen (z. B. für reapers, mowers and other workman or servants). Von den 312 actions, die bei Gerichten alter Form anhängig gemacht wurden, betrafen 299 die contract clause. Es wurde vor allem (das gilt auch für die labour courts) um das Verlassen „without reasonabl cause" gestritten[12]. Kein solches wurde angenommen bei zu geringem Essen, schlechter Behandlung, Schlägen etc. Die Urteile ergingen nicht allein zugunsten der Herren.

Nun waren all das aber keine neuen Probleme. Alt war z. B. schon die „action of trespass" gegen den ehemaligen Herrn. Und schon 1315 hatte es in England königliche Versuche gegeben, Preis- und Lohnregulative durchzusetzen, die am Widerstand der Herren gescheitert waren.

Insgesamt beurteilte Putnam die Effektivität des Gesetzes positiv[13]. Der Aufwand, der in England hinsichtlich dieser Durchsetzung getrieben wurde, war in der Tat beträchtlich.

Dieser recht positiven Beurteilung durch Putnam stehen aber schon Belege aus den Rechtsquellen selbst entgegen. In Tirol und England wurden sie jeweils 1349 zum erstenmal erlassen. Beide enthalten in den erneuten Veröffentlichungen (England: Verabschiebung durch das Parlament 1351; Tirol: Am 9. Januar 1352[14]) Hinweise darauf, daß sich die gesetzlichen Anordnungen nicht durchgesetzt hatten.

„Und wer in disen nachsten obgenanten gerichten das ueberfure und mer lones gaeb, als ofte das geschicht ... welih arbaiter auch mer naeme, als ofte das beschicht ..."

Das englische Parlament führte 1351 in der Einleitung aus:

„And now forasmuch as it is given the King to unterstand in this present Parliament, by the Petition of the Commonalty, that the said Servants having no regard to the said Ordinance, but to their Ease and singular Covetise, do withdraw themselves to serve great Men and other, ..."[15]

---

[10] S. 73, 78, 80, 82.

[11] S. 71, 299.

[12] S. 192, 116.

[13] *Putnam.*

[14] Tyroler Landesordnung vom 9. Januar 1352; *Moeser*, S. 259.

[15] Statut, S. 311, Einleitung; wie Putnam zur Verlangsamung des Lohnanstieges auch Henry *Knighton*, ed. Lumby, S. 62, 64 f.

Wie in England auf die Arbeitszwangsmaßnahmen reagiert wurde, machen die Maßnahmen gegen arbeitsfähige Almosenempfänger und Bettler deutlich. Beide sollten vom weiteren Almosenempfang ausgeschlossen werden. Dem Arbeitszwang entzogen sie sich jedoch, indem sie die Gebiete verließen, in denen man versuchte, das Statut durchzuführen. Konsequent beschloß das Parlament 1388 ein Wanderverbot für ebendiese Bettler sowie für Dienstboten und Tagelöhner[16]. Das Schicksal dieser neuen Maßnahme wird ähnlich gewesen sein.

Die Lohnwelle machte auch, wie oben beschrieben, vor den Kirchentoren nicht halt. Die geistlichen Grundherrschaften erhöhten, wie viele andere Arbeitgeber, trotz des Lohnstops die Löhne[17], obwohl die Bischöfe Regelungen erließen, die das verhindern sollten. Bezeichnend ist, daß Putnam unter den wegen Lohnvergehens Verurteilten auch Geistliche (Geber und Nehmer) fand. Selbst die Wirksamkeit z. B. bischöflicher Lohntaxen für die Geistlichen, die schon dem Statut unterstanden[18], war höchst begrenzt. Am 9. November 1362 wurden deshalb von Parlament und König ausdrücklich die Priestergehälter festgelegt[19].

Für die meisten dieser Maßnahmen wird gelten, was William M. *Bowsky* in bezug auf den Arbeitszwang und andere Maßnahmen in Sienna sagte: Sie waren „apparently unsuccessful"[20].

Alle drei Gesetze legen die Vermutung nahe, daß es um mehr ging, als um die Verbesserung der wirtschaftlichen Verhältnisse. Für die Ordonnanz wurde z. B. heftig diskutiert, ob sie als antikorporative Maßnahme zu verstehen sei[21]. Darüber hinaus ist die politische Dimension dieser umfangreichen Gesetze zu beachten. Es ist möglich, daß in dieser Gesetzgebung der Versuch lag, die Zentralgewalt auf Kosten der lokalen Herren zu stärken, da die Interessen ausnahmsweise übereinstimmten und die Herren sicher versucht hätten, in anderen Fällen solche Einflußnahmen auf ihre Herrschaftsbereiche zu verhindern.

[16] E. M. *Leonhard*, The Early History of English Poor Relief, Cambridge: University Press 1900, S. 4.

[17] Vgl. *Zaddach*, S. 119, Fn. 110; S. 126, Fn. 202—205.

[18] *Zaddach*, S. 98, Fn. 37, Fn. 5, Fn. 42.

[19] Ebd., Fn. 42.

[20] S. 26, Fn. 145.

[21] Der Charakter der Ordonnance war heftig umstritten. Die Diskussion faßt zusammen Robert *Vivier*, La grande ordonnance de Février 1351. Les mesures anticorporatives et la liberté du travail, in: Revue Historique 46 (1921), S. 201—214; *ders.*, Une crise économique an milieu du XIVe siècle, La première grande intervention de la royauté dans le domaine économique: ses causes, in: Revue d'histoire économique et sociale 8 (1920), S. 199—230. Antikoperative Maßnahmen gab es — nicht erst zu diesem Zeitpunkt — auch im Deutschen Reich; vgl. *Kelter*, S. 191: Unter Friedrich I. 1152, Friedrich II. 1219, 1232, Rudolph von Habsburg 1278; im schweren Pestjahr wurden Zünfte und Einungen in Bayern 1368 untersagt. Vgl. auch Hans *Lentze*.

3.5. Die mittelfristige Entwicklung

Die mittelfristige Entwicklung war — um das kurz in Erinnerung zu rufen — nach dem Modell gekennzeichnet als *‚goldenes Zeitalter der (gewerblichen) (Lohn)arbeit‘*, also durch einen angespannten Arbeitsmarkt, weil immer wieder Seuchen auftraten. Mägde und Dienstknechte verdienten offenbar genug, um sich nach Ende ihrer vertraglich vereinbarten Dienstzeiten nicht sofort wieder verdingen zu müssen. Der oft in moralischen Kategorien beschriebene *Müßiggang* bedurfte einer ökonomischen Basis. Die Schilderung im Gesindeausschreiben des sächsischen Kurfürsten Ernst (vom 29. November 1466) zeigt, daß Mägde und Knechte offenbar nicht permanent arbeiten mußten, um sich vor dem Verhungern zu bewahren.

„Zu merken, das die Dinstknechte und Meide eine boße unbilliche Gewonheit bisher gehabt haben, wanne sie uf Winachten, Martini unde Unser liben Frauwentags Lichtmessen adir andere Tage im Jare adir Zil, so sie usgedinet han unde freie sind, sich zu vormiten, etzliche Zit mussig gegangin und einsteils bis uf die Fasten ubirfloßig Qwessereie geubit unde unbillich getriben.“[1]

Diese Bemerkungen, und nicht die einleitenden Klagen des Gesetzes über „vil unzelliger Clage uber das Dinstgesinde an Knechten unde Maiden“ und zwar von „arm und reich, geistlich unde werntlich“ machen die Bezüge zum Arbeitsmarkt deutlich. Im deutschsprachigen Bereich fanden sich, über die schon erwähnte Quelle hinaus, in den folgenden hundert Jahren eine Fülle von rechtlichen Maßnahmen, die den Arbeitsmarkt und die Wirtschaft beeinflussen sollten[2]. Allenthalben wurde gegen „überhöhte“ Löhne gekämpft; man versuchte, die freien Arbeitskräfte vertraglich zu binden. Insgesamt waren das sämtliche Maßnahmen, die oben teilweise in rechtlich etwas anderer Form schon erwähnt wurden:

Arbeitszwang zur Verbesserung des Angebots:

„Wellich Dinstknecht adir Mait in den Steten adir uf dem Lande ubir acht Tage sines usgedienten Zils obingemeldt unvormitit funden wirdit und frihe ist, sich nach siner Lust ubir etzlich Zit obinberurt Zit allirerst vermiten will,

[1] Gesindeausschreiben des Kurfürsten Ernst von Sachsen vom 29. November 1466 nach *R. Wuttke*, Gesindeordnungen und Gesindezwangsdienst in Sachsen, Leipzig 1883, S. 228—231 (abgedr. bei: G. *Franz* (vgl. Fn. 24), Nr. 222 = S. 560.

[2] Jan *van Houtte* und Raymond *van Uytven*, Wirtschaftspolitik und Arbeitsmarkt in den Niederlanden vom Spätmittelalter bis zur Schwelle des Industriezeitalters, in: *Kellenbenz*, Hermann (Hrsg.), Wirtschaftspolitik und Arbeitsmarkt. Sozial- und wirtschaftshistorische Studien, München 1974, S. 47—68; *Mitterauer*, Michael, Die Wirtschaftspolitik der österreichischen Landesfürsten im Spätmittelalter und ihre Auswirkungen auf den Arbeitsmarkt, in: ebenda, S. 15—46.

den adir die sollit ir in Strafung nemen und ungestraft und unvermitet nach Inhaldung unser Satzung hernoch geschriebin von uch nicht komen lassin."[3]

Bei so gravierenden ökonomischen Veränderungen lag es nahe, durch einen *Arbeitsplatzwechsel* bessere Lohn- und Arbeitsbedingungen zu erzielen.

„Nemlich das kein Dinstknecht adir Maid adir andere in unsern Furstentumen, Landen adir Pflegin gezogin, geborn und wanhaftig und freihe zu dinen sind, hinneforder in den Steten und uf dem Lande ane sines naturlichin Erbhern adir Ambtmanns Wissen in derselben Pflege in fremde Land zu laufen in der Erne adir susten nicht mehir vorgonnen noch gestaten zu dinen. Unde welch Knecht, Mait adir Dinstgesinde solich unsir obingemeldt Gebot verbreche und nicht hilde, der sal sines veterlichen und muterlichen Erbeteils ane alle Gnade beraubet sein."[4]

Zahlreiche Regelungen versuchten, dem Herr zu werden. Zudem gab es Rechtsregeln, die *kurzfristige Arbeitsverträge* verhindern wollten[5]. Die Posener Statuten von 1462 verboten das Dingen des Gesindes auf Wochen und schrieben eine Halb- oder Jahresdauer fest:

„Item nullus vicis aliquem famulum aut ancillam serviles septimanatum audeat convenire sub pena unius marce, sed super certum tempus, videlecit annum vel medium."[6]

Bei einer solchen Arbeitsmarktlage spielte das *Abdingen* eine erhebliche Rolle, also der Abschluß eines „Miet"-vertrages mit einem neuen Arbeitgeber während des Bestehens eines alten Vertrages. Damit hing auch das Verbot der Doppelvermietung zusammen. Solche Abdingverbote fanden sich z. B. im Berliner Stadtbuch von 1397[7], in einer Fülle von lokalen Weistümern und z. B. in der Weimarischen Landesordnung von 1482[8] sowie in einer Vielzahl weiterer Quellen. Es ist müßig, aus den durch die Literatur bereits genügend erschlossenen Quellen erneut

[3] Gesindeausschreiben (Fn. 1). Vgl. dazu schon oben die Anordnung Ludwigs des Brandenburgers für neu hinzuziehende Arbeitnehmer, vgl. *Mitterauer* mit Quellennachweisen, S. 43.

[4] Gesindeausschreiben (Fn. 1). 1420 findet sich z. B. eine herzogliche Bestätigung für einen lokalen Beschluß, nicht in Dienst stehende Knechte binnen 8 Tagen aus dem Gericht zu weisen, vgl. *Firnberg*, S. 67.

[5] Gustav *Hertz*, Die Rechtsverhältnisse des freien Gesindes nach den deutschen Rechtsquellen des Mittelalters (Untersuchungen zur deutschen Staats- und Rechtsgeschichte, 6. Heft), Neudruck der Ausgabe 1879, Breslau 1935, § 1, 2 (S. 5 ff.), § 2 (S. 11 ff.), § 3 (S. 16 f.).

[6] Heinrich *Wuttke*, Städtebuch des Landes Posen, Leipzig 1864, S. 154. Grundlegende Werke zum Vertragsbruch aus der Sicht der späten Germanistik: Otto *Stobbe*, Zur Geschichte des deutschen Vertragsrechts, Leipzig 1855; Richard *Löning*, Der Vertragsbruch im Deutschen Recht, Straßburg 1876; Wilhelm *Sickel*, Die Bestrafung des Vertragsbruchs und analoger Rechtsverletzungen in Deutschland, Halle 1876.

[7] F. *Fidicin*, Historisch diplomatische Beiträge zur Geschichte der Stadt Berlin, Teil 1: Berlinisches Stadtbuch, Berlin 1837. Vgl. schon für Wien 1352: *Tomaschek*, n. 47, 48.

[8] J. *Schmidt*, Gesetze für Weimar, Bd. IV, S. 137.

zu zitieren[9]. Bei der Fülle der Belege kann es keinen Zweifel geben, daß solche rechtlichen Regeln über das Abdingen im weitesten Umfang an der Tagesordnung waren, ebenso wie das Abdingen selbst.

3.6. Lohnordnungen

Obrigkeitliche Festlegungen für Löhne und Preise bildeten den Schwerpunkt der landesherrlichen Gesetze, die unmittelbar nach der Pest ergingen[1]. Waren dies einmalige Notfallmaßnahmen oder bestimmten solche normativen Vorgaben im Spätmittelalter sämtliche Arbeitsverträge?

Hertz schrieb 1879, daß die Bestimmung der Lohnhöhe der „freien Vereinbarung der Contrahenten überlassen" sei[2]. „Obrigkeitlich normierte Lohntaxen, deren Überschreitung die Bestrafung der Herrschaft wie des Gesindes zur Folge hatte, begegnen in den Quellen des Mittelalters nur selten, werden erst in der nachmittelalterlichen Rechtsbildung allgemein herrschend."[3]

Allerdings führte Hertz solche Lohntaxen schon aus der Zeit kurz nach 1350 an[4]:

> „Vortmer so sall neyn bur seynen salterknechten anders geyn lon offte vormede geven, den dey eyn alse dey andere."

---

[9] *Hertz*, §§ 3, 4; aber schon vor 1350 sind solche im Hamburger Stadtrecht von 1270 (VIII 1), Johann Martin *Lappenberg*, Die ältesten Stadt-, Schiff- und Landrechte Hamburgs (Hamburgische Rechtsaltertümer, Bd. I), Hamburg 1845, S. 47; Wilhelm *Weber* / Theo *Mayer-Maly*, Studie zur spätmittelalterlichen Arbeitsmarkt- und Wirtschaftsordnung, in: Jahrbücher für Nationalökonomie und Statistik, Bd. 166 (1954), S. 358—389; zu dieser Studie kann angemerkt werden, daß ein erheblicher Teil der Belege — vielleicht infolge der zunehmenden Schriftlichkeit — nicht aus dem Spätmittelalter, sondern aus dem 16. Jh. stammt.

[1] Die anderen Maßnahmen sollen hier nicht näher behandelt werden, da sie das grundsätzliche Problem nicht verändern. Es gab z. B. Verordnungen gegen Locklöhne, Vormietmöglichkeiten, Durchsetzung von Arbeitszwang gegen müßiggehende Knechte und Mägde.

[2] S. 7.

[3] *Hertz* bezieht sich dann auf die Landesordnung der Herzöge Ernst und Albrecht zu Sachsen von 1428, z. B. in: Codex Augusteus ..., Teil 1, Leipzig 1727. Zu Recht nimmt Hertz aber vornehmlich Bezug auf die Polizeiordnungen des 16. Jhs., beginnend mit der Reichspolizeiordnung von 1530, Art. XXX, § 2, die Polizeiordnung der Mark Brandenburg von 1530; Christian Otto *Mylius*, Corpus Constituionum Marcicarum ..., Berlin und Halle o. J. (1737 ff.), V, cap. 1, No. 2, S. 21), vgl. zu dieser Entwicklung: Clemens *Schmelzeisen*, Polizeiordnung und Privatrecht (Forschungen zur neueren Privatrechtsgeschichte, Bd. 3), Münster/Köln 1955, sowie Reiner *Schulze*, Die Polizeigesetzgebung zur Wirtschafts- und Arbeitsordnung der Mark Brandenburg in der Frühneuzeit (Untersuchungen zur deutschen Staats- und Rechtsgeschichte, N. F., Bd. 22), Aalen 1977, mit Rez.: Hans *Schlosser*, in: ZNR 1980, S. 194 ff.

[4] Statut der Salzbeerbten zu Sassendorf 1350, in: Suibert *Seibertz*, Urkundenbuch zur Landes- und Rechtsgeschichte Westfalens, Bd. 2, Arnsberg 1843, S. 419, Art. 17 (vgl. weiter Art. 18, S. 419, Art. 62, S. 423).

Oder von 1418:

„Man sal keynen dinstboten groszer lon geben by dem nuwen gelde, denne man obir acht adir czehen jaren gegeben hat; wer darobir groszen lon nympt, der sal der hirschaft eyn iar umbesunst dynen.“[5]

Hingegen findet sich bei *Ogris* der Gedanke, daß die Lohn- und Einkommensverhältnisse sich am Ende des Mittelalters durch diese Ordnungen wesentlich bestimmt hätten[6]. Und in der Tat finden sich zahlreiche Taxen: Bekannt sind z. B. die Württemberger Ordnung von 1425 für Landarbeiter[7], die Ulmer Lohntaxen für das Baugewerbe 1399 sowie für Landarbeiter (1425)[8]. Präzise Feststellungen finden sich gleichfalls in dem schon mehrfach erwähnten Gesindeausschreiben für: Schirrmeister, Ackerknechte, Wagenführer, Pflüger, Kuh- und Schweinehirten etc.[9]. Aus dem städtischen Bereich lassen sich die Belege fast beliebig vermehren. Die These von der großen Bedeutung dieser Lohntaxen scheint sich zu bestätigen, wenn man die *interlokalen Vereinbarungen* einbezieht: 20 westfälische Städte und die Ritterschaft vereinbarten 1423 mit Genehmigung des Erzbischofs Dietrich II. von Köln eine gemeinsame Gesinde- und Tagelohnordnung[10]. Wie drängend das Problem gewesen sein muß, zeigt auch die Verbindung so unterschiedlicher politischer Kräfte wie die des Adels mit den Bauern (1484) gegen das Gesinde[11]. Nicht für alle Löhne ergingen Lohnordnungen, sondern vornehmlich für folgende Personen:

5 Ständetag zu Marienburg 1418, nach *Toeppen*, M., Acten der Ständetage Preußens unter der Herrschaft des Deutschen Ordens 1233—1435, Bd. I, Leipzig 1878, S. 317 (vgl. da s. S. 105, 343, 359).

6 S. 293, für Gesellen, S. 289.

7 Württembergische Landesordnung, in: Sammlung der Württembergischen Gesetze, hrsg. von August Ludwig Reyscher, Bd. 12, Stuttgart und Tübingen 1841, S. 14.

8 Carl *Jäger*, Ulms Verfassung, bürgerliches und commercielles Leben im Mittelalter, Heilbronn 1831, S. 614, 645.

9 Weitere Lohnordnungen: Sachsen 1466, 1482; Ordensland, 1406. 1361 Schlesien (Taxen für Schneider und Schneiderarbeiten). Diese Lohntaxen nach O. *Könnecke*, Rechtsgeschichte des Gesindes in West- und Süddeutschland, Marburg 1912, S. 610; vgl. zum Problem auch *Kelter*, S. 168, *Lütge*, S. 194 f., sowie *Inama-Sternegg*, Deutsche Wirtschaftsgeschichte, Bd. III, Leipzig 1899, S. 304, und weiter Otto *Stolz*, Rechtsgeschichte des Bauernaufstandes . . ., Bozen 1949; vgl. weiter *Wuttke;* 1377 Braunschweig (Taxen für Schneider und Schneiderarbeiten); 1414 Münden; 1440 Lübeck (Böttchertaxe); 1459 Lübeck (Beutlertaxe); Auf die Lohntaxen im städt. Bereich wird gesondert eingegangen.

10 Suitbert *Seibertz*, Urkundenbuch zur Landes- und Rechtsgeschichte des Herzogtums Westfalen, Bd. 3, Arnsberg 1854, Nr. 921, S. 40; vgl. Felix *Ammer*, Ein wirtschaftsgeschichtlicher Beitrag zur Sonderstellung Bayerns im Deutschen Bauernkrieg 1525, Diss., München 1943, S. 140 ff. m. v. w. N.

11 Zit. n. Justus Wilhelm *Hedemann*, Die Fürsorge des Gutsherren für sein Gesinde, in: Festschrift Dahn, Bd. 1, 1905, S. 174; Text auch bei *Abel*, Wüstungen, S. 108 o.; H. *Plehn*, Zur Geschichte der Agrarverfassung von Ost- und Westpreußen, in: Forschungen zur Brandenburgischen und preußischen Geschichte 17 (1904), S. 86 f.

— Diener, Gesinde
— Bauarbeiter und
— Weingartenarbeiter.

Handwerkerlöhne hingegen wurden nicht durch die Fürsten, sondern z. T. durch die Zechen (Zünfte) geregelt. Für diesen Personenkreis galten auch die Abwerbeverbote und andere Maßnahmen. Auf Geheiß Albrechts II. erließ der Rat der Stadt Wien am 11. April 1352 ein Abwerbeverbot für Diener[12] betreffend die sog. Sonntagsknechte, und am 18. November 1356 wurde bestimmt, ein Diener solle nur dann aufgenommen werden, wenn er im Frieden vom bisherigen Hernn geschieden war. Denn es

„wurden Diener und Dienerinnen so tewr, das man ir hart bekam“.[13]

Die Bautätigkeit in Wien war erheblich. Kirchen, insbesondere der Stephansdom, wurden errichtet, und Feuer verursachten immer wieder Bedarf an Reparaturen und Neubauten[14]. Lohnfixierungen für *Bauarbeiter* waren häufig. Für das 15. Jahrhundert verzeichnete *Brunner* solche in den Jahren 1412, 1430, 1439, 1460[15]. 1439 wurden Klagen über die beschwerliche Höhe der Lohnforderungen laut[16]. Weite Bereiche der Bautätigkeit konnten — wie die Arbeit der Diener — von ungelernten Personen übernommen werden. Hilfskräfte mußten den Maurern, Zimmerern und Dachdeckern zuarbeiten: Santvasser, santwerfer, ziegelvasser, ablehrer, raiher bedurften ebensowenig einer besonderen Ausbildung wie die Arbeiter in den Tretmühlen der Baukrane[17].

Die dritte Gruppe, für die Lohnfixierungen im weiten Umfang überliefert sind, stellten die Weingartenarbeiter dar. Albrecht II. fixierte die Hauerlöhne schon 1352 und 1353. Rudolf IV. wollte 1364 „rechte mittlere Löhne erhalten“[18]. Von den Dingstätten der Weingartenarbeiter war schon die Rede ebenso wie von den Beherbergungsgeboten. 1400 wurden die Regeln über die Lohnüberwachung und die Dingstätten erneuert[19], was Albrecht V. im Jahre 1412/13 bestätigte[20]. Um diese Zeit hatte

---

12 *Tomaschek*, I n. 49.

13 Deutsche Fortsetzung des Anonymus Leobiensis, hrsg. v. Hieronymus *Pez*, Skriptores Rerum Austriacarum I, Leipzig 1721, Sp. 971.

14 Otto *Brunner*, Finanzen der Stadt Wien ..., Wien 1929, S. 340. Zur Bautätigkeit nach der Pest vgl. im übrigen Ernst *Kelter*.

15 Ebd., S. 335, 339, besonders 341.

16 Ebd.

17 Ebd., S. 345, 348; Die Organisation des Bauens im Mittelalter beschreiben eindringlich Günther *Binding* / Norbert *Nussbaum*, Der mittelalterliche Baubetrieb nördlich der Alpen in zeitgenössischen Darstellungen. Mit Beiträgen von Peter *Deutsch*, Lucie *Hagendorf*, Hildegard *Höfer*, Michael *Wagener*, Elke *Weber*, Darmstadt 1978.

18 Vgl. Fn. 6, Abschn. 3.7.

19 Tomaschek, II n. 107.

20 Ebd., n. 115, 117.

auch *Heinrich von Langenstein* für Landarbeiter, Weingartenarbeiter und Handwerksgesellen Lohnfestsetzungen gefordert[21]. Im Rahmen der Preisregulierungen von 1460 schrieben die Herrscher Preise und Löhne erneut fest:

Friedrich III. für Österreich unter der Enns und Steiermark,

Erzbischof Siegmund für Salzburg,

1461 Albrecht VI. für das Land ob der Enns, und zwar für:

— Bedarfsgüter, die bisher allenfalls in Ratssatzungen festgeschrieben worden waren,

— Handelsgüter (eine große Ausnahme),

— Handwerkserzeugnisse und

— Höchstlöhne für

— — Dienstboten,

— — Zimmerleute und Maurer sowie

— — Weingartenarbeiter[22].

Sozial befanden sich diese Personengruppen am Ende der Skala. Es handelte sich zumeist um zugewanderte Landbevölkerung. Die Arbeiter, insbesondere Tagelöhner im Weinbau, stellten mit tausenden von Angehörigen die zahlenmäßig größte Gruppe dar. Z. T. handelte es sich um Kleinhäusler mit eigenem Besitz, vielfach aber um Personen, die allein auf Tagelohn angewiesen waren. Von diesem konnte sich eine Familie allein nicht ernähren, so daß Frauen und Kinder zu wesentlich niedrigeren Löhnen mitarbeiten mußten[23].

Der hohe Bedarf an Arbeitskräften im Weinbau entwickelte sich mit der Bedeutung der Weinwirtschaft. Diese beeinflußte im positiven wie im negativen den Arbeitsmarkt entscheidend. Die großen (oft geistlichen) Güter bewirtschafteten ihre Weinberge mit Eigenleuten. Eine neue (statusneutrale) Leiheform der Vergabe zu „Burgrecht" ermöglichte es städtischen Bürgern, Kapital in Weingärten anzulegen. Diese waren allein auf Pächter oder vor allem Tagelöhnerarbeit angewiesen[24]. Schutzmaßnahmen gegen ungarische und welsche Weine begünstigten

[21] Winfried *Trusen*, Spätmittelalterliche Jurisprudenz und Wirtschaftsethik. Dargestellt an Wiener Gutachten des 14. Jhs. Beiheft 43 zur Vierteljahresschrift für Sozial- und Wirtschaftsgeschichte, Wiesbaden 1961, S. 47 ff.

[22] *Mitterauer*, S. 34.

[23] Otto *Brunner*, Finanzen der Stadt Wien von den Anfängen bis ins 16. Jahrhundert, Wien 1929, S. 10 f., S. 214 f.; *Weber*, S. 5; *Feldbauer*, S. 237; Herzog, S. 66. Vgl. im übrigen Hans *Plöckinger*, Aus der Geschichte des Weinbaus der alten Städte Krems und Stein, Festschrift zum 950jährigen Stadtjubiläum, Krems 1948, S. 103 ff.

[24] *Feldbauer*, S. 254, unter theoretischer Bezugnahme auf *Zycha; Firnberg*, S. 10, Brunner, S. 10.

den österreichischen Weinbau, während die Abwehrmaßnahmen anderer Länder ihm Schaden zufügten[25]. Das 1390 durch König Wenzel erteilte Stapelrecht für Passau[26] blockierte den Weinhandel mit Bayern. Die Wiener Bürger beklagten sich „nu leyt doch unser maiste narung an den weinwachss“[27]. Ob bei dieser Situation im 15./16. Jahrhundert Arbeitskräftemangel im Weinbau bestand, ist unklar[28]. Wahrscheinlich entspannte sich der Arbeitsmarkt, ja, einige Autoren meinen, es seien Lohnverschlechterungen eingetreten. Eine Statusverbesserung der Arbeiter, durch Erwerb (Pacht) eines Weingartens, wie sie in der zweiten Hälfte des 14. Jahrhunderts vorkam, dürfte unwahrscheinlicher geworden sein. *Grund* meint, die sinkenden Weinpreise seien durch sinkende Hauerlöhne kompensiert worden[29]. Andererseits ist die Flut von Weingärtenordnungen und landesfürstlichen Mandaten in der ersten Hälfte des 16. Jahrhunderts nur schwer zu erklären.

Festzuhalten bleibt: Die Landesherren regelten vornehmlich die Verhältnisse der „ungelernten“ Arbeiter[30], hingegen nicht die der Zunftangehörigen, es sei denn, es handelte sich um eine Krisensituation. In einer solchen verbot Rudolf IV. (1364) die Zechen, um die Stadt Wien wieder zu bevölkern[31]. Auf den Schutz älterer Rechte hinsichtlich zuwandernder Personen besann man sich erst, als das Interesse an der Zuwanderung in die Städte abnahm. Bei der Regulierung der Zuwanderung, bei den Weinbauordnungen wie in den Festlegungen des Bergrechts waren fiskalische Interessen der Landesherren von ausschlaggebender Bedeutung.

---

25 Privileg Friedrichs II. von 1244: Verbot der Einfuhr ungarischen Weins; Stadtrecht Albrechts II. von 1340: Verbot auf Welsche Weine ausgedehnt; Herzog Albrecht II. Handfeste für Wien, *Tomaschek*, S. 104, n. 37.

26 *Weber*, S. 7 f.; *Mitterauer*, S. 25.

27 J. *Schlager*, Wiener Skizzen des Mittelalters, Neue Folge 3, 1846, S. 355.

28 Jedenfalls war ein Überangebot im Innland zu verzeichnen. 1417 verbot Herzog Albrecht die Anlage neuer Weingärten, dadurch der „landwein unwert und das Getraid, das niemand empern mag, armen leut und menicleih teuer wirdet“. *Tomaschek*, Bd. II/2, S. 33, n. 2068. 1426 wurde die Maßnahme erneuert und 1453 durch Abbruch neuer Weingärten durchgesetzt, ebd., S. 80, n. 2276; S. 349, n. 3516. 1424 war nämlich ein Einfuhrverbot des salzburger Erzbischofs ergangen, und 1435 hatte der bayrische Herzog einen Aufschlag auf den Weinzoll genommen. *Weber*, S. 7 f., 22, 29.

29 Vgl. dazu *Grund*, S. 215, unter Berufung auf *Schalk*, Gemeiner Arbeitslohn und Kaufkraft des Geldes in Wien im 15. Jahrhundert, Wiener Communalkalender 1888, S. 327; vgl. im übrigen *Feldbauer*, S. 238, 241.

30 Vgl. z. B. Gustav *Otruba*, Berufsstruktur und Berufslaufbahn vor der industriellen Revolution, in: Der niederösterreichische Arbeiter, IV/2 (1952), LXXXIII, vgl. *Mitterauer*, S. 43.

31 Vgl. dazu noch unten Abschn. 4.5. bei Fn. 62.

3.7. Norm und Wirklichkeit: Die Effektivität der Rechtsregeln über die Arbeitsverfassung

„Item so clagen alle erbaren lutte, fryen und gebuwer, umb dinstbote so tuwer — sol das czugeen, das also dy dinstbothen das lant sollen twingen, so wirt das land groslich verterbet."[1]

Der *Comthur zu Balga* berichtete 1425 mit diesen Worten über die Klagen des Landes und der Städte an seinen Hochmeister. Das war eine Zeit, in der Lohnordnungen und Lohntaxen längst in Kraft gesetzt waren. Als Grund für Lohnforderungen wurde zutreffend Personalmangel angegeben, der z. T. auf der Landflucht beruhte. Die Ordensbeamten selbst sahen sich genötigt, höheren Lohn zu geben, als in den Lohnordnungen vorgeschrieben war[2].

Auch im Bereich des Bergbaus waren rechtliche Regeln und Lohnordnungen aufgrund des Arbeitskräftemangels und entsprechender Widerstandshandlungen der Bergarbeiter nicht durchzusetzen. 1427 klagte der Bergrichter in seinem Bericht an den Herzog:

„von solher arbait und newen funden wegen so dan in kurtz im lande allenthalben auferstanden sind, da durch die arbaiter um solche gesatzte lon tewer sind, dartzu ainer dem andern sein arbaiter heimlich unterdinget und von im zewhet meren lon wider die gesatzte."[3]

Aufgrund dieses Berichtes erfolgten keine Lohnsatzungen mehr, sondern der Fürst begnügte sich mit allgemeinen Hinweisen in bezug auf die Gleichbehandlung.

„... das ieder man gehalten werd also was ainem recht ist das dem anderen auch sei ..."[4]

Die Frage, ob eine Lohnordnung durchgesetzt werden konnte oder nicht, schien mit der Bedeutung der Arbeit, der Situation auf dem Ar-

---

1 Bericht des Comthurs zu Balga an den Hochmeister über die Klagen des Landes und der Städte von 1425 (*Töppen*, S. 439); weitere entsprechende Klagen aus derselben Zeit ebenda, S. 442, 469).

2 Die Ordensbeamten zahlten auch mehr als die Lohntaxen erlaubten: A. *Plehn*, Zur Geschichte der Agrarverfassung von Ost- und Westpreußen, in: Forschungen zur Brandenburgischen und Preußischen Geschichte 17 (1904), S. 86 f.; vgl. auch die Nachweise bei *Abel*, Wüstungen, S. 108. *Grund*, S. 216, schrieb: „In wieweit die obrigkeitlich geregelten Löhne auch wirklich eingehalten wurden, entzieht sich unserer Kenntnis, es steht jedoch fest, daß relativ geringen Verdienstmöglichkeiten in Weinbaugebieten immer noch besser waren, als jene in Ackerbaugebieten." Vgl. zur allgemeinen Situation Herbert *Helbig*, Gesellschaft und Wirtschaft der Mark Brandenburg im Mittelalter (Veröffentlichungen der Historischen Kommission zu Berlin 41), Berlin 1973.

3 Steffen *Worms*, Schwazer Bergbau im 15. Jahrhundert. Ein Beitrag zur Wirtschaftsgeschichte, Wien 1904, S. 101, n. 1, S. 46 f.

4 Die Bergordnung von Gossensaß von 1427 war nicht durchsetzbar. Zitat n. Worms, ebd., S. 47.

beitsmarkt und den Durchsetzungs- bzw. Organisationsmöglichkeiten der Arbeitnehmer zusammenzuhängen. Erstaunlicherweise meint *Brunner*, die Lohnsatzungen für Bauarbeiter in Wien hätten den ausgezahlten Löhnen im wesentlichen entsprochen[5]. Trotz der Nominallohnerhöhungen war der Reallohn gesunken, so daß die konstanten Auszahlungen selbst bei Münzverschlechterungen und Teuerung, z. B. 1439 und 1459, erstaunlich sind, denn alle Preise stiegen, die Löhne aber blieben unverändert. Die soziale Situation der Bauarbeiter schildert Brunner wie die des verlegten Gewerbes, nämlich als bedrückt. Bauarbeiter, insbesondere Bauhilfsarbeiter, waren bei entspanntem Arbeitsmarkt ohne weiteres ersetzbar, so daß die Möglichkeit begrenzt war, sich gegen die sinkenden Realeinkommen zu wehren. Wie sich diese Tatsache zu der Behauptung vom goldenen Zeitalter der gewerblichen Lohnarbeit verhält, wird im Abschnitt über die Schichtung zu zeigen sein.

Normativ waren die Lohnordnungen, wie sie oben beschrieben wurden, sicherlich vorherrschend. Über die Versuche, sie verwaltungsmäßig durchzusetzen, kann nicht viel gesagt werden. Zweifel in bezug auf die Effektivität arbeitsmarktwirskamer Gesetze ergeben sich also sowohl hinsichtlich der Regelungen unmittelbar nach der Pest, als auch hinsichtlich der mittelfristigen Anordnungen. Das gibt Anlaß, über das Verhältnis von Normen und Wirklichkeit in bezug auf diesen Punkt grundsätzlicher nachzudenken[6].

---

[5] *Brunner*, S. 335, 339, 341 f., 345.

[6] Zum Zusammenhang zwischen Wirtschaftsgeschichte und Rechtsgeschichte in bezug auf das Arbeitsrecht vgl. schon *Kroeschell*, Deutsche Rechtsgeschichte, Bd. II (1250—1650), Reinbek 1973, S. 111—113, der allerdings die theoretischen und methodologischen Schwierigkeiten betont. Auf diese Kritik wird zurückzukommen sein. Die Leges-Forschung hat sich solcher Fragen unter dem Begriff der „Effektivität" der Gesetze gestellt und gezeigt, wie schwer hier Nachweise zu führen sind. Die Effektivitätskontrolle ist ja bereits bei geltenden Gesetzen — wie Rechtstatsachenforschung und Gesetzgebungswissenschaft zeigen — sehr schwer. Bei historischen Gesetzestexten ist sie insofern Notwendigkeit, als man besonders bei schlechter oder arbeitsintensiver Quellenlage dazu neigt, vom historischen Sollen auf das hist. Sein zu schließen. Zur Effektivität mittelalterlichen Rechts vgl. Recht und Schrift im Mittelalter, hrsg. von Peter Classen, Vorträge und Forschungen, Bd. XXIII, Sigmaringen 1977, hier den Teil II: Entstehung, Geltungsgrund und Funktion normativer Rechtsaufzeichnungen u. a. mit Artikeln von Hermann *Nehlsen*, Aktualität und Effektivität der ältesten germanischen Rechtsaufzeichnungen, S. 449—502, sowie Karl *Kroeschell*, Rechtsaufzeichnung und Rechtswirklichkeit: Das Beispiel des Sachsenspiegels, S. 349—380. Vgl. dazu Heinz *Zatschek*, Einung und Zeche. Ein Beitrag zur Geschichte des Wiener Handwerks, in: Festschrift Edmund Stengel zum 70. Geburtstag, Münster — Köln 1952, S. 414 ff., 433: „Natürlich ist es eine mißliche Sache, daß man eine Geschichte des Handwerks und Gewerbes in Wien im Mittelalter nur auf den Handwerksordnungen aufbauen kann, weil zwischen Verordnungen und dem täglichen Leben öfters ein Gegensatz besteht, der gerade den Historiker bedenklich stimmen muß."

Man steht in der Rechtsgeschichte nach wie vor in der Gefahr, von den Normen auf die Wirklichkeit zu schließen, und zwar schließt man von der Norm auf

1. die tatsächlichen Verhältnisse,
2. auf die Ursache bzw. den Regelungsanlaß und
3. auf die Effektivität.

Solche Schlüsse sind nur in begrenztem Umfang zulässig.

1. Kurz nach den Pestdurchzügen gab es eine Lohnbewegung. Die Chroniken und andere Quellen entheben uns der Schwierigkeit, von den soeben dargestellten normativen Regelungen auf die tatsächlichen Verhältnisse schließen zu müssen.

2. Bei Anordnung eines *Arbeitszwanges* sind Effekte für den Arbeitsmarkt zwangsläufig die Folge, wenn das Gesetz durchgesetzt wird. Daß Arbeitskräftemangel kausal für diese Regelungen war, ist in unserem Fall durch die Einleitungen der Gesetze und andere Quellen bestätigt. Dennoch können andere Ursachen möglich sein, z. B. aus dem Bereich früher Kriminalpolitik.

   Nicht alle *Lohn- und Preisfixierungen* hatten ihre Ursachen im Zusammenbruch des Arbeitsmarktes. In Frankreich standen viele Vorschriften im Zusammenhang mit den Geldwertveränderungen, die im Laufe des 14. Jahrhunderts immer wieder vorkamen[7]. Die in Österreich um die Mitte des 15. Jahrhunderts erfolgten umfangreichen Waren- und Lohnpreisfestsetzungen waren erfolgt, nachdem man eine neue Münze eingeführt hatte[8].

---

[7] Lettre Philippe VI (de Valois) an den Seneschal de Beaucaire vom 6. April 1330 (Secousse, Bd. II, S. 48 f.), in dem den Arbeitern Strafen angedroht wurden, wenn sie bei Geldwerterhöhungen ihre Löhne nicht senken wollten. Entsprechend dekretierte Jean II vom 13. Jan. 1355: „Lettres pour le payment des debtes & la diminuation du salaire des ouvriers & du prix des denrées" (ebenda Tom. II, S. 46—48; vgl. dazu schon Secousse, Einleitung S. ci ff.), und wieder Ordonnance dess. vom 5. Dez. 1360 (ebenda, S. 433 ff., 438). (Vgl. im übrigen Secousse, Bde. II—IV, unter dem Stichwort ‚Monnoye'.) Eine Auseinandersetzung mit diesem Phänomen muß aus Platzgründen unterbleiben. Klargestellt sei aber, daß die Lohnerhöhungen, vielleicht nicht unmittelbar in den Turbulenzen des Gütermarktes, so doch mittelfristig zu realen Einkommensverbesserungen führten. So noch einmal ausdrücklich für England John *Hatcher*, Plague, Population and English economy 1348—50, London 1977, S. 77 ff., bes. Figure 2 m. w. N. Höchstpreisverordnung für Graz und die steierischen Städte vom 29. Juli 1460, in: Wilhelm *Rausch*, Handel an der Donau, Bd. 1: Die Geschichte der Linzer Märkte im Mittelalter, Linz 1969, S. 152 ff., Ziff. (3), (9); vgl. aus der Chronik Burkard *Zinks*, in: Die Chroniken der schwäbischen Städte. Augsburg, Bd. II, Leipzig 1866, S. 111 ff., 222 ff.

[8] Vgl. z. B. Höchstpreisverordnung für Graz und die steierischen Städte vom 29. Juli 1460, in: Wilhelm *Rausch*, Handel an der Donau, Bd. I: Die Geschichte der Linzer Märkte im Mittelalter, Linz 1969, S. 119, 152 ff.; zur Münzkrise weiter H. *Klein*, Die Tuchweberei am unteren Inn und der unteren

3. Die Existenz der oben beschriebenen Ordnungen besagt nichts darüber, ob sie die Steuerungsfunktionen, für die sie gedacht waren, tatsächlich wahrnahmen. In England sollten die Arbeitnehmer zweimal jährlich auf das Statut schwören[9]. Geschah das praktisch und, wenn es geschah, verhinderte diese Maßnahme Preissteigerungen und schnelle Arbeitsplatzwechsel? Die Quellen selbst gehen von der Möglichkeit wiederholter Verstöße aus, sonst hätte man sie nicht erlassen.

„Und wer in diesen nachsten obgenanten gerichten das uberfure und mer lones gaeb, als ofte das geschicht, so ist er ie dem richter, in des gerichtt es geschicht, vervallen zehen pfunt und der selben gemaine zehen pfunt."[10]

Die Einhaltung individualvertraglicher Vereinbarungen bzw. die Aufrechterhaltung von Arbeitsverpflichtungen aufgrund von Statusverhältnissen hing damals und hängt heute vom Arbeitsmarkt ab. Rechtsregeln wie: das Verbot, aus dem Vertrag zu gehen, sich nur auf dem Arbeitsmarkt anheuern zu lassen, nur zu bestimmten Zeiten und für eine bestimmte Dauer Verträge zu schließen etc., sind solange nicht effektiv, wie sie nicht tatsächlich durch die Marktbeteiligten selbst oder durch Gerichte und Verwaltungsorganisationen durchgesetzt werden.

Die Anordnung von Geldstrafen gegen Arbeitnehmer, die traditionell der Unterschicht entstammten und auch heute noch entstammen, waren weder damals noch heute erfolgversprechend, da man diese Zahlungen wohl kaum vollstrecken konnte.

Aber konnten z. B. die oben erwähnten Lohnfixierungen effektiv sein? Schon die Beispiele aus der Antike lassen hier Zweifel aufkommen[11]. Die o. a. Quellen, die über die Lohnforderungen berichten,

---

Salzach im 15. und 16. Jahrhundert (Mitteilungen der Gesellschaft für Salzburger Landeskunde 106), 1966, S. 118. Die Nachteile der Geldentwertung mußten vor allem der Adel und die Geistlichkeit erleiden, die Abgaben in fixen Beträgen bekamen. Die handeltreibenden Bürger hatten indes ganz andere Interessen. A. Luschin v. *Ebergreuth*, Das Münzwesen in Österreich ob und unter der Enns im ausgehenden Mittelalter, in: Jahrbuch für Landesgeschichte von Niederösterreich, N. F. 13—14 (1914/15), S. 252 ff., sowie allgemein A. F. *Pribram*, Materialien zur Geschichte der Preise und Löhne in Österreich I 1938, S. 25 f. Vgl. im übrigen *Brunner*, S. 21, sowie *Mitterauer*, S. 34, der sämtliche Regulative einschließlich der Lohnfixierungen für Notmaßnahmen gegen Preiswirren und Kriege hält. Vgl. im übrigen noch die Chronik Burkhard *Zinks*, in: Die Chroniken der schwäbischen Städte. Augsburg, Bd. II, Leipzig 1966, S. 111 ff., 222 ff.

[9] *Statut*, II a. E.

[10] *Moeser*, S. 259.

[11] Marta *Giachhero*, Edictum Diocletianum et Colleganum de pretiis rerum venalium, 2 Bde., Genua 1974; vgl. *Dulckeit / Schwarz / Waldstein*, Römische Rechtsgeschichte, 7. Aufl., München 1981, § 37, sowie *Liebs*, Privilegium und Ständezwang in den Gesetzen Konstantius, in: Révue Internationale des Droits de l'Antiquité, 3e Serie — Tome XXIV — 1977, S. 297 ff.

stammten zum größten Teil aus der Zeit nach diesen Dekreten; die Quellen, die über tatsächlich erfolgte höhere Zahlungen Nachricht gaben gleichfalls[12]. Welche Alternative zu einer besseren Bezahlung hatte der Bauer oder der Grundherr, dessen Korn auf dem Halm stand, wenn der Drescher oder Schnitter drohte wegzugehen? Die eingeschränkten Kommunikationsmöglichkeiten allein machten den Arbeitgeber unterlegen, wenn der Arbeitnehmer mobil war. In der Erntesituation nutzte es ja dem Arbeitgeber nichts, wenn er den Arbeitnehmer in der Zeit nach der Ernte wieder zu fassen bekam. Die Geldbußen, zu denen dieser dann verpflichtet war, konnten, wenn sie — wie oben erwähnt — überhaupt vollstreckbar waren, wohl keinen Ersatz für die ausgefallene Arbeitskraft bieten.

Die vielfältigen arbeitsmarkt- und arbeitsvertragswirksamen Gesetze legen einen Schluß von der Norm auf die Wirklichkeit in umgekehrter Richtung nahe: Es scheint, als ob die Probleme stets weiterbestanden hätten, und gerade durch die normativen Anordnungen nicht gelöst worden wären, denn sonst wäre der wiederholte Erlaß solcher Gesetze und die in späteren Gesetzen erfolgten Versuche, die Durchsetzung der Anordnungen zu gewährleisten, nicht erforderlich gewesen.

Im übrigen zeigt eine genauere Suche nach arbeitsmarktwirksamen Normen, daß sich solche schon vor der Pest feststellen lassen. Im Hamburger Stadtrecht 1270 heißt es:

„So we huret enen knapen ofte ene maget und he ofte se ne willet an senen denst nicht unde ne willet mit eme nicht wesen, de scholen half wedderkeren dat en gelouet was.“[13]

Und das Mühlhausener Statut verfügte 1311:

„Vor sante andreas tage sal nymant dem andiren sinen knecht adir mayt abe mitte czu dyneste.“[14]

Entsprechende Regelungen lassen sich natürlich nur in geringem Umfang nachweisen, weil weniger Quellen vorhanden sind. Aufgrund der wirtschaftlichen Entwicklung und des Standes der Schriftlichkeit sind Schlußfolgerungen nur sehr vorsichtig zu ziehen.

Vielleicht gab es auf speziellen engen Arbeitsmärkten Regelungsbedürfnisse, vielleicht sollten diese Normen andere Unklarheiten (z. B. über den üblichen Tag für Vertragsabschlüsse) beenden[15].

---

[12] Vgl. *Zaddach*, S. 119, Fn. 110; S. 126, Fn. 202—205.

[13] *Lappenberg*, Hamburgische Rechtsaltertümer, Hamburg 1945, S. 47, VIII, 1.

[14] *Lambert*, S. 125 (zit. n. Hertz, S. 18). Hertz schreibt, S. 16: „Frühzeitig zeigt daher die Gesetzgebung das Bestreben, auf eine längere Dauer der Verbindung hinzuwirken.“

[15] Die Quellenbelege sind z. B. aus den Werken von *Hertz, Weber / Mayer-Maly, Könneke,* problemlos zu vermehren; vgl. schon oben bei *Tomaschek*.

Schwerer zu erklären sind diese Normen für das 16. Jahrhundert, in dem sie — wahrscheinlich wegen der Anordnungen in den Reichspolizeiordnungen — in einzelnen Landesordnungen vorhanden waren[16]. Zwar zeigen die Untersuchungen von *Schmelzeisen* und Reiner *Schulze*, daß der Schwerpunkt arbeitsmarktbezogener Regelungen im 17. und 18. Jahrhundert liegt, also in einer Zeit, in der der Arbeitsmarkt aufgrund der Bevölkerungsverluste des 30jährigen Krieges erneut zusammengebrochen war[17]. Doch was kann die Territorien im 16. Jahrhundert veranlaßt haben, Regelungen, die sich als nur schwer durchsetzbar herausgestellt hatten, erneut anzuordnen? Die Erforschung der Durchsetzbarkeit und Durchsetzung von Normen ist in der Rechtsgeschichte ein lange vernachlässigtes Gebiet[18]. Demzufolge ist die Antwort auf diese Frage nicht sicher. Zunächst ist das ‚Arsenal' möglicher rechtlicher Reaktionen auf Arbeitsmarktschwankungen begrenzt. Zudem konnte man die Effektivität von Gesetzen noch weniger einschätzen als heute. Wenn es im 16. Jahrhundert auf Teilmärkten zu realen oder nur in der Vorstellung der Arbeitgeber existierenden Schwierigkeiten kam, standen neben der faktischen Durchsetzung am Markt nur die bekannten Regeln zur Verfügung. Es ist sogar wahrscheinlich, daß nunmehr die Durchsetzung etwas besser möglich war, denn faktische Wegzugsmöglichkeiten hatten weder Hörige noch andere Arbeitnehmer, weil ein Überangebot an Arbeitskräften bestand und der Armutstrend sich verstärkt[19]. Ein Wegzug in die Städte war gleichfalls nicht mehr leicht möglich, da diese sich zunehmend gegen zuwandernde Arme wehrten.

Diese Regeln behielten aber ihren Sinn, wenn man den Unterschied zwischen einer globalen Marktbetrachtung und der Schwierigkeit eines einzelnen Arbeitgebers beachtet. Dieser wurde von dem arbeitsmarktpolitisch nicht erwähnenswerten Weggang auch nur *einer* Arbeitskraft (evtl. noch zur Unzeit) schwer getroffen. Vielleicht ermöglichte die Marktsituation eine bessere Durchsetzung der Normen.

Diese Überlegungen zeigen mit großer Deutlichkeit, daß die Normen allein nichts über den Kontext aussagen, in dem sie stehen. Selbst wenn

---

[16] *Weber / Mayer-Maly* lassen sich hierzu nicht ausdrücklich ein, schreiben der Pest zwar Wirkungen zu, lehnen aber Erwägungen solch unmittelbarer Kausalität ab. Sie führen das Fortbestehen der Abdingverbote auf ihre Nützlichkeit in den frühmerkantilistischen Ordnungen zurück (bes. S. 372 f.). Hertz deutet noch „in der späteren Zeit" vermehrtes Einschreiten gegen das Abdingen an, S. 20.

[17] *Schmelzeisen, Schulze,* vgl. Abschn. 1.5. a. E.

[18] Reinhard *Heydenreuter,* Der Landesherrliche Hofrat unter Herzog und Kurfürst Maximilian I von Bayern (1598—1651), (Schriftenreihe zur bayerischen Landesgeschichte, Bd. 72), München 1981, S. 278 ff.

[19] Vgl. dazu *Wittmütz,* S. 88 ff., sowie die wirtschaftshistorischen und demographischen Schriften, ferner *Lütge,* Die wirtschaftl. Lage, Abschn. 2.1., Fn. 2.

man diesen Kontext ermittelt, kann man noch nichts über dieselbe Norm oder eine neue vergleichbare sagen, die nur zwanzig Jahre später erlassen wurde. Derselbe vom Prinzip her arbeitsmarktwirksame Rechtssatz konnte völlig ineffektiv sein oder 50 Jahre nach seinem Erlaß eine ganz andere Funktion haben.

Daß die Pest von 1349 ff. und nachfolgende Seuchen allerdings Effekte auf den Arbeitsmarkt hatten, daß dieser Lohnhöhen und Arbeitsbedingungen beeinflußte, ist ebenso erwiesen wie die rechtlichen Regelungsversuche, mit denen man auf die aktuelle Situation bzw. die mittelfristige Entwicklung reagierte. Eine rein normative Betrachtung der Zeit und ihrer arbeitsrechtlichen Probleme hat relativ wenig Aufschlüsse gebracht. Eine monokausale Betrachtung, die in dem Versuch läge, die Rechtsregeln allein aus den Bevölkerungseinbrüchen zu erklären, war nicht beabsichtigt und wäre nach den Ergebnissen absurd.

4. Zur Arbeitsverfassung der Städte

4.1. Einleitung: Das traditionelle Bild der Zünfte

Das traditionelle Bild der Arbeit in mittelalterlichen Zünften zeigt den biederen Handwerksmeister, der mit wenigen Gesellen und Lehrjungen, die er in sein Haus aufgenommen hat, auf die Produktion eines Produktes spezialisiert ist. Seine Welt war die *Zunft* mit ihren Regeln für die Produktion und den Verkauf von Gütern sowie mit ihrem Brauchtum. Die Zünfte nahmen in unterschiedlichem Maße an Regierung und Verwaltung der Städte teil, oft kämpften alle oder einige Zünfte gegen den patrizischen Rat. Die städtische Arbeit scheint vom gewerblich-zünftigen Arbeitsrecht her bestimmt zu sein. Schwerpunktmäßig wurde sie im Handwerk der Städte geleistet, im Dienstleistungsbereich oder als Hilfstätigkeit im Handelsbereich. Zünfte und Städte regelten die Arbeitsbedingungen der Arbeitnehmer. Die Begriffe Stadt und Zunft sind nach der Literatur in weiten Teilen deckungsgleich. Im Spätmittelalter prägten die aufstrebenden Gewerbe, die in solchen Zünften organisiert waren, das Bild dieser Städte wesentlich, und zwar in bezug auf ihre Gewerbeverfassung, Wirtschaftsverfassung als auch in bezug auf die Arbeitsverfassung[1].

Die Zünfte waren kooperative Organisationen. Sie organisierten menschliche Arbeit, insbesondere gewerbliche Arbeit. Sie nahmen am öffentlichen Leben teil und bestimmten den äußeren Rahmen, in dem sich die Entwicklung der gewerblichen Wirtschaft in den Stätdten bis in das 19. Jahrhundert hinein vollzog. Ihre rechtlichen Strukturen — nicht nur ihr Brauchtum[2] — blieben über die Jahrhunderte hinweg gleich. Der Gedanke einer Kontinuität liegt nahe, obwohl stärkere Veränderungen, wie die Schließung, stets wahrgenommen wurden. Von Selbstorganisationen, die im Anfang mit einer gewissen Rationalität Arbeitsteilung vornahmen, entwickelten sie sich allmählich zu kartellähnlichen Organisationen, die sich nach außen abschotteten. Dieser Prozeß,

---

[1] Hans *Lentze*, Nürnbergs Gewerbeverfassung des Spätmittelalters im Rahmen der deutschen Entwicklung, S. 593 ff. Für unseren Zusammenhang unergiebig Helmut *Stahleder*, Arbeit in der mittelalterlichen Gesellschaft (Miscellanea Bavarica Monacensia 42), München 1972, schildert unter Bezugnahme auf Hugo von *Trimbergs* „Renner" und Berthold von *Regensburgs* „Deutsche Predigten" unter Anlehnung an die mittelalterlichen Normen.

[2] Vgl. z. B. Die Zunftlade. Das Handwerk vom 15. bis 19. Jahrhundert im Spiegel der Literatur (hrsg. von Bruno Brandel und Günter Creutzburg), 2. Aufl., Berlin (Ost) 1976. Vgl oben Abschn. 1.3. ff.

der „Erstarrung der Zünfte" genannt wird, wurde insbesondere im 19. Jahrhundert auf den „Egoismus der Zünfte" zurückgeführt und nicht auf die Veränderungen der Güter- bzw. Arbeitsmärkte. Die Entstehung der Zünfte führt man auf genossenschaftliche Gründe, hoheitliche Satzungen und allgemein auf Gründe wirtschaftlicher Rationalität zurück. Auf die ehemals sehr umstrittene Frage, wie das Zunftwesen entstanden ist, soll hier nicht eingegangen werden, da diese für das Arbeitsrecht nur sehr begrenzte Informationen gibt[3]. Wie das rechtliche und tatsächliche Verhältnis zwischen den Gesellen und den Meistern war, wird durch die Theorie zur Zunftentstehung jedenfalls nicht beantwortet. In den verschiedenen Theorien zur Zunftentstehung spiegelt sich die politische und wirtschaftspolitische Auffassung des jeweiligen Autors und seiner Zeit wider: Die Annahme einer ursprünglichen Gewerbefreiheit, die durch zünftige Gebundenheit überlagert worden sei, entsprach dem Wunsch des 19. Jahrhunderts, die Gewerbefreiheit zu legitimieren[4].

Zünfte produzierten bestimmte Produkte exklusiv, was wirtschafts- und arbeitsrechtlich entscheidend war. Im Gegensatz zu unserem Jahrhundert und zu den Ansätzen, wie sie sich in den Manufakturen zeigten[5], geschah die Arbeitsteilung nicht durch Zergliederung der Arbeit in

[3] Entstehung der Zünfte: Überblick: bei Hans *Lentze*, Art.: Handwerk, in: HRG, Bd. I, Sp. 1976 ff.; Wilhelm *Stieda*, Zur Entstehung des deutschen Zunftwesens, Straßburg 1876 (Nachdruck 1977); nach wie vor bedeutend Friedrich *Keutgen*, Ämter und Zünfte. Zur Entstehung des Zunftwesens, Jena 1903 (Nachdruck Aalen 1965). *Böhmert*, Victor, Beiträge zur Geschichte des Zunftwesens (Preisschriften gekrönt und hrsg. fürstl. Jablonowski'schen Gesellschaft zu Leipzig, Nr. IX), Leipzig 1862; *Schönberg*, Gustav, Zur wirthschaftlichen Bedeutung des Deutschen Zunftwesens im Mittelalter, Berlin 1868. Aus der Fülle der lokalen Publikationen zum Zunftwesen z. B. *Blümcke*, Dr. (Stettin), Die Handwerkszünfte im mittelalterlichen Stettin, in: Baltische Studien (hrsg. v. der Gesellschaft für Pommersche Studien und Alterstumskunde), 34. Jg. (1884), Stettin, S. 81—247; aus der neuen Literatur z. B. Hans *Lentze*, Die rechtliche Struktur des mittelalterlichen Zunftwesens in Wien und in den österreichischen Städten (Mitteilungen des Vereins für Geschichte der Stadt Wien 15), Wien 1935. Traditionelle Sicht noch bei Wolfgang *Zorn*, Art. Zünfte, in: HdSW (Aufl. 1965), sowie Hermann *Conrad*, Deutsche Rechtsgeschichte, Bd. 1, 2. Aufl., Karlsruhe 1966, S. 210. Günther H. *Raiser*, Die Zünfte in Württemberg. Entstehung und Definition, interne Organisation und deren Entwicklung, dargestellt anhand der Zunftartikel und der übrigen Normativbestimmungen seit dem Jahre 1498, Diss. jur., Tübingen 1978.

[4] Vgl. *Lentze*, S. 599; ders., Der Kaiser und die Zunftverfassung in den Reichsstädten bis zum Tode Karls IV. (Gierkes Untersuchungen 145), Breslau 1933, S. 15 ff.; Rudolph *Eberstadt*, Der Ursprung des Zunftwesens, 2. Aufl., München und Leipzig 1915, S. 11 ff.; Manfred *Weider*, Das Recht der deutschen Kaufmannsgilden des Mittelalters (Gierkes Untersuchungen 141), Breslau 1931, S. 8 ff.; Joseph *Kulischer*, Allgemeine Wirtschaftsgeschichte des Mittelalters und der Neuzeit, Bd. I, München und Berlin 1928, S. 181 ff.

[5] Gustav *Otruba* (Hrsg.), Österreichische Fabriksprivilegien vom 16. bis ins 18. Jahrhundert und ausgewählte verwandte Quellen zur Frühgeschichte der Industrialisierung, Wien 1981, mit Einleitung von Harald *Steindl*. Vgl. auch *Scherner / Willoweit*.

kleine Portionen, wie Adam Smith es anschaulich beschrieben hat, sondern durch Spezialisierung. In diesem traditionellen Zunftbild war ein Geselle für die vollständige Fertigung eines Schuhes, ein Harnischmacher für die vollständige Anfertigung eines Brustpanzers u. ä. verantwortlich. Demzufolge war das Erlernen und Beherrschen bestimmter Arbeitsfertigkeiten für die Arbeitnehmer entscheidend[6]. Daneben mußte in relativ geringem, aber doch nicht zu vernachlässigendem Maße Kapital eingesetzt werden. Die Spezialisierung auf ein Produkt erschien ökonomisch zunächst sinnvoll, wenngleich sie einige Blüten trieb, die zu Abgrenzungsschwierigkeiten und bei Produktionsrückgängen zu wirtschaftlichen Verteilungskämpfen zwischen den Zünften führten. Ein großer Teil der Zünfte stellte nämlich sehr verwandte Produkte her. So gab z. B. in Köln das Wollenamt, Tuchscherer, Tirteyweber, Sacktuchweber, Bettdeckenweber, Leinenweber, Seidenweber, Leinenfärber sowie die Schneider, Schröter und die Kürschner, Gürtler, Sattler, Handschuhmacher, Lohgerber, Taschenmacher, die sämtlich i. w. S. für die Textil- und Lederproduktion arbeiteten[7]. In Nürnberg verteilte sich die Produktion von Schmiedeprodukten auf ca. 23 verschiedene Zünfte[8]. Abgrenzungs- und massive Konkurrenzprobleme dieser und weiterer Zünfte untereinander waren die Folge. Der im Roten Buch der Stadt Ulm dokumentierte Streit von 1403 zwischen den Ulmer Grautucher- und Webermeistern kann als Beispiel dienen: Die Grautucher stellten Woll- und Lodengewebe her, während der handelsmäßig wichtigere Barchant von den städtischen Leinen- und Golschenwebern produziert wurde, die ihrerseits in Konkurrenz mit den ländlichen „Gäuwebern" standen[9].

Bei dieser Ausgangslage bedurften die Zünfte rechtlicher Absicherung in zwei Hinsichten:

---

[6] Anschaulich beschrieben von Adam *Smith*, Der Wohlstand der Nationen. Eine Untersuchung seiner Natur und seiner Ursachen. Aus dem Englischen übertragen und mit einer umfassenden Würdigung des Gesamtwerkes von Horst Klaus *Recktenwald*, nach der 5. Aufl. London 1789, München 1978. Die Theorie der Arbeitsteilung hat *Smith* selbst übernommen. Das mag hier aber dahinstehen. Zur Spezialisierung vgl. z. B. Reinald *Ennen*, Zünfte und Wettbewerb. Möglichkeiten und Grenzen zünftlerischer Wettbewerbsbestimmungen im städtischen Handel und Gewerbe des Spätmittelalters (Neue Wirtschaftsgeschichte 3), Wien 1971, S. 30.

[7] Heinrich v. *Loesch*, Die Kölner Zunfturkunden nebst anderen Gewerbeurkunden bis zum Jahre 1500, Bonn 1907, Inhaltsverz.

[8] Vgl. die Nürnberger Handwerksmeisterliste vom 8. September 1363 bei Carl *Hegel*, Über die Bevölkerungszahl und Handwerksverhältnisse zu Nürnberg im 14. und 15. Jahrhundert, in: Die Chronik der fränkischen Städte, Nürnberg, Bd. 2, Leipzig 1864, S. 507 f.

[9] Carl *Mollwo* (Hrsg.), Das Rote Buch der Stadt Ulm (Württembergische Geschichtsquellen, Bd. 8), Stuttgart 1905, S. 130—132, dazu Eugen *Nübling*, Ulm's Baumwollweberei im Mittelalter. Urkunden und Darstellung (Staats- und socialwissenschaftliche Forschungen, Bd. 9, H. 41), Leipzig 1890.

— zum einen mußte sichergestellt werden, daß nur zunftmäßig hergestellte Waren vertrieben wurden. Der ständige Kampf mit den Pfuschern, Bönhasen oder Störern hat hier seine Ursache. Dieser Kampf wurde besonders zum Problem, als die Erträge aus gewerblicher Produktion und Arbeit unbefriedigend wurden, so daß folgerichtig der Zugang zu den Zünften erschwert wurde. Weiter mußte man sich der Konkurrenz der ländlichen oder städtischen Verleger erwehren sowie der zugelassenen Freimeister und Klöster[10].

— Zum anderen bedurfte die Zunft intern spezieller Regeln, die gleichförmige persönliche und wirtschaftliche Chancen sicherstellten. Zu diesem Bereich gehört auch eine einheitliche Ausbildung.

Die Rechtsregeln, die man gegen Störer etc. entwickelte, waren interner Natur, wenn man von den hoheitlichen Regeln der Polizeiordnungszeit absieht. Die Strafe der *Zunftgerichtsbarkeit*[11] sollte diejenigen treffen, die zu Störern wurden oder die gegen Vorschriften verstießen, welche man für die Schließung der Zunft entwickelt und festgelegt hatte. Je nachdem, ob die Zünfte die Stadt oder die patrizisch beherrschte Stadt die Zünfte beherrschte, solidarisierten sich Städte mit diesen zünftigen Regeln, indem sie den Handel mit nicht zünftig hergestellten Produkten innerhalb der Stadt verboten. Zur Abwehr von externen und internen Störungen gingen eine Reihe von Zünften überregionale Verbindungen ein, die sich vor allem gegen die Gesellen richteten[12]. Diese waren potentielle Außenseiter und interne Störenfriede. Überregional mußten solche Vereinbarungen abgesichert werden, denn hoch-

---

[10] Grundlegend Friedolin *Furger*, Zum Verlagssystem als Organisationsform des Frühkapitalismus im Textilgewerbe (Beiheft XI zur Vierteljahresschrift für Sozial- und Wirtschaftsgeschichte), Stuttgart 1927; Ulf *Dirlmeier*, Mittelalterliche Hoheitsträger im wirtschaftlichen Wettbewerb. Zur Frage des Verhältnisses staatlicher Gewalt gegenüber dem Bereich der Wirtschaft im Raum des Deutschen Reiches vom 12. bis 14. Jahrhundert (Beiheft 51 zur Vierteljahresschrift für Sozial- und Wirtschaftsgeschichte), Wiesbaden 1966; Hermann *Kellenbenz*, Die unternehmerische Betätigung der verschiedenen Stände während des Übergangs zur Neuzeit, in: Vierteljahresschrift für Sozial- und Wirtschaftsgeschichte, Bd. 44 (1957), S. 1 ff. Zur Frauenarbeit vgl. Margret *Wensky*, Die Stellung der Frau in der Stadtkölnischen Wirtschaft des Spätmittelalters (Quellen und Darstellungen zur Hansischen Geschichte, N. F. 26), Köln — Wien 1980.

[11] Clamor *Neuburg*, Zunftgerichtsbarkeit und Zunftverfassung in der Zeit vom 13.—16. Jahrhundert, Jena 1880; zur Gerichtsbarkeit der Zünfte vgl. z. B. später die Reichspolizeiordnung von 1530, Titel 39 (Gerichtsbarkeit zugestanden). Die Reformation guter Polizei von 1548 (Einschränkungen). Zusammenfassend bei Rudolf *Wissell*, Des alten Handwerks Recht und Gewohnheit. 2. Aufl. (hrsg. von E. Schraepler), 2 Bände, Berlin 1971, 1974, hier II, S. 253. Hans *Herold*, Schwarzarbeit einst und jetzt (Forschungen zur Rechtsarchäologie und Volkskunde, hrsg. v. Louis *Carlen* 4), 1982, S. 107—149, S. 109, 113.

[12] Frank *Göttmann*, Handwerk und Bündnispolitik. Die Handwerkerbünde vom 14.—17. Jahrhundert (Frankfurter historische Abhandlungen, Bd. 15), Wiesbaden 1977; vgl. ausführlicher unter Abschn. 4.7.3.

spezialisierte Arbeitskräfte waren schwer ersetzbar und konnten auf anderen städtischen Arbeitsmärkten mit Wahrscheinlichkeit Arbeit finden.

Die rechtliche Konsequenz des zweiten angesprochenen Punktes, der internen Chancengleichheit, war zunächst die Entwicklung gleichmäßiger Ausbildungs- und Arbeitsbedingungen, die durch die Zünfte selbst oder durch die Städte fixiert wurden. Bestimmte Lehrzeiten wurden mit unterschiedlicher Genauigkeit festgelegt, später auch die Dauer der Wanderzeit, die Bedingungen der Meisterprüfung mit dem Meisterstück etc.[13]. Solche Regeln waren anfangs auch deshalb sinnvoll und notwendig, um einen hohen Qualitätsstandard zu erreichen. So verlangten z. B. die Speyerer Barbiere schon 1346 und die Mainzer Schneider 1391 die Ablegung einer Meisterprüfung[14]. In solchen Festlegungen sowie in der Bestimmung einer Höchstzahl von Gesellen und Hilfskräften, die ein bestimmter Meister haben durfte, trat die schon stets vorhandene *Kartellfunktion* der Zünfte in den Vordergrund[15].

Mittelbar bestimmten die Zunftordnungen die städtischen Arbeitsmärkte, gleichgültig, ob sie von den Zünften selbst oder vom Rat der Stadt erlassen waren. Vielfach wurde festgelegt, wieviele Gesellen (Knechte) und Lehrlinge ein Meister haben durfte, zumeist lag diese Zahl zwischen einer und drei Personen. Die Nürnberger Plattner und Handschuhmacher legten Mitte des 14. Jahrunderts fest, der Meister dürfe nur einen Lohnknecht haben[16]. Je nach der Konjunkturentwicklung wurden später mehr Hilfspersonen zugelassen. Die Schmiede erlaubten drei Zuarbeiter, legten gleichzeitig aber sehr hohe Strafgebühren für die Überschreitung dieser Zahlen fest[17]. Solche Normen wurden sicher nicht immer eingehalten. Andere Quellen machen es wahrschein-

---

[13] Vgl. u. a. sehr anschaulich *Wissel* (Fn. 11), I, S. 125 ff.

[14] Vgl. die Listen mit den Nachweisen bei *Göttmann*, S. 251.

[15] Gunnar *Mickwitz*, Die Kartellfunktion der Zünfte und ihre Bedeutung bei der Entstehung des Zunftwesens. Eine Studie in spätantiker und mittelalterlicher Wirtschaftsgeschichte, Helsingfors 1936. Zu Funktion und zur Stellung der Zünfte vgl. weiter H. *Lentze*, Zunfttypen in Österreich und Süddeutschland, in: Juristische Blätter 1952, S. 235 ff.; *ders.*, Der Kaiser und die Zunftverfassung in den Reichsstädten bis zum Tode Karls des 4. (Gierkes Untersuchungen, Bd. 145), 1933; sowie nach wie vor Hans *Planitz*, Die deutsche Stadt im Mittelalter, Wien — Köln — Graz 1975, S. 325; vgl. R. *Ennen* (Fn. 6).

[16] Alexander Frhr. von *Reitzenstein*, Die Nürnberger Plattner, in: Beiträge zur Wirtschaftsgeschichte Nürnbergs, Bd. II, Nürnberg 1967, S. 700—725, S. 701, in einer Ordnung von 1358, die 1478 durch eine differenziertere ersetzt wurden. Vgl. im übrigen Joseph *Stockbauer*, Nürnbergisches Handwerksrecht des 16. Jahrhunderts, Nürnberg 1879, dessen Monographie allerdings im wesentlichen aus den Ordnungen des 16. Jahrhunderts systematisch zusammenstellt.

[17] Hermann *Aubin*, Formen und Verbreitung des Verlagswesens in der Altnürnberger Wirtschaft, in: Beiträge zur Wirtschaftsgeschichte (Fn. 16), S. 620—668, S. 629, Fn. 34 m. w. N.

lich, daß diese Zahlen aber den Rahmen der Betriebsgrößen richtig angeben, die also eher bei 2 als bei 20 oder 200 Personen lag:

1. Ausnahmebewilligungen existierten, wenn z. B. ein Plattner wegen eines bevorstehenden Turniers einen zusätzlichen Knecht brauchte, sie waren aber selten[18].

2. Manche Meister konnten legal Arbeiten zu Stückwerk vergeben. Bürgern war es aber nicht erlaubt, direkt bei einem Stückwerker arbeiten zu lassen[19].

3. Vielfach entwickelte sich auch ein innerstädtisches Verlagswesen. Zwar versuchten die Zünfte (oder Städte) zu verhindern, daß Meister in die finanzielle Abhängigkeit ihrer Kollegen aus derselben oder aus anderen Zünften gerieten[20], doch ist innerstädtischer Verlag im weitesten Umfang nachgewiesen[21].

   „Ez sol auch dehaine Maister kaine Werckstat noch ander Smide verlegen danne sein selbes Werckstat mit den drien Knehten und mit dem Polzraicher."[22]

---

[18] *Reitzenstein* (Fn. 16); *Aubin* (Fn. 17), S. 630.

[19] Hermann *Aubin*, Die Stückwerker von Nürnberg bis ins 17. Jahrhundert, in: Festschrift für Hektor *Ammann:* Beiträge zur Wirtschafts- und Stadtgeschichte, 1965, S. 333—352, *ders.*, Verlag, S. 635 f., zählt unter Berufung auf Ernst *Mummenhof*, Der Handwerker in der deutschen Vergangenheit, Leipzig 1901, 25 Gewerbe auf, in denen Stückwerk üblich war.

[20] Zum Vermögensnachweis, den ein Meister besitzen mußte, „damit er nicht sogleich den Tuchkäufern anheim falle" Ingomar *Bog*, Wachstumsprobleme der oberdeutschen Wirtschaft 1540—1618, in: Wirtschaftliche und soziale Probleme der gewerblichen Entwicklung im 15.—16. und 19. Jahrhundert (Forschungen zur Sozial- und Wirtschaftsgeschichte, Bd. 10), Stuttgart 1968, S. 44—89, S. 72, vgl. dazu ausführlicher unten Abschn. 4.5. und 4.6.

[21] Speziell zum innerstädtischen Verlag *Aubin*, S. 635, der folgende Liste als Beispiel für verlegte Gewerbe gibt.

Barchtenweber,	Heftelmacher,
Beutler (+ Nestler und Handschuhmacher),	Klingenschmiede,
	Kompaßmacher,
Buchdruck,	Messerer,
Bürstenbinder,	Nadler,
Drahtmeister,	Nagler,
Fingerhuter,	Nestler s. Beutler,
Flaschner,	Papiererzeugung,
Golddrahtzieher,	Pfannenschmiede,
Goldschläger,	Plattner,
Handschuhmacher s. Beutler,	Zinner

Zum Textilverlag vgl. ebd., S. 655, sowie z. B. Hektor *Ammann*, Die Angänge der Leinenindustrie des Bodenseegebiets, in: Alemannisches Jahrbuch 1953, 251—313. Zum Verlag allgemein vgl. Abschn. 4.1., Fn. 10 und 4.7. a. E.

[22] Joseph *Baader*, Nürnberger Polizeiordnungen aus dem XIII. bis XV. Jahrhundert (Bibliothek des Litterarischen Vereins in Stuttgart LXIII), Stuttgart 1861, S. 160. Nach Auffassung von Aubin ist diese Ausgabe inzwischen überholt durch: Quellen zur Geschichte und Kultur der Stadt Nürnberg, Bd. III: Nürnberger Satzungsbücher des 14. Jahrhunderts, Nürnberg 1965.

4. Die überlieferten Gesellenzahlen sind im übrigen selbst bei relativ großen Städten ziemlich gering[23].

Das städtische Leben wurde durch die Zünfte, die Kirche und die evtl. vorhandenen Stadtherren bzw. deren jeweilige Kämpfe untereinander bestimmt. Die Zünfte überwachten stets die Warenproduktion, und sie nahmen gleichfalls Einfluß auf ihre Mitglieder, ob es um deren persönliches Verhalten oder um den Aufstieg zur Meisterschaft ging. Sämtliche damit zusammenhängenden Fragen waren spätestens am Ende des Mittelalters ebenso geregelt wie noch am Ende des alten Reiches. Mit einigen lokalen Abweichungen und einigen durch den Zeitablauf bedingten Veränderungen stellen sich die Zünfte dem Betrachter wie (rechtlich) einheitliche Bilder dar, ja man kann sie als Repräsentanten für die Kontinuität rechtlicher Regeln ansehen[24].

Für den hier besonders interessierenden Bereich abhängiger Arbeit bedeutete „Zunft" eine, wenn auch minimale *soziale Absicherung*, die durch die Aufnahme des Gesellen in das Haus seines Meisters bewirkt wurde. Diese Aufnahme, verbunden mit dem Schutz, den der Geselle durch die Zunft erlangte, legt nach vielen Darstellungen geradezu ein *soziales Fürsorgeverhältnis* nahe[25].

Die neueren Darstellungen der Arbeitsrechtsgeschichte gehen für das gewerbliche Arbeitsrecht des Mittelalters von drei Schwerpunkten aus:

Der Arbeit der Bergleute, Seemänner und Gesellen[26]. Das Bild von der *Vorrangstellung der Gesellen* in den Städten, mit dem sich die Idee des sozialen Schutzes verbindet, ist nicht ohne ideologischen Hintergrund. Seit dem 19. Jh. stellte der zünftige Handwerker die Leitfigur bürgerlicher Arbeit und Nahrung dar, aber nicht der Massenarbeiter. Der „natürliche Aufstieg" des Lehrlings zum Meister[27] war in der genossen-

---

[23] Ingomar *Bog*, S. 57. Um 1580 hatte Luzern eine Einwohnerzahl von 5500 Personen. 1437 hatte das Handwerk dieser Stadt allein den auswärtigen Gesellen und Knechten mindestens 260 Arbeitsplätze anzubieten: Staatsarchiv Luzern, Codex 1220 (weißes Büchlein), Fol. 40 ff.: Beschreibung der Handwerks- und Dienstgesellen zu Luzern 1437. Vgl. noch *Reininghaus* und *Göttmann*.

[24] Vgl. Fn. 3.

[25] Besonders die vielfältigen Darstellungen aus dem Bereich der Volkskunde, die sich zu Beginn dieses Jahrhunderts schwerpunktmäßig mit dem Handwerk befaßt hat, legen diese Auffassung nahe. Vgl. dazu bei Wilfried *Reininghaus*, Die Entstehung der Gesellengilden im Spätmittelalter (Beiheft 71 zur Vierteljahresschrift für Sozial- und Wirtschaftsgeschichte), Wiesbaden 1981, S. 15 ff.

[26] Insbesondere die Arbeiten von Wilhelm *Ebel*, und *Schmieder*.

[27] Noch genauer bei *Schmieder*, Eberhard, Geschichte des Arbeitsrechts im deutschen Mittelalter, Leipzig 1939, S. 112 ff., 127 ff., besonders 113 f.; vgl. A. von *Dirke*, Die Rechtsverhältnisse der Handwerkslehrlinge und Gesellen nach den Stadtrechten und Zunftstatuten des Mittelalters, Diss., Jena 1914.

schaftlich — in der Anschauung des 19. Jhs. damit demokratisch — organisierten Zunft möglich[28]. Diese stellte ein bürgerliches Bollwerk gegen Patrizier und andere Herren dar. Folgerichtig konzentrierte sich das Forschungsinteresse auf die Stadtverfassung, also auf die Beteiligung der so verstandenen Zünfte an der Regierung und Verwaltung der Städte.

Die politischen Bezüge dieser Auffassungen zu denen des liberalen Bürgertums sind offenkundig. Sowohl romantische Betrachter als auch liberale Reformer konnten dieses Bild akzeptieren, obwohl ihre politischen Hintergründe andere waren. In dieser Vorstellung konvergieren historische und rechts- sowie wirtschaftshistorische Vorstellungen. Selbst die später entwickelte Konzeption vom „Goldenen Zeitalter gewerblicher Arbeit" fügt sich in dies Bild lückenlos ein.

4.2. Agrarkrise und Schichtungsforschung

Die soeben beschriebene Konzeption der gewerblichen Arbeit und der Zünfte kann aber eine Fülle von Phänomenen nicht erklären. Schon zu Beginn des Jahrhunderts wurde diskutiert, ob die Handwerksmeister im „Goldenen Zeitalter der Lohnarbeit" in der Lage waren, ein ausreichendes Vermögen zu erwerben. Betrieb man das Handwerk um des *Nahrungsprinzips* willen, oder wollte man kapitalistisch akkumulieren. Diese Fragen waren im ersten Drittel dieses Jahrhunderts in der Wirtschaftsgeschichte äußerst umstritten. *Sombart*[1] vertrat die Auffassung, daß letztlich Meister und Gesellen wirtschaftlich nicht sehr unterschiedlich standen. Der Erwerb eines Vermögens durch einen Meister sei nur mit Glück, z. B. durch Erbschaft oder ähnlich, möglich gewesen[2]. *Von Loesch* beschrieb, daß ein großer Teil der Kölner Meister zur Miete wohnte, nicht im eigenen Haus, und nicht die Mittel hatte, bestimmte Steuern zu bezahlen[3]. Grundstücke waren noch nicht von den Preis-

---

[28] Rudolf *Luther*, Gab es eine Zunftdemokratie? (Kölner Schriften zur politischen Wissenschaft, n. F., Bd. 2), Berlin 1968, S. 89 ff., zu den sozialen und wirtschaftlichen Unterschieden zwischen den einzelnen Zünften. Vgl. dazu schon Abschn. 1.1. u. 1.5. und Abschn. 2.7., Fn. 2, 5 und 4.7., Fn. 19 ff.

[1] Werner *Sombart*, Der moderne Kapitalismus. Historisch-systematische Darstellung des gesamteuropäischen Wirtschaftslebens von seinen Anfängen bis zur Gegenwart, 1. Bd., 2. Hlbbd., München — Leipzig 1924, S. 610.

[2] Dazu schon kritisch Georg von *Below*, Probleme der Wirtschaftsgeschichte, 2. Aufl., Tübingen 1926, S. 445 ff.

[3] Vgl. dazu schon Heinrich von *Loesch*, Die Kölner Zunfturkunden nebst anderen Kölner Gewerbeurkunden bis zum Jahre 1500, Bonn 1907; vgl. weiter die neuere Armutsforschung: z. B. Wolfram *Fischer*, Armut in der Geschichte. Erscheinungsformen und Lösungsversuche der „Sozialen Frage" in Europa seit dem Mittelalter, Göttingen 1982, mit guter Bibliographie. Ulrich *Fließ*, Das Hauswesen der nürnberger Handwerker um 1500, Diss. phil. (masch), Göttingen 1957.

steigerungen erfaßt worden[4], und so hätten doch die Meister in der beschriebenen ordentlichen Einkommenssituation ohne weiteres Grundeigentum erwerben können.

Ebenso wie wir Zeugnisse vor armen Meistern haben, gibt es solche über allgemeine Armut in den Städten. Wenn der Arbeitsmarkt aber so war, wie oben unterstellt, also mit guten Möglichkeiten für gewerbliche Stadtarbeit, wie kam es dann zu der im 15. Jh. bezeugten Armut[5]?

Die Arbeitsrechtsverhältnisse im Bereich der gewerblichen Arbeit können sich daher nur erschließen, wenn man die *Sozialstruktur der Städte* genauer betrachtet und die diversen *Arbeitsmärkte* für die unterschiedlichen Arten abhängiger Arbeit in den Städten strenger trennt.

Die einleitend beschriebene Agrarkrise hatte nicht nur eine relative Einkommensverbesserung der Bezieher gewerblicher Einkommen, insbesondere der Lohnempfänger — jedenfalls im statistischen Durchschnitt —, zur Folge. Die städtischen Arbeitsmärkte wurden von den Bevölkerungsveränderungen massiv betroffen. Genügend Arbeitskräfte standen aufgrund der Landflucht zur Verfügung, zumindest wenn man den städtischen Arbeitsmarkt insgesamt betrachtet[6]. Die Städte hatten eine Regulierung dieses Marktes tatsächlich und rechtlich in der Hand.

---

4 *Kelter*, S. 198 f. und Fn. 75, sowie *Lütge*, Das 14./15. Jahrhundert ..., S. 184—189. Auch der Zusammenbruch des Rentenmarktes nach der Pest ist nicht völlig geklärt, vgl. A. v. *Brandt*, Der Lübecker Rentenmarkt von 1320—1350, Diss., Kiel 1935; vgl. aber neuerdings Jürgen *Ellermeyer*, Stade 1300—1399 — Liegenschaften und Renten in Stadt und Land. Untersuchungen zur Wirtschafts- und Sozialstruktur einer Hansischen Landstadt im Spätmittelalter, Stade 1975, mit Rez.: Harald *Witthoff*, in: VSWG, Bd. 66 (1979), S. 376 f.

5 *Ammann*, H., Die Bevölkerung von Stadt und Landschaft Basel am Ausgang des Mittelalters, in: Baseler Zeitschrift für Geschichte und Altertumskunde, Bd. 49 (1950), S. 25 f.; Horst *Jecht*, Studien zur gesellschaftlichen Struktur mittelalterlicher Städte, in: VSWG, Bd. 19 (1926), S. 27 ff.; A. *Laube*, Wirtschaftliche und soziale Differenzierungen innerhalb der Zünfte des 14. Jahrhunderts, dargestellt am Beispiel Mecklenburgischer Städte, in: Zeitschrift für Geschichtswissenschaft, Bd. V (1957), S. 1181 ff.; zu den Versuchen, über Stadtrechnungen die Differenzierungen zu erkennen, vgl. Johannes *Hohlfeld*, Stadtrechnungen als historische Quellen. Ein Beitrag zur Quellenkunde des ausgehenden Mittealters. Dargelegt an dem Beispiele der Pegauer Stadtrechnungen des 14./15. Jahrhunderts, Leipzig 1912. *Sachße / Tennstedt*, Geschichte der Armenfürsorge in Deutschland. Göttingen 1980, mit umfangreicher Bibliographie sowie Rez.: Harald *Steindl*, in: Das Recht der Arbeit, 31. Jg. (1981), S. 351 ff.; vgl. weiter die Armutsforschung Abschn. 4.3. und die Schichtungsforschung z. B. *Jecht* und allgemein C. *Haase* (Hrsg.), Die Stadt des Mittelalters, 3. Bd., Darmstadt 1973.

6 Grundlegend Heinrich *Reincke*, Bevölkerungsprobleme der Hansestädte, in: Hansische Geschichtsblätter 70 (1951), S. 1—31, hier zit. n. Carl *Haase* (Hrsg.), Die Stadt des Mittelalters, 3. Bd.: Wirtschaft und Gesellschaft, Darmstadt 1976, S. 250—302, bes. S. 268, 271 ff.; Karl *Bücher*, Die Bevölkerung von Frankfurt a. M. im 14. und 15. Jahrhundert, Tübingen 1886, sowie schon oben zur Pest und zur Mobilität, Abschn. 2. und 2.5. Zum städtischen Arbeitsmarkt vgl. auch *Reininghaus*.

Sie konnten in beiden Beziehungen großzügig verfahren, wenn sie Einwanderer wünschten. Unter der Bedingung einer expandierenden gewerblichen Wirtschaft waren mehr Arbeitskräfte erforderlich, da nur so eine höhere Produktion erzielt werden konnte. Der Bedarf war deshalb in den Städten besonders hoch, weil der Geburtenüberschuß der Städte geringer war als auf dem Lande, die Epidemien hier besonders viele Todesopfer gefordert hatten[7] und die gewerbliche Produktion in zwei Bereichen stieg: Zum einen wurden höherwertige Güter (z. B. Kürschner-Produkte, Weberei-Produkte) von den Einwohnern stärker nachgefragt, denn die Pest hatte den Kapitalstock nicht vernichtet. Zum anderen nahm in manchen Städten die Produktion für den Export zu[8].

Die einwandernden Personen waren aber weder wohlhabend, noch waren sie in gewerblichen Tätigkeiten besonders ausgebildet[9]. Ähnlich wie bei Wanderbewegungen, die am Ende des letzten und in diesem Jahrhundert stattgefunden haben, wurden zunächst die Bereiche unqualifizierter Arbeit von den Neueinwanderern besetzt. Voraussetzung einer solchen Wanderbewegung ist neben der Mobilität ein Arbeitskräftebedarf. Die Einwandernden konnten den Arbeitskräftebedarf nur dann erfüllen, wenn die nachfragenden Berufe eine oder mehrere der folgenden Eigenschaften hatten:

— Relativ fortgeschrittene Arbeitsteilung,

— Notwendigkeit von Hilfstätigkeiten oder

— leichte Erlernbarkeit.

Die Bereiche, die diese Bedingungen erfüllten, waren z. B.:

— unzünftige Arbeit als Hilfstätigkeit

— — für private Haushalte,

— — für Haushalte von Händlern,

— — für Gewerbebetriebe,

— Arbeit im *Baubereich* (Steinträger, Mörtelrührer, Arbeit im Tretrad etc.)[10],

---

[7] Vgl. *Reincke*, ebd., sowie *Bulst*.

[8] Franz *Irsigler*, Die wirtschaftliche Stellung der Stadt Köln im 14. und 15. Jahrhundert (Beiheft 65 zur Vierteljahresschrift für Sozial- und Wirtschaftsgeschichte, Wiesbaden 1979, Abschnitt I, 1.). Zum Problem des Luxus in Kleidung und Speise vgl. Abschn. 4.3., Fn. 4.

[9] Vgl. *Kelter*, S. 206.

[10] Die Organisation des Bauens im Mittelalter beschreiben eindringlich Günther *Binding* / Norbert *Nussbaum*, Der mittelalterliche Baubetrieb nördlich der Alpen in zeitgenössischen Darstellungen. Mit Beiträgen von Peter *Deutsch*, Lucie *Hagendorf*, Hildegard *Höfer*, Michael *Wagener*, Elke *Weber*, Darmstadt 1978. Die Bauhilfsarbeiter Frankfurts waren, als Ausnahme, in einer eigenen Organisation der Opperknechte organisiert; vgl. *Bücher* (Fn. 6),

— Arbeit im *Textilbereich*, wo die Arbeitsteilung am weitesten fortgeschritten war, wo das oben beschriebene Bild zünftiger Arbeit nur noch im geringen Umfang zutraf[11],

— Kistenmacherei und *Böttcherei*, als Hilfstätigkeiten für Handel und Transport,

— Arbeit im städtischen *landwirtschaftlichen Bereich* (Gärtnerei- und Weingartenarbeit)[12].

Diese Aufzählung ist natürlich nicht abschließend, zeigt aber übereinstimmend (vielleicht mit Ausnahme der letzten Gruppen) als Merkmal eine besondere *Konjunkturabhängigkeit*, zumindest wenn man die Tätigkeiten mit den für den lokalen Markt arbeitenden Bäckern, Fleischern und Schuhmachern vergleicht. Deren Umsätze konnten natürlich gleichfalls zurückgehen, doch nicht unter das im Nahrungsmittelbereich notwendige Existenzminimum.

Diese Überlegungen zeigen, daß man in tatsächlicher Hinsicht, in bezug auf den Arbeitsmarkt und in bezug auf die rechtlichen Regeln zwischen den Arbeiten unterscheiden muß, in denen die Arbeitskräfte schnell ersetzbar waren, und denen, die eine lange Ausbildung voraussetzten. Beide Bereiche unterschieden sich durch deutlich zu trennende Arbeitsmärkte und zum Teil durch unterschiedliche rechtliche Regelungen. Schon bisher wurde zwischen dem Gesellen einer Zunft und dem freien Lohnarbeiter sowie dem Gesinde unterschieden[13]. Es wird zu zeigen sein, daß auch im *Bereich der Zünfte* Arbeit geleistet wurde, die der freien *Lohnarbeit* sehr nahe kam. Zunächst muß daher geprüft werden, ob die zünftige abhängige Arbeit tatsächlich eine so große Rolle spielte, wie die rechtshistorische Erforschung des gewerblichen Arbeitsrechts nahelegt. Daraus werden sich Schlüsse ableiten lassen, ob in diesem Bereich zünftiges Arbeitsrecht das Auskommen der abhängigen Zunftangehörigen sichern konnte oder wollte.

Der Anteil abhängiger Arbeit, der in einer Stadt geleistet wurde, stieg mit der Größe dieser Stadt[14]. In Köln mit seinen rund 40 000 Einwohnern wurde sicher absolut und relativ mehr abhängige Arbeit nachgefragt als in einer Ackerbürgschaft mit 2000 Einwohnern.

S. 95; zur rechtlichen und tatsächlichen Organisation des Bauwesens vgl. bei Fn. 31.

[11] Am eindringlichsten wird dies für die größte Produktionsstätte von Wolltuchern im Spätmittelalter beschrieben von Alfred *Doren*, Florentiner Wollentuchindustrie vom 14. bis zum 16. Jahrhundert, Stuttgart 1901. Zur Situation in Florenz und zum Ciompiaufstand vgl. unten Abschn. 4.7.2. a. E. Im übrigen *Irsigler* (Fn. 8).

[12] Vgl. unten die Literatur zur Armutsforschung, Abschn. 4.3. und oben Fn. 5.

[13] Vgl. dazu *Firnberg, Schmieder* sowie *Hertz* und *Könnecke, Van der Ven.*

[14] Vgl. die Tabelle bei *Henning*, S. 78, Abb. 7; *Maschke*, S. 30.

Diener, Knechte, Köche, kurz das ganze häusliche Gesinde, arbeitete außerhalb von Zünften. Für Köln schätzte man 0,81 % Dienstpersonal (0,42 % Knechte und 0,39 % Mägde) auf einen Haushaltsvorstand. In den 18 Kölner Pfarreien differierten die Sätze zwischen 1,68 % und 0,27 %. Bei 6191 Haushaltsvorständen ergibt sich also eine Zahl von knapp unter 5000 Personen[15]. Hinzu kamen die nicht zünftig organisierten Diener und Zuarbeiter der Händler, Verlade- und Transportarbeiter, die in den Haushalt integriert waren. Mit der Größe der Haushaltungen wuchs die Zahl der angestellten Diener, ihre Tätigkeiten unterschieden sich deutlich. Der (Kleriker) *Leo* verwaltete den Haushalt seines Herrn, des erzbischöflichen Siglers Hermann von *Goch*, und führte dessen Ausgabenbuch in lateinischer Sprache[16], der Küchenknecht Matthias hingegen durfte die alten Schuhe der Herrschaft auftragen. Heinrich *Ballemann* führte 1430 selbständige Pferdetransporte von Flandern nach Köln für seinen Herrn Johann van *Nuyss* durch. Er war gewiß kein gewöhnlicher Knecht, der Ställe ausmistete[17].

Mittelalterliche Großstädte unterschieden sich von kleineren Städten entweder durch einen größeren Handel oder durch eine größere Produktion. Große *Hansestädte* waren als Handelsplätze von Bedeutung[18]. *Köln* dagegen zusätzlich durch umfassende Produktion im Textilbereich[19]. *Nürnberg* wurde zunehmend ein Zentrum für die Produktion geschmiedeter Waren[20]. Die rechtliche Struktur, in der die abhängige Ar-

---

15 Die Zählungen gelten allerdings für 1574: Rudolf *Banck*, Die Bevölkerungszahl der Stadt Köln in der zweiten Hälfte des 16. Jahrhunderts, in: Beiträge zur Geschichte vornehmlich Kölns und der Rheinlande (Mevissen Festschrift), Köln 1895, S. 299—332, 319; Joseph *Greving*, Steuerlisten des Kirchspiels St. Kolumba vom 13. bis 16. Jahrhundert, in: Mitteilungen StA Köln 30, 1900; *ders.*, Wohnungs- und Besitzverhältnisse der einzelnen Bevölkerungsklassen im Kölner Kirchspiel St. Kolumba vom 13. bis 16. Jahrhundert, in: Annalen des Historischen Vereins für den Niederrhein 78 (1904), S. 1—79. Karl *Bosl*, Die Sozialstruktur der mittelalterlichen Residenz- und Fernhandelsstadt Regensburg. Die Entwicklung ihres Bürgertums vom 9.—14. Jahrhundert (Bayerische Akademie der Wissenschaften, phil.-hist. Klasse, N. F. 63), München 1966, zeichnet anhand des Regensburger Steuerregisters ein plastisches Bild der Wohnbevölkerung mehrerer Großstadtmietshäuser, unter denen sich viele Diener, Mägde etc. befinden (S. 100). Eine statistische Auswertung verbietet sich, da die genaue Anzahl der wohnenden Personen nicht angegeben ist.

16 Franz *Irsigler*, Ein großbürgerlicher *Haushalt* am Ende des 14. Jahrhunderts, in: Festschrift Matthias *Zender*, Bonn 1972, S. 635—668, 658.

17 *Ders.*, Leben und Werk eines spätmittelalterlichen Kaufmanns am Beispiel von Johann van Nuyss aus Köln, in: Jahrbuch des Kölnischen Geschichtsvereins 42 (1968), S. 103—136, 116 f. Vgl. die weiteren instruktiven Beispiele, *ders.*, *Kölner Wirtschaft* im Spätmittelalter, in: Zwei Jahrtausende Kölner Wirtschaft, Bd. I, Köln 1975, S. 217—320 (232 m. w. N.).

18 *Reincke*, S. 286: 1376 gab es 1175 Bürger und 509 Handwerker. Von denen waren 104 Böttcher, die Hilfskräfte des Handels sind.

19 *Irsigler*.

20 Vgl. z. B. Kurt *Keller*, Das messer- und schwertherstellende Gewerbe in

beit nachgefragt wurde, war von Stadt zu Stadt verschieden. In den Hansestädten waren im kaufmännischen und Transportbereich viele Arbeitskräfte tätig, die wahrscheinlich nicht in das Haus anderer Personen eingegliedert waren. Es handelte sich um: Träger, Zieher, Schlepper, Treiber und Fuhrleute, Bierführer und Quartiersleute, Schiffsmannschaften und Schiffsbauer, Salz- und Brauerknechte etc.[21].

Je stärker Fernhandel in den Städten betrieben wurde, desto mehr Personen erforderte der Warenumschlag. In den bedeutenden Kölner Exportgewerben des Textil-, Metall- und Weinhandels gab es großen Bedarf: Wer sollte sonst die durchschnittlich jährlich anfallenden 121 000 hl (= 13 830 Fuder à 875 l Wein bewältigen, die zwischen 1379 und 1384 eingeführt wurden. In Spitzenjahren fanden sich Einfuhren bis zu 30 000 Fudern[22]. Wie konnten die 10 430 Stück Wolltuch (zwischen 1372 und 1377) durchschnittlich bei 48 Ellen (1 Elle = 57,6 cm Länge) verladen und transportiert werden, wenn die Länge des produzierten Tuches bereits mehr als 250 000 Meter betrug. Ganz abgesehen von den riesigen Mengen anderer Gewebearten wie Barchant und Tirtey, Leinen und Seide, die hier produziert oder umgeschlagen wurden.

Die Lebensmittel für die unmittelbare Versorgung der ca. 40 000 Kölner Einwohner mußten transportiert und gelagert werden. 60 000 Malter Getreide (1 Malter = 158 l) mußten herangeschafft werden, bevor sie der zünftigen Verarbeitung durch Bäcker, Fleischer etc. übergeben wurden[23]. Im Bereich der Handels- und Verkehrsgewerbe brauchte man: „Messer, Zähler, Packer, Beseher, Träger, Schürger an den verschiedenen Marktplätzen, dann für die Kaufhäuser, so für den Gürzenich, das Leinenkaufhaus, die Tuchhalle, Wollküche, das Fischkaufhaus, dazu am Strom mit den Kranen, dem Stapel, den Schiffern Personal zum Laden, zum Löschen, zum Transportieren, zur Mengen- und Qualitätskontrolle, zum Umsacken, Brennen, Stempeln."[24] Gegen Ende des Mittelalters

---

Nürnberg von den Anfängen bis zum Ende der reichsstädtischen Zeit, Nürnger (Stadtarchiv) 1981.

21 *Reincke*, S. 290.

22 Angaben zu den Importmengen: *Irsigler*, Wirtschaft (vgl. Fn. 17), S. 285, 287, 251.

23 *Irsigler* (Fn. 17), S. 225 zur Bevölkerungszahl und S. 226 zum Getreideverbrauch; *ders.*, Getreide- und Brotpreise, Brotgewicht und Getreideverbrauch vom Spätmittelalter bis zum Ende des ancien régime, in: Zwei Jahrtausende... (Fn. 17), S. 519—539; *ders.*, Getreidepreise, Getreidehandel und städtische Versorgungspolitik in Köln, vornehmlich im 15. und 16. Jahrhundert, in: Die Stadt in der Europäischen Geschichte. Festschrift Edith *Ennen*, Bonn 1972, S. 571—610, 554.

24 Hermann *Kellenbenz*, Wirtschaftsgeschichte Kölns im 16. und beginnenden 17. Jahrhundert, in: Zwei Jahrtausende Kölner Wirtschaft, Bd. I, Köln 1975, S. 321—428, S. 336. Grundlegend Bruno *Kuske*, Die städtischen Handels- und Verkehrsarbeiter und die Anfänge städtischer Sozialpolitik in Köln bis

schätzt *Kellenbenz* die Zahl dieser Personen, zu denen noch „ein Stab von Aufsichtsbeamten, Schreibern, Maklern" etc. kam, auf 5 % der Gesamtbevölkerung[25], d. i. also 2000 Personen.

Die Weinakzise stellte eine der wichtigsten Einnahmequellen der Stadt dar, was bei dem enormen Umfang des umgeschlagenen Weins[26] aus dem Rheinland und dem Elsaß nicht verwunderlich ist. Die folgende Schilderung zeigt, wie viele Arbeitskräfte allein die Kontrolle über diese Wareneinfuhr beschäftigte[27]:

„Das Bestreben ging dahin, jedes Stück Wein von dem Augenblick an, da es auf städtisches Gebiet geführt wurde, bis zum Moment des endgültigen Verbrauchs beim Ausschank oder bis zur Wiederausfuhr durch obrigkeitliche Organe verfolgen zu lassen ... Dies geschah, indem man alle im Weinhandel beschäftigten Arbeiter verpflichtete, Übertretungen der Vorschriften den Beamten anzuzeigen, oder aber die Arbeiter selber in städtische Dienste nahm. Es waren ihrer zuerst die Röder (Virgiere), die mit dem amtlichen Maß den Rauminhalt der Stücke bestimmten. Zunächst wurden dadurch Betrügereien der Händler mit falschem Maß unterdrückt, zugleich aber gab die Messung die Grundlage für den Steuertarif. Erst die gerödeten und mit einer entsprechenden Aufschrift versehenen Fässer durften aus den Schiffen an Land gewunden werden, was an den Kranen geschah. Die Krane waren städtische Betriebe unter der Aufsicht der Kranenmeister. Vom Rheinufer durften die Fässer nur durch ein einziges Tor, die Salzgassenpforte, in die Stadt geführt werden; hier hatte der Weinakzisemeister seinen Sitz. Er zeichnete die Namen der Importeure und die Höhe des Imports in sein Buch ein; danach wurde entweder von ihm selber oder von der Rentkammer die Akzise eingefordert. Dann kam der Wein in die Keller der Besitzer, während andere Güter in die zuständigen Kaufhäuser wanderten und dort an der Waage aufs neue eine obrigkeitliche Instanz passierten. Den Wein einzulegen, d. h. die Fässer in die Keller zu transportieren, war der Beruf der Schroder. Weinhandelsgeschäfte mußten durch die Wirte, bei denen die auswärtigen Kaufleute Herberge nahmen, und zwischen Bürgern durch die Unterkäufer vermittelt werden; sie waren verantwortlich für die Gesetzmäßigkeit der abgeschlossenen Geschäfte und hatten sie der Steuerbehörde anzuzeigen. Wurde der Wein wieder exportiert, so ging er denselben Weg wieder zurück oder, bei Export auf der Landstraße, durch die Hände der Bestader, die ihn auf die Lastwagen verluden, zum Tore hinaus. Wollte der Besitzer den Wein verzapfen, so hatte er dies bei der Weinschule, die von den Rheinmeistern geleitet wurde, zu melden. Diese Behörde stellte ihm das Personal: Zapfer, Schenk, Ausrufer, Kistensitzer (für die Abrechnung), die verantwortlich waren für die vollständige Ermittlung des ausgeschenkten Maßes. Nach der Größe des Maßes forderte die Weinschule die Akzise ein. Um zu verhüten, daß ein Bürger Weine ohne Erlaubnis verzapft oder sie gar verschiebt, bestellte die Stadt vier Beseher;

zum Ende des 18. Jahrhunderts (Kölner Studien zum Staats- und Wirtschaftsleben 8), Bonn 1914, S. 368 ff.

25 Ebd.

26 Raymond van *Uytven*, Die Bedeutung des Kölner Weinmarktes im 15. Jahrhundert. Ein Beitrag zu dem Problem der Erzeugung und des Konsums von Rhein- und Moselwein in Nordwesteuropa, in: Rheinische Vierteljahresblätter 30 (1965), S. 234—252.

27 *Irsigler*, S. 242.

jeder Bürger hatte den Besehern den Zugang zu einem Weinkeller zu gestatten. Sie kontrollierten die Bestände und ermittelten durch Rückfrage beim Akzisemeister oder bei der Weinschule oder beim Bestader, ob sie mit den dort gemeldeten Stücken übereinstimmten."

Neben diesen Arbeitern im Kontrollbereich kannte man eine Vielzahl weiterer sog. „städtischer Verkehrsarbeiter" und „städtischer Handwerker": Wärter, Wächter, Boten, Umlauf, Bachknechte, Grabenknechte, Wegemacher, Sägschneider, Leyendecker[28]. Mittelbar oder unmittelbar dienten diese städtischen Arbeitnehmer dem Gewerbe und Handel. Bei dem gut ausgebauten Botenwesen, dessen sich die Kaufleute der Stadt bedienten, liegt das auf der Hand[29].

Nur wenige dieser Personen waren Bürger. In einigen Städten waren diese Arbeiter in Zünften organisiert oder hatten sich in selbständigen Bruderschaften zusammengeschlossen, in anderen Städten waren die entsprechenden Arbeitskräfte unzünftig und ungebunden. In Lübeck z. B. gab es eine Bruderschaft der Hausdiener, in den meisten anderen Städten war das nicht der Fall. Über die Zusammensetzung dieser Schichten, ihren zahlenmäßigen Anteil an der Stadtbevölkerung und ihre Arbeitsverhältnisse ist kaum Aufschluß zu erlangen. Die Steuerlisten erfaßten diesen Personenkreis oft nicht und wahrscheinlich nicht vollständig. Für unseren Zusammenhang reicht jedoch die Erkenntnis aus, daß ein relativ hoher Anteil der Bevölkerung einer Handelsstadt nicht durch das Zunftrecht erfaßt wurde.

Neben diesen Personengruppen stand eine Masse von Arbeitern, die in zünftig organisierten Gewerben Hilfstätigkeiten ausübten. Die *Weingartenarbeit* fand bereits in Zusammenhang mit den lohnbegrenzenden Landesordnungen Albrechts II. unmittelbar nach der Pest Erwähnung[30]. Viele tausend Personen gingen um die Erntezeit von den Mietstätten aus in die Weinberge.

Die *Bautätigkeit* ist nach wie vor lohnkostenintensiv. Durch die Memanisierung wurden die in großem Umfang notwendigen Hilfstätigkeiten allmählich ersetzt. Selbst wenn man die Arbeiten in den Kies- und Sandgruben sowie den Steinbrüchen und den Transport der Baumate-

---

[28] Ernst *Pitz*, Schrift- und Aktenwesen der städtischen Verwaltung im Spätmittelalter. Köln — Nürneberg — Lübeck, Beiträge zur vergleichenden Städteforschung und spätmittelalterlichen Aktenkunde (Mitteilungen aus dem Stadtarchiv von Köln 45), Köln 1959, S. 102.

[29] Richard *Knipping*, Die Kölner Stadtrechnungen des Mittelalters mit einer Darstellung der Finanzverwaltung (Publikationen der Gesellschaft für Rheinische Geschichtskunde 15), 2 Bde., Bonn 1897/98, Bd. II. Hans Jürgen *Gerhard*, Stadtverwaltung und städtisches Besoldungswesen von der frühen Neuzeit bis zum 19. Jahrhundert, in: VSWG 70 (1983), S. 21—49, betont die Nebeneinnahmen der städt. Bediensteten (Gebühren etc.).

[30] Vgl. oben Abschn. 3.1. und 3.6.

rialien bis zur Baustelle außer Betracht läßt, finden sich neben den Gesellen der Bau-, Zimmer-, Steinmetz- und Dachdeckerhandwerke folgende Hilfsarbeiter: Gräber und Träger für Erdarbeiten, während des Bauvorgangs brauchte man Stein-Sand-Mörtelträger, der Mörtel mußte angerührt werden, Balken zurechtgesägt werden, die Krane durch Tretmühlen bedient werden. Nach den vielfältigen städtischen Lohnordnungen für Bauarbeiten sollten die unterschiedlich qualifizierten Tätigkeiten differenziert entlohnt werden[31].

Es ist sicher kein Zufall, daß z. B. in Nürnberg im Schreinergewerbe mehr Personen, als die Zunftordnung erlaubte, angestellt werden durften, wenn ein Neubau mit fester Frist fertiggestellt werden mußte. Mit Hilfe einer solchen Regel läßt sich eine Größenbegrenzung des Betriebes ohne weiteres umgehen[32].

Berichte und Rechnungen von Bau- und Erdarbeiten zeigen beispielhaft, mit wieviel Hilfspersonen gearbeitet wurde. Der Bericht des Nürnberger Röhrenmeisters vom Jahre 1557 schreibt[33]:

„Von wegen des Wassers, so in die Walchhäuser auf der Schütt gehörig ist zu machen, hab ich überschlagen, von der kleinen Pegnitz an bis über die Wiesen herein auf die Schütt, an allen Orten, wo sie (die Röhren) aufgehen sollen.

1. 150 Rohre zu legen mit 20 Männern, zu bohren und zu legen, zu graben und einzugleichen für jeden guten Arbeiter

für Wasserarbeit den Tag	28 Pfennige
in der Woche	5 Pfund 20 Pfennige
in 15 Wochen	85 Pfund — Pfennige
ergibt für 20 Mann	1700 Pfund — Pfennige
dazu 150 Röhrenbüchsen zu 36 Pfennig	180 Pfund — Pfennige
und für 2 fl. Paißringe	16 Pfund 24 Pfennige
zusammen	1896 Pfund 24 Pfennige
	= 225 fl. 6 Pfund 24 Pfennige“

---

31 Vgl. Fn. 10 sowie viele Berichte über mittelalterliche Bautätigkeit und Technik Hans *Straub*, Die Geschichte der Bauingenieurkunst, Basel/Stuttgart 1964; reich bebilderte Broschüren Albrecht *Kottmann*, Bauen im Mittelalter (Kleine Kunstführer 1077), 3. Aufl., München — Zürich 1980; *ders.*, Alte Baumaschinen, ebd., 3. Aufl., 1982; stark an den aus verschiedenen Jahrhunderten entnommenen Normen orientiert Horst *Müller*, Die Ordnung des Bauhandwerks nach den Oberrheinischen Stadtrechten, Diss. jur., Heidelberg 1968; vgl. weiter Achaz von *Müller*, Der Feudalismus: Land und Stadt in Mitteleuropa, in: Helmuth Schneider (Hrsg.), Geschichte der Arbeit. Vom alten Ägypten bis zur Gegenwart, Köln 1980, hier zit. n. Ausg. Frankfurt/M. — Berlin — Wien 1983, S. 155—192, S. 184 m. v. N. Endres *Tucher*, Baumeisterbuch der Stadt Nürnberg (1464—1475). Mit einer Einleitung und sachlichen Anmerkungen von Friedrich von Weick (Hrsg. Matthias Lexer), Stuttgart 1862. Vgl. oben Fn. 10.

32 *Stockbauer*, S. 38; vgl. Abschn. 4.1., Fn. 16.

33 Arno *Kunze*, Zur Geschichte des Nürnberger Textil- und Färbergewerbes vom Spätmittelalter bis zum Beginn der Neuzeit, in: Beiträge zur Wirtschaftsgeschichte Nürnbergs, Bd. II, Nürnberg 1967, S. 669—699, S. 693.

Auch die Hilfsgewerbe der Transportgewerbe wie die Böttcherei und Kistenmacherei hatten einen großen Bedarf an Hilfskräften, insbesondere zu Zeiten der Hochsaison. Was nicht in Säcken oder Ballen transportiert werden konnte, war auf Tonnen und Kisten angewiesen. Es herrschte in diesen Bereichen praktisch Lohnarbeit vor. Tagelöhner oder länger dienende Arbeitskräfte bestimmten das Bild, die Aufnahme der Arbeitskräfte in das Haus des Meisters mit entsprechender Sozialfürsorge wird allenfalls die Ausnahme gewesen sein[34].

Eine Stadt von der Größe Luzerns mit einer Einwohnerzahl zwischen 5000 und 6000 stellte ca. 260 Gesellenarbeitsplätzen zur Verfügung, in die die Herren- und Bürgerknechte mit 119 Personen sogar noch eingerechnet sind. Die Zahlen, die wir über die Gesellenwanderung inzwischen besitzen sowie die relativ kleinen konstanten Betriebsgrößen, die Göttmann aufgrund der verschiedensten Zunftordnungen ermittelte, lassen schon bei einem ersten Überblick den Gesellen-Arbeitsmarkt als relativ klein erscheinen[35].

Gesellenzahlen der Gewerbe

Sattler, Gürtler und Säckler	21
Müller	10
Fischer	6
Bartscherer und Bader	22
Metzger	24
Gerber	17
Schneider	44
Bursner	32
Schuhmacher	117
Herren- und Bürgerknecht	119
Hafner	6
Weber und Hutmacher	30
Steinmetzen und Zimmerknechte	45
Roßtäuscher	10
Schmiede	58
Pfister	24

Von den wettbewerbsbeschränkenden Zunftnormen her lag die *Betriebsgröße* bei: 1 Meister, 2 bis 4 Gesellen und 1 Lehrling[36], zumindest was die Zünfte anging, die vornehmlich für den lokalen Markt arbeiteten. Für das 16. Jahrhundert, von dem man nur sehr bedingt auf das Spätmittelalter zurückschließen kann, ergaben sich für Heidelberg folgende tatsächliche Betriebsgrößen[37]:

---

[34] Vgl. näher unten Abschn. 4.7.1.

[35] Ingomar *Bog*, S. 57, unter Bezugnahme auf den Kodex 1220 (weißes Büchlein), Fol. 40: Beschreibung der Handwerks- und Dienstgesellen zu Luzern 1437. Item, in diesem Buch werden geschrieben alle fremden Knechte, die jetzt in unserer Stadt sind oder die noch förderhin dahin kommen . . ."

[36] Frank *Göttmann*, Anhang Nr. 10 sowie S. 104 ff.

[37] Franz *Eulenburg*, Städtische Berufs- und Gewerbestatistik im 16. Jahr-

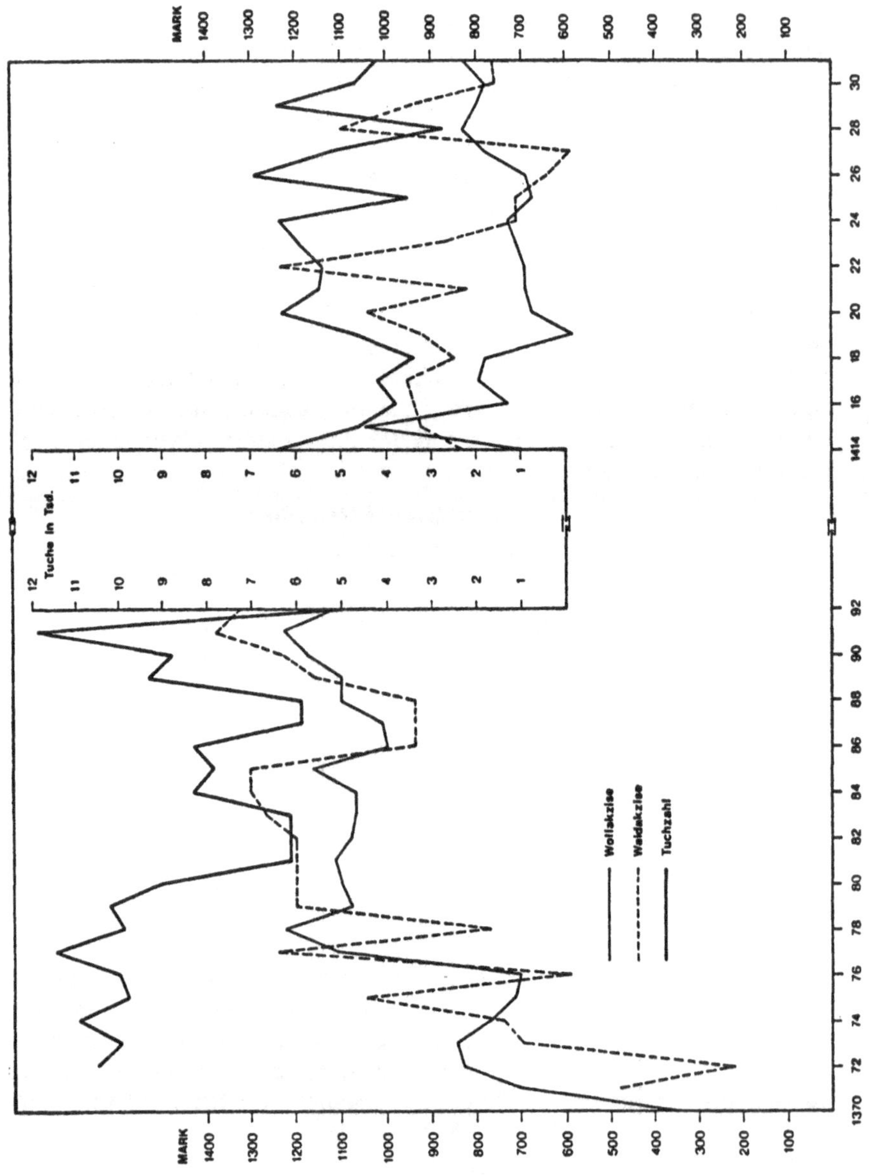

Abb. 13. Entwicklung der Tuchproduktion, der Wolleinfuhr und der Waideinfuhr in Köln 1370—92 und 1414—1431/32. Quelle: Franz *Irsigler*, Die wirtschaftliche Stellung der Stadt Köln im 14. und 15. Jahrhundert (Vierteljahresschrift zur Sozial- und Wirtschaftsgeschichte, Beiheft 65), Wiesbaden 1979, S. 17.

Alleinbetriebe	: 240 =	53,3 %
Betriebe mit 1 männl. Gesellen	: 123 =	27,5 %
Betriebe mit 2 männl. Gesellen	: 55 =	12,4 %
Betriebe mit 3 männl. Gesellen	: 24 =	5,3 %
Betriebe mit 4 männl. Gesellen	: 6 =	1,3 %
Betriebe mit 5 männl. Gesellen	: 1 =	0,2 %

Anders war die Situation in den Exportgewerben:

In der *Tuchproduktion* wurden vor allem Lohnarbeiter tätig, sobald diese Produktion einen bestimmten Umfang überschritt. Das Beispiel Kölns macht die Probleme deutlich: Im Textilbereich bildeten neben den Webern lediglich die Tuchscherer eigene Zünfte[38]. Die Walker verloren ihre Selbständigkeit 1371. Die oben erwähnten anderen Zünfte produzierten jeweils andere Tucharten. Für den vor allem bedeutenden Wolltuchbereich sind allein die Woll-Weber erwähnt.

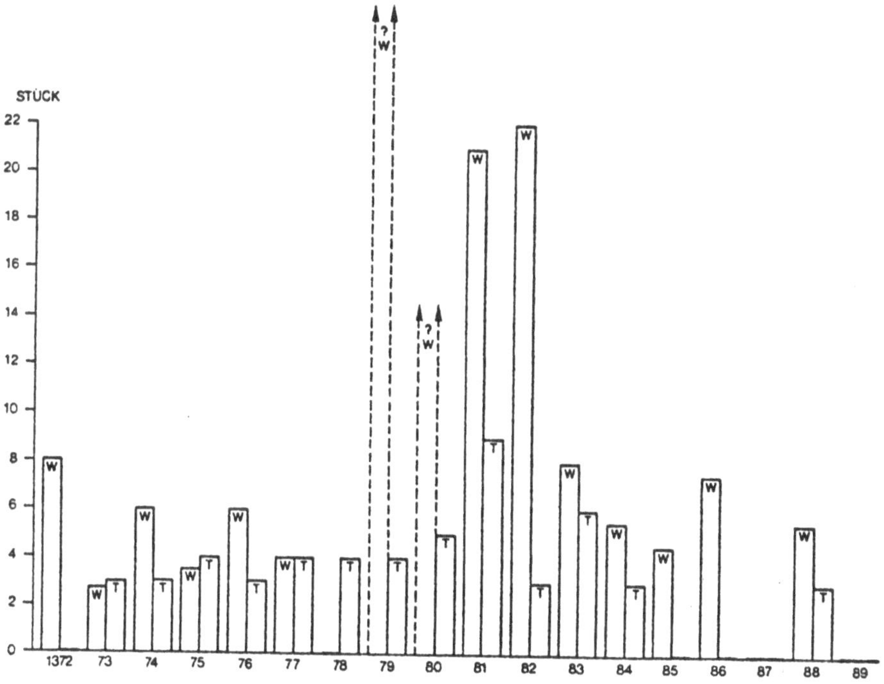

Abb. 14. Neuzulassung von Woll- und Tirtywebstühlen in Köln zwischen 1372 und 1389. Quelle: *Irsigler*, S. 18.

hundert (Heidelberg), in Zeitschrift für die Geschichte des Oberrheins, NF 11 (1896), S. 81—141, S. 132; ebenso ohne Nennung der Quellen Werner *Sombart*, Der moderne Kapitalismus. Historisch-systematische Darstellung des gesamteuropäischen Wirtschaftslebens von seinen Anfängen bis zur Gegenwart, 1. Bd., 1. Hlbbd., München — Leipzig, 6. Aufl., 1924, S. 266.

[38] Vgl. *Loesch*, Einleitung.

Die Zahl der produzierten Wolltuche erreichte in den 70er Jahren des 14. Jhs. und noch einmal 1392 mit rund 12 000 Tuchen ihre Maxima, um sich dann zu Beginn des 15. Jhs. bei 7000—4000 Tuchen zu stabilisieren. 200, später 300 Webstühle waren zugelassen. Ab 1397 sollte ein Meister nicht mehr als 2 Webstühle und einen Lohnarbeiter haben. Es ist aber produktionstechnisch unmöglich, mit wenigen Gesellen, einem Lohnarbeiter und einem Lehrling eine solche Anzahl von Tüchern zu produzieren, wenn man sich den Produktionsprozeß einmal ansieht: Waschen, Schlagen, Kratzen und Kämmen der Wolle; Verspinnen zu Wollengarn; Weben der Wolle, sodann Walken, Trocknen, Recken, Dekatieren, Noppen; schließlich Färben sowie Scheren und Pressen der fertigen Tuche. Auf einen voll ausgelasteten Webstuhl dürften im mittelalterlichen Produktionsbetrieb zwischen 20 und 30 Hilfskräfte gekommen sein[39]. Insgesamt dürften in Köln 6—8000 Personen im Textilgewerbe beschäftigt gewesen sein, d. h. also bis zu einem Fünftel der gesamten Kölner Bevölkerung. Den Webermeistern gelang es in Köln also, Herren des gesamten Produktionsprozesses zu werden und die zünftige Selbständigkeit bzw. Ausgliederung anderer Produktionsabschnitte zu verhindern. Hinzu muß man noch den Absatzbereich denken, in dem bei Transportarbeiten, Lagerarbeiten und sonstigen Hilfstätigkeiten gleichfalls nichtzünftige Lohnarbeiten bzw. Tagelöhnerarbeit erforderlich war.

Es ist vielleicht kein Zufall, daß gerade in diesem Bereich in manchen Städten nicht von den üblichen Zunftbeschränkungen die Rede ist. Das Nürnberger Tuchmacherhandwerk kannte zwar — wie fast alle anderen Tuchmacher — scharfe Qualitätskontrollen, jedoch keine Vorschriften für Lehrlings- und Gesellenausbildung, so daß jeder Betrieb so viele Gesellen, Lehrlinge und Hilfskräfte beschäftigen konnte, wie es die Produktion erforderte[40].

---

[39] *Irsigler*, Die wirtschaftliche Stellung, S. 17, Graphik 1. *Ders.*, Kölner Wirtsaft, S. 11, und passim sowie *Bog*, S. 53 m. w. N. Neuzulassung von Woll- und Tirteywebstühlen in Köln 1372—89. *Irsigler*, Die wirtschaftliche Stellung, S. 18, Graphik 2. Zur Wollproduktion vgl. E. M. Carus *Wilson*, The Woollen Industry, in: The Cambridge Economic History 2, 1952; Alfred *Doren*, Die Florentiner Wollentuchindustrie vom 14. bis zum 16. Jahrhundert. E. Beitr. zur Gesch. d. mod. Kapitalismus (Studien aus der Florentiner Wirtschaftsgeschicht 1), (ND 1969), Stuttgart 1901. G. de *Poerck*, La draperie médievale en Flandr et en Arteus, technique et terminologie, 3 Tle, 1951. M. *Spallanzani* (Hrsg.), La lana come materia prima. I fenomeni della sua produzione e circolazione nei secoli XIII—XVII (Ist. Int. di Storia Economica, Prato, Ser. II, 1.), 1974. *Ders.* (Hrsg.), Produzione, commercio e consumo dei panni di lana. XII—XVII secolo (Ist. Int. di Storia Economica, Prato, Ser. II, 2), 1976. W. *Endrei* / W. v. *Stromer*, Textiltechnische und hydraulische Erfindungen und ihre Innovatoren in Mitteleuropa im 14./15. Jahrhundert, in: Technik — Geschichte, Nr. 41, 1974.

[40] Ingo *Marburg*, S. 72, der zurecht darauf hinweist, daß in anderen Gewerben Meisterstücke und Ausbildungsvorschriften bereits üblich waren.

Ein weiteres Kölner Beispiel zeigt diese Tendenz zur Lohnarbeit: Etwa um 1400 war die Beschäftigung von Lohnarbeitern im *innerstädtischen Verlag* durchaus üblich. Die Nadler bedienten sich einer solchen Organisationsform. Die Kupferschläger organisierten zu Beginn des 15. Jhs. ihren Verlag durch Einstellung von drei Zwischenmeistern, die die Rohmaterialien an 33 Heimarbeiter verteilten[41].

Es ist im Rahmen dieser Untersuchung unmöglich, die Bevölkerung einer mittelalterlichen Stadt unter dem Gesichtspunkt statistisch aufzuarbeiten, welche Art der Lohnarbeit sie leistete. Denn die Quellenlage ist viel zu unsicher. Ob sich unter der Bezeichnung „Knecht" ein reiner Lohnarbeiter oder ein „Geselle" — der Begriff kam erst später in häufigeren Gebrauch — verbarg, ist kaum zu unterscheiden[42]. Waren die „Opperknechte" des Kölner Handwerks Lohnarbeiter, Tagelöhner oder Gesellen des Bauhandwerks? Die folgenden Zahlen sollen lediglich plausibel machen, von welcher Bedeutung die nichtzünftige Arbeit in mittelalterlichen Städten wahrscheinlich war.

Rechnet man nämlich die Kölner Zahlen zusammen, so ergibt sich bei etwa 40 000 bis 45 000 Einwohnern im Spätmittelalter[43]:

Städtische Verkehrsarbeiter (i. w. S.)	2 000
Diener etc.	5 000
(unklar, ob hierin die 1600 Diener von Geistlichen enthalten sind)	
Wollwebereiarbeiter bei 300 Webstühlen à ca. 25 Personen pro Stuhl	7 500
Zusammen (ohne die 1600 Diener) mehr als	14 500

Denkt man dazu die vielen Bauhilfsarbeiter, Hilfsarbeiter im Weinbau, die vielen anderen Weber — z. B. Barchantweber, Leineweber, Tirteyweber — so ergibt sich, daß sicher die Hälfte der Gesamtbevölkerung (wahrscheinlich mehr) ihre Arbeit in den Bereichen fand, die nicht vom typischen Bild zünftiger Arbeit geprägt waren.

Anders stellt sich z. B. die Situation in Nürnberg dar[44], dessen gewerblicher Schwerpunkt sich in der Metallverarbeitung und im Textil-

---

[41] *Irsigler*, S. 119.

[42] Das erkennt wie andere vor ihm zutreffend Horst *Müller* (Fn. 31), S. 10, für den Baubereich. Allgemein z. B. *Ebel*, Gewerbliches Arbeitsvertragsrecht, S. 16.

[43] *Kellenbenz*, S. 327, in Fortentwicklung von *Banck* (Fn. 15).

[44] Die Nürnberger Bürgerbücher. Teil 1: Die Pergamentenen Neubürgerlisten 1302—1448. Mit einer Einführung in die mittelalterlichen Quellen zur Bevölkerungs- und Sozialgeschichte Nürnbergs (hrsg. vom Stadtarchiv Nürnberg), Nürnberg 1974, S. 64*—66*, sowie *Möncke*, Einleitung, S. 14, sowie Abdruck der Nürnberger Handwerksmeisterliste vom 8. September 1363, ebd., Nr. 63 = S. 226 ff. m. w. N.

Leder-Bereich befand. Die Meisterliste vom 8. September 1363 zeigt 1215 Meister in 50 geschworenen Handwerken, von denen 23 Gewerbe mit 387 Meistern metallverarbeitend tätig waren, gegenüber 528 Meistern im Textil- und Lederbereich einschließlich Produktion und Verarbeitung (15 Berufe). Im Metallbereich waren also produktionsverbessernde Differenzierungen der Berufe erfolgt, so daß hochspezialisierte Handwerker tätig waren. Die Wohnbevölkerung betrug 1450 zwischen 20- und 21 000 Personen[45]. Setzt man diese Meisterzahlen konstant, obwohl die Bevölkerung seit der Zählung von 1397 um ca. 7000 bis 8000 Personen abgenommen hatte, so waren ein Drittel der Bürger Meister (= 7 % der Bevölkerung) und 18,6 % der Bevölkerung Knechte und Mägde. Die Tabellen geben keinen Aufschluß darüber, ob es sich bei den als Knechten und Mägden angegebenen Personen um zünftig gebundene handelt. Unzünftiges Hilfspersonal wird sich vor allem aus der Gruppe der Nichtbürger rekrutieren, die keine Vorräte für ein halbes Jahr anlegen konnten. Es handelt sich um eine Gruppe von 2000 Personen, die relativ und absolut arm waren, die also immerhin knapp unter 10 % der Bevölkerung ausmachte.

Weil in Nürnberg hochspezialisierte metallverarbeitende Tätigkeit verlangt wurde, muß der Anteil an „Gesellen" höher gewesen sein, als in Köln und den oberdeutschen Städten, die vom verlegten Tuchgewerbe und Weinhandel dominiert wurden. Obwohl die Schmiedezunft in 17 Unterabteilungen bereits gegen Ende des 14. Jahrhunderts in Köln den Stand eines bedeutenden Exportgewerbes erreichte, geht man mit Gesellen, Lehrlingen und Hilfsarbeitern lediglich von 1000 in diesem Gewerbe tätigen Personen aus[46]. Hingegen weist die Meisterliste von Nürnberg insgesamt 1215 Meister für das Jahr 1363 aus. Legt man eine durchschnittliche Betriebsgröße von 4 Personen — einschließlich des Meisters — fest, so ergeben sich 3645 Gesellen und Lehrlinge, eine im Verhältnis zur Bevölkerung beträchtliche Zahl, der mangels anderer Angaben die unzünftigen Arbeitnehmer nicht gegenübergestellt werden können. Als Gewerbestadt mit einem hochspezialisierten Exportgewerbe, das besondere handwerkliche Fähigkeiten voraussetzte, war Nürnberg aber sicher eine Ausnahme, wie der Vergleich z. B. mit Luzern und anderen Städten zeigt[47].

[45] *Möncke*, Nr. 100 = S. 317 ff. m. tabellarischer Zusammenstellung der Einwohner Nürnbergs nach Bevölkerungsgruppen, S. 319, nach der Nürnberger Volkszählung Ende 1449/Anfang 1450 nach: Carl *Hegel*, Theodor *Kern* u. a. (Bearb., Die Chroniken der fränkischen Städte, Nürnberg, Bd. 2, Leipzig 1864, S. 317—323), dazu *Hegel*, Über die Bevölkerungszahl und Handwerksverhältnisse zu Nürnberg im 14. und 15. Jahrhundert, ebd., S. 500 ff., sowie *Möncke*, ebd., m. w. N. Vgl. noch *Bog*, S. 71, Fn. 89, der von 22 211 Einwohnern im Jahre 1449 ausgeht.

[46] *Loesch*, Bd. I, S. 153, Anm. 1.

[47] Vgl. *Bog* sowie unten bei der Einwanderungsfrage, Abschn. 4.5.

Ohne, daß hier präzise Quantifizierungen möglich oder auch nur beabsichtigt sind, wird durch die Beispiele deutlich, daß in den Schwerpunktbereichen mittelalterlicher Produktion[48], nämlich im Textilge-

[48] *Henning* weist noch in Tabelle 2, S. 265, die Struktur des sekundären Sektors in Deutschland um 1800 so auf: Textil, Bekleidungssektor 52,5 %, davon 8,3 % im Handwerk und 41 % im Verlag. Das Handwerk dominiert aber noch mit fast 50 %. Die Gewerbeexportstadt Zwickau zeigte 1531 ähnliche Zahlen, z. B. 53 % im Tuchgewerbe (*Henning*, S. 207).

Struktur des sekundären Sektors in Deutschland um 1800

Zweig	Handwerk in v. H.	Verlag in v. H.	Manufaktur in v. H.	Zusammen	
				in v. H.	absolut
Metall	5,6	1,0	1,0	7,6	170 000
Bau	*10,4*	0,0	0,0	10,4	240 000
Steine, Erden	2,9	0,0	0,2	3,1	70 000
Feinmechanik	0,7	0,1	0,1	0,9	20 000
Textil, Bekl.	*8,3*	*41,0*	3,2	52,5	1 170 000
Holz, Papier	8,6	1,0	0,7	10,3	230 000
Nahrung	*13,4*	0,0	0,0	13,4	300 000
Bergbau	0,0	0,0	1,8	1,8	40 000
Insgesamt	49,9	43,1	7,0	100,0	2 240 000

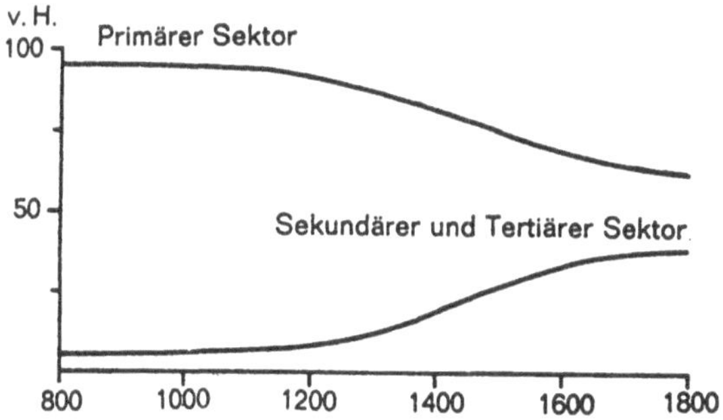

Abb. 15. Anteil der in den einzelnen Wirtschaftssektoren Beschäftigten an der Gesamtzahl zwischen 800 und 1800. Quelle: *Henning*, S. 21.

werbe und in der Metallverarbeitung, die Organisation sich vom zünftlerischen Kleinbetrieb wegbewegte. Neben den *ländlichen Verlag*[49], der oft von Webern betrieben wurde, trat die innerstädtische und/oder die Lohnarbeiterschaft. Hingegen blieb der zünftige Kleinbetrieb durchaus in der Versorgung insbesondere des lokalen Marktes mit Lebensmitteln und Dienstleistungen (Schuhe, Brot und Fleisch) vorherrschend. Die Nürnberger Meisterliste von 1363 weist erhebliche Personenzahlen für diese Bereiche aus: 75 Bäcker, 71 Fleischhacker, 76 Schneider, 81 Schuster und 37 Flickschuster[50].

Den Lohnarbeitern und den scheinbar Selbständigen, die im Verlag tätig waren, fehlte jegliche rechtliche Absicherung, und zwar auch die, die sich für uns mit den Vorstellungen von zünftiger Tätigkeit verbindet; unabhängig davon, ob es solche Absicherungen im zünftigen Bereich tatsächlich gab. Es wird zu zeigen sein, daß diese Arbeitskräfte zu den Armen gehörten, die zumeist am Rande des Existenzminimums lebten und die von Schwankungen der Agrarpreise besonders bedroht waren. Ihre Einordnung in den unteren Teil der Unterschicht wird bei Betrachtung der städtischen Sozialstruktur deutlich.

4.3. Armut in den Städten

Armut hat es im Mittelalter stets gegeben, und zwar in den Städten wie auf dem Lande. Die Erkenntnis, daß wirtschaftlich keine Kontinuität vorherrschte, sondern daß die Krise der Normalzustand war, erklären die vielfältigen Hungersnöte und die Armut zunächst hinreichend. Aber in einer Zeit, die, wenn auch in bewußter Überzeichnung, als „Goldenes Zeitalter" der gewerblichen Tätigkeit gekennzeichnet wird, erstaunt es, daß Armut und Hunger in den Städten vorhanden gewesen sein soll. Die Städte waren doch der Ort, wo eben diese gewerbliche Tätigkeit schwerpunktmäßig geleistet wurde. Wie konnte es gerade dort zu Armut kommen?

Die seit langem bekannten statistischen Daten sprechen indes eine eindeutige Sprache. In Basel waren zwischen 1429 und 1476 zwischen 45 und 63 % der Bevölkerung im Bereich primärer Armut, was bedeutet, daß „nicht einmal die notwendige Befriedigung der menschlichen Grundbedürfnisse nach Ernährung, Kleidung und Unterkunft gesichert" war[1].

[49] Die Klingenherstellung in Nürnberg fand immer stärker durch Stückwerker auf den Dörfern statt, die im Verlag der Messermeister arbeiteten. Vgl. Kurt *Keller*.

[50] *Möncke* (vgl. Fn. 44 f.). Die Betriebsgrößen waren in diesen Bereichen, in denen interlokale Zunftorganisation vornehmlich stattfand, besonders gering. Vgl. *Göttmann*, Anhang Nr. 10 = S. 255 ff. Zu Betriebsgrößen vgl. Abschn. 4.5.2.

[1] *Henning*, S. 78, Abb. 7; Thomas *Fischer*, Städtische Armut und Armen-

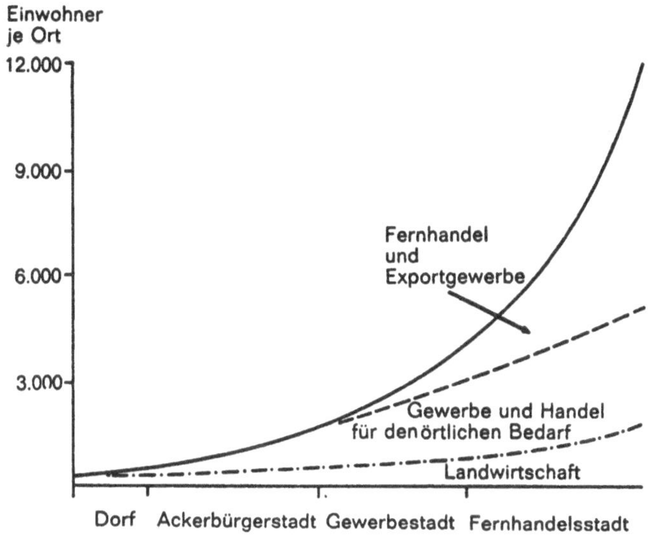

Abb. 16. Zusammenhang zwischen der Größe eines Ortes und den Einkommensmöglichkeiten. Quelle: *Henning*, S. 78.

In Freiburg und Straßburg war dieser Anteil nicht viel geringer, und darüber hinaus kann man den Teil der Bevölkerung, der durch Hunger existentiell bedroht war, auf 5—10 % schätzen[2]. In den unteren Schichten wurde je nach Einkommen etwa 70 % der Einkünfte für Essen ausgegeben, 15 % für die Wohnung und weitere 15 % für die Kleidung kamen hinzu. Eine deutliche Besserstellung dieses Personenkreises war schon erreicht, wenn die Quote, die für den Nahrungsmittelerwerb nötig war, auf 60—65 % sank[3]. Von dem auch in den Chroniken vielfach beklagten Luxus in bezug auf das Essen, der Ausdruck einer mittelalterlichen Verschwendungssucht gewesen sein soll, kann zumindest für diesen Personenkreis keine Rede sein[4].

fürsorge im 15. und 16. Jahrhundert. Sozialgeschichtliche Untersuchungen am Beispiel der Städte Basel, Freiburg i. Br. und Straßburg (Göttinger Beiträge zur Wirtschafts- und Sozialgeschichte, Bd. 4), Göttingen 1979, S. 52 f. *Bog*, S. 70. Traditioneller Hans *Planitz*, Zur Geschichte des städtischen Meliorats, in: SZ GA 67 (1950), S. 141—175.

[2] *Fischer*, S. 57.

[3] *Dirlmeier*, S. 308 ff., 425. Vgl. die instruktiven Abbildungen bei *Aubin / Zorn*.

[4] Die Vorstellung von der Völlerei ist besonders in der älteren Literatur in bezug auf das Ende des Mittelalters und den Beginn der Neuzeit präsent. Der enorme Fleischverbrauch, die Freßlust und der Kleiderrausch finden sich vor allem in Quellen, die Personen verfaßt haben, die eben diesen armen Schichten nicht zuzurechnen sind. Bei Matteo Villani ist davon die Rede. Zweifellos war der *Fleischverbrauch* gestiegen. Vgl. schon Rudolf *Martin*, Der

Die Feststellung solcher statistischer Durchschnittswerte gibt keinen Aufschluß darüber, wer die Armen waren, insbesondere welchen Berufen sie angehörten. Waren die Armen die nichtzünftigen gewerblichen Arbeitskräfte oder gehörten auch zünftige Gesellen und Mägde dazu? Zur Beantwortung dieser Frage sind zwei zusätzliche Differenzierungen einzuführen. Zum einen die zwischen reichen und armen Zünften und zum anderen die zwischen den Zunftangehörigen selbst.

Seit langem ist bekannt, daß es reiche und arme Zünfte gab. Doch erst die statistischen Ausarbeitungen zeigten, wie gravierend diese Unterschiede waren: In den Baseler Steuerbüchern von 1429 wurden aufgeführt:

1. „Herrenzünfte" (vor allem kaufmännische Zünfte) mit 22 % Anteil der Zunftbevölkerung und 63 % Anteil am Vermögen,
2. „mittlere Zünfte" (Bäcker, Metzger, Schmiede, Scherer etc., Gärtner, Schuhmacher) mit 40 % Anteil der Zunftbevölkerung und 26 % Anteil des Vermögens,
3. „untere Zünfte" (Zimmerleute — Maurer, Schiffsleute — Fischer, Schneider — Kürschner — Weber, Rebleute — Grautücher) mit 38 % Anteil der Zunftangehörigen und nur 11 % Vermögensanteil[5].

Die Veränderungen in der Hierarchie der Zünfte, die sich aufgrund unterschiedlicher Konjunktur und Marktlagen ergaben, sollen hier nicht interessieren[6]. So bewirkte z. B. der Zusammenbruch des südosteuro-

Fleischverbrauch im Mittelalter und in der Gegenwart, in: Preußische Jahrbücher, Bd. 82, S. 308—342, sowie schon Gustav *Schmoller*, Die historische Entwicklung des Fleischkonsums sowie der Vieh- und Fleischpreise, in: Z. f. d. ges. Staatswissenschaft 27 (1871), S. 284—362. Die Bezugnahme auf den Fleischverbrauch ergab sich, da dieser einer der ersten feststellbaren Indikatoren für mittelalterliches Leben war. Zu den *Kleiderordnungen* vgl. L. C. *Eisenbart*, Kleiderordnungen der deutschen Städte zwischen 1350 und 1700 (Göttinger Bausteine zur Geschichtswissenschaft 32), Göttingen 1962, bes. S. 163 f. Zur Effektivität und zu den tatsächlichen Verhältnissen kann aber nichts gesagt werden. Michael *Stolleis*, Art.: Luxusverbote, in: HRG, Bd. 3, Sp. 119 ff.; *ders.*, Luxusverbote, in: Sozialwissenschaften im Studium des Rechts, Bd. IV: Rechtsgeschichte, München 1978, S. 145 ff. Zur Chronik der Villanis vgl.: Louis F. *Green*, Chronicle into History. An essay on the interpretation of history in Florentine fourteenth century chronicles, Cambridge 1972, sowie Enrico *Fiumi*, Economia e vita private dei fiorentini nelle rivelzioni statistiche di Giovanni Villani, in: Archivo storico italiano 111 (1953), S. 207—241. Mary Elisabeth *Schlichting*, Religiöse und gesellschaftliche Anschauungen in den Hansestädten des Spätmittelalters, Diss., Berlin 1935. *Anderer Auffassung* Wolfram *Fischer*, S. 10 ff., sowie *Dirlmeier*, S. 461.

[5] Thomas *Fischer*, S. 59.

[6] Ob die Kaufmannszünfte, die Weber oder bei guten Bedingungen die Weinleute an der Spitze der Zünfte standen, hing von der jeweiligen innerstädtischen Zunftorganisation ab. In den meisten Städten umfaßten die Zünfte mehrere Berufsgruppen. In großen Städten, wie z. B. in Köln, waren Angehörige mehrerer Zünfte in Gaffeln organisiert. Generelle Aussagen stehen daher unter Vorbehalt.

päischen Marktes für die Wollweber einen Produktions- und Bedeutungsrückgang, während das metallverarbeitende Gewerbe im 15. Jh. in beiden Beziehungen zunahm[7]. Auch in Freiburg gab es eine eher kommerzielle Zunftoberschicht (Gerber, Krämer, Schneider, Tucher), eine handwerkliche Mittelschicht (Bäcker, Maler, Schmiede, Schuhmacher, Metzger) sowie eine Unterschicht (Küfer, Zimmerleute, Rebleute), die 45 % der Zunftbevölkerung ausmachte, aber nur 10 % des Vermögens hielt[8]. Was diese Zahlen für das Einkommen der abhängigen Arbeitnehmer in den Zünften[9] bedeuten, wird offenbar, wenn man innerhalb der verschiedenen Zünfte eine zusätzliche Differenzierung nach dem Grad der Armut vornimmt.

So besaßen in Basel 1429 unter 50 fl[10]:

Rebleute und Grautücher	75 %
Weber	57 %
Schneider	53 %
Gärtner	42 %
Zimmerleute und Maurer	39 %
Schiffleute und Fischer	37 %

Das sind zusammen 68 % aller zünftigen Steuerzahler. Der Vergleich mit der obigen Tabelle macht deutlich, daß die Zünfte der Weber und Schneider als solche nicht arm waren, daß sie aber eine Fülle von armen abhängigen Arbeitskräften und evtl. auch abhängigen Meistern hatten[11].

---

[7] *Irsigler*, S. 11 ff.

[8] Thomas *Fischer*, S. 61 ff.; grundlegend Gustav *Schönberg*, Finanzverhältnisse der Stadt Basel im 14. und 15. Jahrhundert, Tübingen 1879.

[9] Zu diesen Fragen vgl. auch grundlegend mit reichem statistischem Material Peter *Eitel*, Die oberschwäbischen Reichsstädte im Zeitalter der Zunftherrschaft. Untersuchungen zu ihrer politischen und sozialen Struktur unter besonderer Berücksichtigung der Städte Lindau, Memmingen, Ravensburg und Überlingen (Schriften zur südwestdeutschen Landeskunde, Bd. 8), Stuttgart 1970, S. 139, passim; S. 146 ff., *ders.*, Die oberschwäbischen Reichsstädte im ausgehenden Mittelalter — Eine Skizze ihrer Verfassungs-, Sozial- und Wirtschaftsstruktur, in: Ulm und Oberschwaben 39 (1970), S. 9 ff.; *ders.*, Die politische, wirtschaftliche und soziale Stellung des Zunftbügertums in den oberschwäbischen Reichsstädten am Ausgang des Mittelalters, in: *Maschke* / *Sydow* (Hrsg), Städtische Mittelschichten, Stuttgart 1972, S. 87 ff.; B. *Kirchgäßner*, Wirtschaftliche und soziale Differenzierungen innerhalb der Zünfte des 14. Jahrhunderts, dargestellt am Beispiel mecklenburgischer Städte, in: Zeitschrift für Geschichtswissenschaft, Bd. V (1957), S. 1181—1197. Werner *Spieß*, Fernhändlerschicht und Handwerkermasse in Braunschweig, in: Hansische Geschichtsblätter 63 (1938), S. 49—85. Ellynor *Geiger*, Die soziale Elite der Hansestadt Lemgo und die Entstehung des Exportgewerbes auf dem Lande in der Zeit von 1450 bis 1650 (Sonderveröffentlichung des Naturwissenschaftlichen und Historischen Vereins für das Land Lippe 25), Detmold 1976.

[10] Thomas *Fischer*, S. 66.

[11] Vgl. *Laube*.

Armutsverteilung in einigen Baseler Zünften 1429

Vermögen unter	10 fl	25/30 fl	50 fl	100 fl	
Grautücher/Rebleute	37 %	primäre Armutsgrenze	75 %	90 %	Grenze d. sek. Armut
Metzger	24 %		36 %	54 %	
Krämer	11 %		26 %	36 %	
Kaufleute	3 %		5 %	8 %	

In Freiburg besaßen weniger als 100 fl[12]:

96 % der Rebleute,
86 % der Zimmerleute und
75 % der Küfer.

Immerhin standen sich die Zunftangehörigen aber noch um ein geringes besser als diejenigen, die als Unzünftige ausgewiesen waren. Während 1429 40 % der Leinenweber und Weber unter 10 fl Vermögen besaßen, wurde diese Armut-Spitzengruppe der Zunftangehörigen noch von den Nichtzünftigen übertroffen, die in Klein-Basel gezählt worden waren. ⅔ dieses Personenkreises erreichte nämlich den Betrag von 10 fl nicht[13]. Die Augsburger Vermögensaufstellung von 1475 bestätigt diesen Sachverhalt. Von 4485 Personen wurden 107 Bettler und 151 Tagelöhner als völlig vermögenslos eingestuft, darüber hinaus aber noch 2700 Habenichts-Handwerker, so daß 66 % der Bevölkerung praktisch vermögenslos waren[14].

Große Vermögen konzentrierten sich bei den Personen, die Handel treiben konnten[15]. Das waren je nach Organisation die Kaufleute, zu-

[12] Thomas *Fischer*, S. 64 ff.

[13] Nach *Schönberg* (Fn. 8), S. 146—149, hat *Möncke*, S. 285, in Tabelle II die Vermögensverteilung in Basel aufgelistet.

[14] Dekret des Augsburger Rates über die Erhebung einer Zuschlagssteuer vom 16. Mai 1475, in: Die Chroniken der schwäbischen Städte, Augsburg III, S. 250 f.; dazu vgl. Rolf *Kießling*, Bürgerliche Gesellschaft und Kirchen in Augsburg im späten Mittelalter (Abhandlungen zur Geschichte der Stadt Augsburg, Bd. 19), Augsburg 1971, S. 44 ff.; J. *Hartung*, Die Augsburger Zuschlagsteuer von 1475. Ein Beitrag zur Geschichte des städtischen Steuerwesens sowie der socialen und Einkommensverhältnissen am Ausgang des Mittelalters, in: Jahrbuch für Gesetzgebung, Verwaltung und Volkswirtschaft im Deutschen Reich 19 (1895), S. 95 ff. Instruktiv der Vergleich von Rolf *Sprandel*, Sozialgeschichte 1350—1500, in: Aubin / Zorn, Handbuch der deutschen Wirtschafts- und Sozialgeschichte, Stuttgart 1971, S. 360—382, S. 377.

[15] Allgemeine Meinung vgl. z. B. Jakob *Strieder*, Zur Genesis des modernen Kapitalismus. Forschungen zur Entstehung der großen bürgerlichen Kapitalvermögen am Ausgange des Mittelalters und zu Beginn der Neuzeit, zunächst in Augsburg, 2. vermehrte Aufl., München und Leipzig 1935.

meist wenn sie als Verleger tätig waren, oder Handwerker aus dem Textilbereich, wenn sie in diesem Bereich Handel treiben konnten. Großer Reichtum trat wegen der Handelsmöglichkeit insbesondere im Verlag auf. Ein Verleger konnte durch Vorschießen der Produktions- und/oder Betriebsmittel die gesamte Produktion und evtl. den Handel beherrschen und so die Gewinne in einer Hand konzentrieren. Vielleicht ist die weniger krasse Vermögensverteilung in den Hansestädten darauf zurückzuführen, daß der Verlag hier stärker bekämpft und verhindert wurde[16]. In vielen Hansestädten wurden Normen gegen die Versuche der Böttcher erlassen, das Gewerbe kapitalistisch zu organisieren. Man versuchte den Handel mit Tonnen zu unterbinden sowie die Beschäftigung ärmerer Kollegen im Lohn- oder Stückwerk[17]. Während in den oberdeutschen Städten die Webermeister oft zu Stückmeistern herabsanken, gelang es in einigen Hansestädten den Webern, Herr der Produktion und Träger des Handels zu bleiben[18]. Es war allerdings von Stadt zu Stadt verschieden, wer sich in bezug auf die Vermarktung der Textilprodukte durchsetzen konnte. In manchen Städten waren Spinner, Färber oder Walker selbständig, in anderen arbeiteten sie im Lohnwerk. Darüber hinaus waren die Hansestädte keine typischen Gewerbestädte, die für den Export produzierten. Schiffsbau, Schiffsverproviantierung und Transportleistungen waren insgesamt nicht verlagsanfällig.

Den drei letzterwähnten Bereichen gewerblicher Tätigkeit sicherte das Arbeitsrecht nicht die elementaren Lebensbedingungen. Die Arbeitnehmer im städtischen oder ländlichen Verlag, ob man sie als Zunftangehörige qualifizierte oder nicht, standen sich letztlich nicht besser

---

[16] Heinrich *Reincke*, Hamburgische Vermögen 1350—1530. Ein Versuch, in: ders., Forschungen und Skizzen zur Geschichte Hamburgs, Hamburg 1951, S. 201 ff. Die von ihm angegebenen vereinzelten Vermögen von Unterschichtsangehörigen sind jedoch nicht repräsentativ: Ziegelarbeiter 1391: 1500 Mark lüb, Dirne 1467: 155,00 Mark lüb, Markt 1475: 35,00 Mark lüb, Mühlenknecht 1480: 48,00 Mark lüb. Dieselbe These vertritt Hermann *Kellenbenz*, Die unternehmerische Betätigung der verschiedenen Stände während des Übergangs zur Neuzeit, in: Vierteljahresschrift zur Sozial- und Wirtschaftsgeschichte 44 (1957), S. 1—25, sowie Ernst *Pitz*, Wirtschaftliche und soziale Probleme der gewerblichen Entwicklung im 15./16. Jahrhundert nach hansisch-niederdeutschen Quellen, in: Wirtschaftliche und soziale Probleme der gewerblichen Entwicklung im 15.—16. und 19. Jahrhundert (Forschungen zur Sozial- und Wirtschaftsgeschichte, Bd. 10), Stuttgart 1968, S. 38 ff.

[17] Wilhelm *Stieda*, Hansische Vereinbarungen über städtische Gewerbe im 14. und 15. Jahrhundert, in: Hansische Geschichtsblätter 5 (1888) = 15. Jg., 1886, S. 101—155, 112.

[18] Bernard *Vollmer*, Die Wollweberei und der Gewandschnitt in der Stadt Braunschweig bis zum Jahre 1671 (Quellen und Forschungen zur Braunschweiger Geschichte V), Wolfenbüttel 1913, S. 10 f. Dort waren die Leiter der Produktion die Lakenmacher, während die Spinner und Weber im Lohnwerk arbeiten, S. 11, 111, 120. In Lüneburg arbeiteten die Spinner gleichfalls im Lohnwerk für die Wollweber, vgl. *Bodemann*, S. 251. Zur Kölner Situation, wo ursprünnglich die Walker selbständig waren, *Irsigler*, Wirtschaft, S. 231.

als freie Lohnarbeiter[19]. Für sie gab es noch nicht einmal den wenn auch recht geringen Schutz, den die Gesellen in den traditionellen Handwerkszünften hatten[20]. Damit stellen sich große Differenzierungen zwischen den Gesellen im kleinbetrieblichen Handwerk und den Arbeitskräften in den drei genannten Sektoren heraus. Eine Zunftaufnahme (ob als Lehrling oder Knecht) im kaufmännischen oder Bankbereich sicherte dem Betroffenen ein Auskommen für den Rest seines Lebens, das sicher nicht an der unteren Grenze lag. Im Bereich der mittleren Zünfte konnte ein guter Geselle zweifellos sein Auskommen finden[21]. Im Textil- oder Baubereich konnten Erwartungen nicht bestehen. Man stand um ein geringes besser als die nichtzünftigen Arbeiter, die Tagelöhner und Bettler und war im besonderen Maße von Konjunkturschwankungen abhängig.

Einige Löhne sollen das Gesagte verdeutlichen[22]:

Löhne Kölner Bauhandwerker und Faßspüler 1374

Berufe	Tageslöhne	pro Jahr	pro Tag	
			mit Suppe	mit Kost
Steinmetz	8 s	160 Mk	6 s	4 s
Zimmermann	8 s	160 Mk	6 s	4 s
Hausdecker	8 s	160 Mk	6 s	4 s
dies. im Winter	6 s	160 Mk	4 s 6 Pfg.	3 s
Lehrling	3 s	65 Mk	2 s 4 Pfg.	1 s 8 Pfg.
Opperknecht	5 s	108 Mk	3 s 6 Pfg.	2 s 8 Pfg.
Leyendecker + Knecht	9 s	195 Mk	7 s	5 s
Lehmstreicher + Knecht	9 s	195 Mk	7 s	5 s
Spülknecht	6 s	130 Mk	5 s	4 s

19 Wie nahe zünftige Arbeit und Lohnarbeit zusammenhing, zeigt eine Taxe für Böttcher vom 12. Mai 1436, die im Tagelohn arbeiten wollten; *Kelter*, Preisregelung, S. 105, vgl. genauer Fn. 22.

20 Sigrid *Fröhlich*, Die soziale Sicherung bei Zünften und Gesellenverbänden. Darstellung, Analyse, Vergleich (Sozialpolitische Schriften, Heft 38). Berlin 1976, die sich wesentlich auf Sekundärliteratur stützt. Zum Problem, vgl. unten Abschn. 4.7.1. Vgl. Georg *Hagen*, Erwerbsordnung und Unterstützungswesen in Deutschland von den letzten Jahrhunderten des Mittelalters bis zum Beginn des Dreißigjährigen Krieges unter besonderer Berücksichtigung der Zunftverfassung, Borna — Leipzig (zugl. Diss. Erlangen), 1913.

21 Die Vermögensnachweise und Zunftkaufgebühren für Bäcker waren je-

In der Zeit, für die die Tabelle gilt (1370—90), verdienten die Bauleute beachtlich. Der Tagesverdienst eines Steinmetzes hatte gereicht, um alternativ zu erwerben[23]:

8 Pfund Rindfleisch, 1 Lammhälfte, 9 Pfund Hammelfleisch, 3 Hühner, 2 Rebhühner, 1 Hasen, 37 Heringe, 26 Schollen, 1 mittelgroßen Hecht oder Karpfen, 3 Pfund Honig, 4 Pfund Reis oder 87 Eier.

Für einen Ochsen mußte der Steinmetz 35 Tage, für ein Pfund Safran 25 Tage, 1 Pfund Pfeffer 3 Tage, für 300 Pfund Salz ca. 10 Tage, 1 Malter (164 Liter) Erbsen 9 Tage, 1 Paar Hosen 4,5 Tage, 1 Kittel 1 Tag, ein Paar Schuhe und Pantoffeln 1 Tag, 1 Elle feines Wolltuch 2 Tage und für 1 Zentner Blei 11 Tage arbeiten. Darüber hinaus waren Geräte aus Holz, Leder, Metall etc. vergleichsweise teuer, was die einleitend dargestellte These hinsichtlich der Lohn-Preis-Schere des Spätmittelalters zu bestätigen scheint. Die Bauarbeit war allerdings witterungs- und konjunkturabhängig, so daß präzise Aussagen über den Jahresverdienst kaum zu treffen sind, obwohl die Lohnordnungen zwischen Winter- und Sommerarbeitstagen genau unterscheiden. Eine durchschnittliche Arbeitszeit von 260 Tagen[24], der die vielfältigen Feiertage etc. zugrunde liegen, wird man für dieses Gewerbe nicht annehmen können.

Das absolute Existenzminimum kann man bei der Rente ansetzen, die die Faßbinder ihren Alten und Kranken zahlen wollten, nämlich 18 Pfennige. Ein Lehrling im Bauwesen verdiente bereits das Doppelte, doch da er nicht das ganze Jahr hindurch diesen Verdienst erzielen konnte, stand er sich sicher nicht doppelt so gut[25].

---

weils relativ hoch, lagen in fast allen Fällen deutlich über denen der Weber. Vgl. Otto *Rüdiger*, Die ältesten Hamburgischen Zunftrollen und Brüderschaftsstatuten, Hamburg 1874. Ahasver von *Brandt*, Die gesellschaftliche Struktur des mittelalterlichen Lübeck in: Untersuchungen zur gesellschaftlichen Struktur der mittelalterlichen Städte in Europa, Konstanz — Stuttgart 1966, S. 236.

[22] Ernst *Kelter*, Geschichte der obrigkeitlichen Preisregelung, Bd. I: Die obrigkeitliche Preisregelung in der Zeit der mittelalterlichen Stadtwirtschaft, Jena 1935, S. 91—123; Walther *Stein*, Akten zur Geschichte der Verfassung und Verwaltung der Stadt Köln im 14. und 15. Jahrhundert (Publikationen der Gesellschaft für Rheinische Geschichtskunde X), Bde., Bonn 1893, Bd. II, S. 41 f. Die Preis-Lohn-Reihen Abels beruhen in weiten Teilen auf Bauarbeiterlöhnen, da diese wegen der amtlichen Buchführung für öffentliche Bauten leichter zu ermitteln sind als die der privaten Arbeitgeber, und zumal man den tatsächlich gezahlten Löhnen nahekommt und nicht den in Ordnungen etc. vorgeschriebenen.

[23] *Irsigler*, Haushalt, Tabellen, S. 665 ff.

[24] Wilhelm *Schönfelder*, Die wirtschaftliche Entwicklung Kölns von 1370 bis 1513. Dargestellt mit linearen Trendfunktionen samt Analyse ihrer Bestimmungsfaktoren (Neue Wirtschaftsgeschichte, Bd. 1), Köln — Wien 1970, S. 101 ff.

[25] *Irsigler*, Wirtschaft, S. 304.

Die Tätigkeit für den *Export* war wesentlich stärker konjunkturabhängig als die der mittleren Zünfte, die den lokalen Markt versorgten[26]. Während die Wolltuchproduktion in Köln vor den 70er Jahren des 14. Jahrhunderts zwischen 15 und 20 000 Tuchen lag, sank sie

1372	auf	10 430	Stück
1392	auf	8 000	Stück
1415—32	auf	5 000	Stück.

Entsprechend verlief die Entwicklung bei Tirtey, das von 1372—74 von 8000 Tuchen bis 1450 auf 500 absank. Es ist mehr als zweifelhaft, ob dieser Wegfall durch andere Textilarten (Barchant, Seide) oder andere Produktionen kompensiert wurde.

Neben diesen Konjunkturschwankungen beeinflußten die Veränderungen der Lebensmittelpreise die Einkommen aus nicht selbständiger Tätigkeit. Wer ohnedies einen großen Teil seines Einkommens für Brotgetreide ausgab, konnte in einer Preissteigerungswelle ruiniert werden. Die Nominal- und Realpreissprünge waren nach wie vor enorm. Zwischen 1450 und 1456 kamen Veränderungen zwischen nominal 2,70 M und 5,60 M (24 g Silber auf 41 g Silber) vor[27]. In den Fällen, in denen die Einkünfte für die Ernährung einer Person ausreichten, konnte darüber hinaus die Gründung einer Familie das Absinken in absolute Armut und Unterstützungsbedürftigkeit bedeuten[28]. Daß die Berufsaussichten der Kinder von armen Personen, besonders zu Zeiten schlechter Konjunktur, schlecht waren, braucht nicht besonders betont zu werden.

Die Konjunktur konnte aber nicht nur negative Einflüsse auf die Einkommensentwicklung haben. Bei Nachfragesteigerungen nach den Produkten und entsprechenden Preissteigerungen bzw. bei einer Tätigkeit in einem spezialisierten besonders gesuchten Gewerbe konnte es ohne weiteres zu Einkommenssteigerungen der nicht selbständig Tätigen kommen. Gegen Ende des 16. Jahrhunderts, als die Konjunktur für Lohnarbeit bereits schlecht war, gelangte die Tuchfärberei in Nürnberg zu einiger Blüte. Man importierte rohe Tuche von England und bereitete sie auf. Zwei Färbereien arbeiteten mit je zwölf Gesellen, während die Tuchbereiter eine unterschiedliche Zahl von Arbeitskräften beschäftigten. (Ein „Räcker" rechnete mit 10 Gesellen und zwei Lehrknechten,

[26] *Irsigler*, Wirtschaft, S. 251 ff. m. w. N.

[27] *Irsigler*, Getreide- und Brotpreise, Tabelle S. 528 sowie Abschn. 4.2., Fn. 23, vgl. weiter Stephan *Beissel*, Geldwerth und Arbeitslohn im Mittelalter. Eine Culturgeschichtliche Studie im Anschluß an die Baurechnung der Kirche des Heiligen Victor zu Xanten (Ergänzungshefte zu den „Stimmen aus Maria Laach" 27), Freiburg i. B., 1884.

[28] Zur sozialen Situation in diesen labilen Schichten vgl. Michael *Kunze*, der Prozeß Pappenheimer, Ebelsbach 1981, S. 14 ff. Vgl. Wolfgang *Hartung*, Die Spielleute. Eine Randgruppe in der Gesellschaft des Mittelalters (Vierteljahresschrift für Sozial- und Wirtschaftsgeschichte, Beiheft 72), Wiesbaden 1982.

ein Tuchbereiter mit 5 oder 6 Gesellen und einem Lehrknecht.) Bei einer Arbeitszeit von täglich 13 Stunden zahlte man 20 1/2 Kreuzer, wöchentlich also 2 Gulden und jährlich somit ein Einkommen von über 100 Gulden. Das war etwa drei- bis viermal so viel, wie die Lohnarbeiter in der Weberei erhielten. Die Löhne waren äußerst flexibel[29].

Diese Beispiele zeigen erneut die große Bedeutung des Arbeitsmarktes. Im 16. Jahrhundert, als die wirtschaftliche Situation des gewerblichen Sektors und seiner Einkommensbezieher sich erneut verschlechtert hatte, zeigt sich ein entsprechendes Lohn- und Wanderverhalten der Dienstboten. Diese gingen nämlich auf das Land, weil die Bauern dort bessere Löhne zahlen konnten und insbesondere Naturalien bieten konnten[30].

Man kann also die Unterschicht in folgende Gruppen unterteilen[31]:

1. *Handwerker mit Haus und Werkstatt*, die eine kleine Miete zahlten, sich im großen und ganzen in gesicherter Stellung befanden. Sie arbeiteten z. T. selbständig, z. T. auch als Stückmeister.

2. *Gesellen und Mägde*, die einen relativ hohen Anteil der Bevölkerung ausmachten, der unter 20 % lag. Sie zahlten in der Regel keine Vermögenssteuer mehr, sondern eine Kopfsteuer, die eine Einkommenssteuer für Vermögenlose darstellte[32]. Man kann zusätzlich unterscheiden:

   2 a) Gesellen und Mägde, die in gesicherter Stellung den „mittleren Zünften" angehörten, sowie

   2 b) Gesellen und Lohnarbeiter aus dem Bau-, dem Agrarsektor sowie aus dem Textilbereich.

   Die „echten Gesellen" waren die politisch aktivste Gruppe der Armen. Sie waren in Bruderschaften (Gilden) organisiert, die z. T. noch in der Lage waren, soziale Aufgaben wahrzunehmen[33].

---

29 *Bog*, Wachstumsprobleme, S. 83; Arno *Kunze*, Zur Geschichte, S. 680 ff., insbesondere Fn. 24.

30 Volkmar *Wittmütz*, Die Gravamina der bayerischen Stände im 16. und 17. Jahrhundert als Quelle für die wirtschaftliche Entwicklung Bayerns (Miscellanea Bavarica Monacensia 26), München 1970, S. 88.

31 Erich *Maschke*, Die Unterschichten der mittelalterlichen Städte in Deutschland, in: *Maschke / Sydow* (Hrsg.), Gesellschaftliche Unterschichten in Südwestdeutschen Städten (Veröffentlichungen der Kommission für geschichtliche Landeskunde in Baden-Württemberg, Reihe B, Bd. 41), Stuttgart 1967, S. 47. Vgl. auch die Schichtungsanalyse von Köln bei *Irsigler*, Wirtschaft, S. 229 ff.

32 Die Gruppe der Knechte und Mägde lag in Nürnberg 1449 bei 18,6 % der Stadtbevölkerung. In Basel waren 17 % der Bevölkerung Dienstboten und Handwerksknechte, die allerdings 29 % der Steuerpflichtigen stellten. Vgl. die Nachweise oben Fn. 10 sowie *Maschke*, S. 29.

33 Vgl. *Reininghaus* sowie unten den Abschn. „Gesellen", 4.9.2.

3. *Tagelöhner*, die in Mietwohnungen oder städtischen Herbergen wohnten. Sie verbrauchten ihre Löhne im wesentlichen für Lebensmittel und nahmen nicht aktiv am religiösen oder politischen Leben der Stadt teil. Einige Zünfte (Agrarzünfte, Faßbinder etc.) waren besonders bei der Saisonarbeit auf diese Tagelöhner angewiesen. Diese Gruppe rekrutierte sich vornehmlich aus den Neueinwanderern. Sie zeichnete sich durch große Mobilität aus.

4. *Almosenempfänger*

5. *Unehrliche Leute*

6. *Arbeitsunwillige, Bettler, Kleinkriminelle*
(In den letzten 4, wenn nicht 5 Gruppen, gab es zweifellos Überschneidungen[34].)

4.4. Sozialstruktur und Arbeitsrecht

Die Darstellung der Arbeitsrechtsgeschichte in den Städten, die sich im wesentlichen an den Normen orientierte, führte zu einer Überschätzung der „Gesellenarbeit" und zu der Annahme, vom Gesinde abgesehen, sei die Arbeit in den Städten schwerpunktmäßig von Zünften und hier eben von den „Gesellen" durchgeführt worden. Erst die Erforschung der Sozialstruktur mittelalterlicher Städte[1] hat den Blick dar-

---

[34] Michael *Kunze* (Fn. 28).

[1] Friedrich *Blendinger*, Versuch einer Bestimmung, der Mittelschicht in der Reichsstadt Augsburg vom Ende des 14. bis zum Anfang des 18. Jahrhunderts, in: Maschke / Sydow, Mittelschichten, S. 32—78; Ingomar *Bog*, Wachstumsprobleme der oberdeutschen Wirtschaft von 1450 bis 1618, in: Wirtschaftliche und soziale Probleme der gewerblichen Entwicklung im 15., 16. und 19. Jahrhundert, hrsg. von F. Lütge, Forschungen zur Sozial- und Wirtschaftsgeschichte, Bd. 10), Stuttgart 1968; Otto *Brunner*, Sozialgeschichte Europas im Mittelalter, Göttingen 1978; *ders.*, Souveränitätsproblem und Sozialstruktur in den deutschen Reichsstädten der frühen Neuzeit, in: VSWG 50 (1963), S. 329—360; Philippe *Dollinger*, Die deutschen Städte im Mittelalter. Die sozialen Gruppierungen, übersetzt von Erika Schmiedel, aus La ville VII, Deuxieme partie: Institutions économiques et sociales 1955, S. 371—400 = Altständisches Bürgertum, Bd. 2, S. 269—300, hrsg. von Heinz Stoob, 2 Bde., Darmstadt 1978, Bd. 2, Erwerbsleben und Sozialgefüge. Peter *Eitel*, Die politische, soziale und wirtschaftliche Stellung des Zunftbürgertums in den oberschwäbischen Reichsstädten am Ausgang des Mittelalters, in: Maschke / Sydow, Mittelschichten, S. 87. *Ders.*, Die oberschwäbischen Reichsstädte im Zeitalter der Zunftherrschaft, Untersuchungen zu ihrer pol. und soz. Struktur unter bes. Berücksichtigung der Städte Lindau, Memmingen, Ravensburg und Überlingen. Schriften zur südwestdeutschen Landeskunde, Bd. 8, Stuttgart 1970. Rudolf *Endres*, Zünfte und Unterschiede als Element der Instabilität in Städten, in: Historische Zeitschrift, Beiheft 4 (N. J.), S. 151—170. Wolfram *Fischer*, Armut in der Geschichte. Erscheinungsformen und Lösungsversuche der „Sozialen Frage" in Europa seit dem Mittelalter, Göttingen 1982. John B. *Garraty*, Unemployment in history. Economic Thought and public policy, New York et. al. (Harper & Row) 1978. Jean-Pierre *Gutton*, La societéet les pauvres L'exemple de la généralité de Lyon 1534—1789, Paris 1970. Carl-Hans *Haupt*-

auf gelenkt, daß nicht die gesamte, sondern ein relativ geringer Teil der gewerblichen Arbeit von zünftigen Personen geleistet wurde, ja daß innerhalb der Zünfte erhebliche Differenzierungen angebracht sind. Hinzu kamen Handelsgehilfen[2], Dienstboten, Tagelöhner und andere freie Lohnarbeiter, die ebenso wie Frauen mit selbständiger beruflicher Tätigkeit — und teilweise auch Bettler etc. — neben den Handwerksgesellen standen. Dieser Personenkreis unterschied sich nach Einkom-

---

meyer, Probleme des Patriziats oberdeutscher Städte vom 14. bis zum 16. Jh., in: Zeitschrift für die bayerische Landesgeschichte, Bd. 40 (1977), S. 39—58. Horst *Jecht*, Studien zur gesellschaftlichen Struktur der mittelalterlichen Städte, VSWG 19 (1926), S. 48—85. B. *Kirchgässner*, Wirtschaft und Bevölkerung der Reichsstadt Eßlingen im Spätmittelalter. Nach den Steuerbüchern 1360—1460, Eßlinger Studien, Bd. 9, Eßlingen 1964. A. *Laube*, Wirtschaftliche und soziale Differenzierungen innerhalb der Zünfte des 14. Jh., dargestellt am Beispiel mecklenburgischer Städte, in: Zeitschrift für Geschichtswissenschaften, Bd. V (1957), S. 1181—1197. Robert H. *Lutz*, Wer war der gemeine Mann? Der dritte Stand in der Krise des Spätmittelalters, München — Wien 1979. Erich *Maschke* / Jürgen *Sydow*, Gesellschaftliche Unterschichten in den südwestdeutschen Städten, Protokoll über die V. Arbeitstage des Arbeitskreises für südwestdeutsche Stadtgeschichtsforschung, Stuttgart 1967. *Maschke* / *Sydow*, Städtische Mittelschichten. Protokoll der VIII. Arbeitstagung des Arbeitskreises für südwestdeutsche Stadtgeschichtsforschung, Stuttgart 1972. Erich *Maschke*, Die deutschen Städte am Ausgang des Mittelalters, in: Wilhelm Rausch (Hrsg.), Die Stadt am Ausgang des Mittelalters, Linz/Donau 1974, S. 1—44. *Ders.*, Mittelschichten in deutschen Städten des Mittelalters, in: *Maschke* / *Sydow*, Mittelschichten, S. 1—31; *ders.*, Die Unterschichten der mittelalterlichen Städte in Deutschland, in: *Maschke* / *Sydow*, Unterschichten, S. 1—74 (Fn. 256). Michael *Mollat* (Hrsg.), Les pauvres au moyen age. Etude sociale (Paris 1978). Eberhard *Naujoks*, Ulms Sozialpolitik im 16. Jh., in: Ulm und Oberschwaben, Zeitschrift für Geschichte und Kunst, Bd. 33 (1953), S. 88—98; *ders.*, Obrigkeitsgedanke, Zunftverfassung und Reformation, Studien zur Verfassungsgeschichte von Ulm, Eßlingen und Schwäbisch Gmünd, Stuttgart 1958. Ernst *Pitz*, Wirtschaftliche und soziale Probleme der gewerblichen Entwicklung im 15./16. Jh. nach hansisch-niederdeutschen Quellen, in: Jahrbücher für Nationalökonomie und Statistik, Bd. 179 (1966), S. 200—227. Fritz *Rörig*, Die europäische Stadt und die Kultur des Bürgertums im Mittelalter, Göttingen 1955. Beispielhaft: Die Differenziertheit in den Städten, z. B. S. 82 ff. Werner *Schnyder*, Soziale Schichtung und Grundlagen der Vermögensbildung in den spätmittelalterlichen Städten der Eidgenossenschaft, in: Schaffhäuser Beiträge zur vaterländischen Geschichte, hrsg. vom Historischen Verein des Kantons Schaffhausen 45 (1968), S. 230—245. Georg *Simmel*, Zur Soziologie der Armut, in: Archiv für Sozialwissenschaft und Sozialpolitik, N. F., XXII (1906), S. 1—3. Florian *Tennstedt* / Christoph *Sachße*, Geschichte der Armenfürsorge in Deutschland. Vom Spätmittelalter bis zum Erst Weltkrieg, Göttingen 1980. H. *van Werveke*, Gand, esquisse d'histoire sociale, Brüssel 1946. Gerd *Wunder*, Unterschichten der Reichsstadt Halle, in: *Maschke* / *Sydow* (Hrsg.), Gesellschaftliche Unterschichten in südwestdeutschen Städten. (Veröffentlichungen der Kommission für geschichtliche Landeskunde in Baden-Württemberg, Reihe B, 41. Bd.), Stuttgart 1967, S. 101—118. Wolfgang *Zorn*, Die politische und soziale Bedeutung des Reichsstadtbürgertums im Spätmittelalter, in: Zeitschrift für bayerische Landesgeschichte 24 (1961), S. 460—480.

2 Instruktiv der Vertrag eines Handelsdieners, abgedr. in Aloys *Schulte*, Geschichte der Großen Ravensburger Handelsgesellschaft 1380—1530, Bd. 3, Stuttgart, Berlin 1923, Nr. 106.

men und Status von der städtischen Mittelschicht, den handwerklichen Meistern, und der städtischen Oberschicht, den Kaufherren und den reichen Meistern. Statusbezogene Abgrenzungen, z. B. durch Kleiderordnungen[3], wurden immer wieder angeordnet.

Dort, wo im Spätmittelalter der *Schwerpunkt gewerblicher Arbeit* lag, herrschte *Armut*. Dieser Sektor der gewerblichen Wirtschaft wurde gerade nicht durch die im 19. Jh. so idealisiert hervorgehobene Stellung und Aufstiegschance der Gesellen bestimmt, die rechtliche Konzeption der gewerblichen Arbeit als zünftige Arbeit läßt sich auf die vielen Lohnarbeiter und eine erhebliche Zahl der Zunftangehörigen im 14. und 15. Jh. nicht übertragen. Die Mitglieder der „Massenzünfte“[4], z. B. im Baugewerbe, im Wein- und Gartenbau sowie in der Weberei, standen praktisch wie Lohnarbeiter, wenn sie nicht ohnedies als Tagelöhner beschäftigt wurden oder als Selbständige im Verlag. Das Bild der gewerblichen Arbeit in den Städten ist also eher geprägt durch die sozial völlig ungesicherte Unterschicht, deren Arbeit noch nicht einmal die minimalen rechtlichen Absicherungen der Gesellenarbeit genoß. Die Sicherheit, die der Geselle durch seine Mitgliedschaft in der Zunft und evtl. einer Gesellenbruderschaft hatte, kam also nur einem kleineren Prozentsatz der Arbeitskräfte zugute, als man annehmen konnte. Die soziale Stellung der Arbeitskräfte in den Massenzünften war durchaus schlechter als die in den anderen gehobenen Zünften, und eine Garantie dafür, daß es stets Arbeit gab, war nicht vorhanden.

Daher wird von einigen Autoren die *Lohnarbeit* für die bestimmende Form der gewerblichen Arbeit im Mittelalter gehalten. Der Familienbetrieb, den man sich unter der Meister-Geselle-Lehrling-Konzeption vorstellt, sei nicht typisch[5]. Massenhaft sei Lohnarbeit sowohl auf dem Lande als auch in den Städten geleistet worden:

— Auf dem *Lande*

  — Bergbau, Hüttenwesen, Metallverarbeitung[6]

  — Mühlen, Salinen

[3] Vgl. Abschn. 4.3.

[4] Der Begriff Massenzunft bzw. Massenarbeit wird in bewußter Überzeichnung der statistischen Verhältnisse gewählt, um zwischen Gesellen in Kleinbetrieben, die maximal etwa 5 Personen umfaßten, und Arbeitsverhältnissen unterscheiden zu können, in denen dutzende, wenn nicht gar hunderte von Arbeitern tätig waren. Größenordnung in Tabellen bei *Göttmann* und *Reininghaus*.

[5] S. *Thrupp*, Das mittelalterliche Gewerbe 1000—1500, in: C. *Cipolla* / K. *Borchard*, Europäische Wirtschaftsgeschichte, Bd. 1: Mittelalter, Stuttgart — New York 1978, S. 141—176, S. 171.

[6] Hierzu schwerpunktmäßige Forschungen von *Zycha*, Wilhelm *Ebel* sowie Gustav-Klemens *Schmelzeisen*, Die Arbeitsordnung in den jüngeren Berggesetzen, in: Zeitschrift der Savigny-Stiftung für Rechtsgeschichte, Germanistische Abteilung, 72. Bd. (1955), S. 111 ff.

— landwirtschaftliche Hilfstätigkeiten

— in den *Städten*

— Bauwesen

— Textil- und Ledergewerbe[7]

Die Möglichkeit des sozialen Aufstiegs war in solchen Verhältnissen kaum gegeben. Einwanderern war ein solcher nur dann möglich, wenn die Stadt oder die entsprechende Zunft solche Tendenzen förderte. Die Einwanderer gerieten jedoch zumeist mangels beruflicher Qualifikation ohne weiteres in den Tagelöhnerbereich oder in eine der Massenzünfte[8]. Aufstiegsmöglichkeiten innerhalb der Zünfte zum Meister hingen u. a. von den finanziellen Möglichkeiten der Gesellen ab. Sie mußten z. B. in Hamburg um 1375 zwischen 20 und 3 Mark Vermögensnachweis bieten und ein Bürgeraufnahmegeld zwischen 5 und 8 Mark bezahlen[9]. Solche Zunfthierarchien, die sich in der Höhe der Gebühren spiegelten, beziehen sich vornehmlich auf die Meister, da die Vermögensunterschiede innerhalb einer Zunft beträchtlich sein konnten[10]. Zu den mittleren Zünften gehörten aber regelmäßig die Bäcker, deren Gesellen uns als typische Gesellen vorkommen. Von Ausbildung, Einkommen und Status her stellten die Gesellen die *Spitzengruppe* der abhängig Tätigen dar.

„Weder in der Gesamtbewohnerschaft der mittelalterlichen Stadt noch innerhalb der Handwerkerschaft noch auch zwischen den Angehörigen einer einzelnen Zunft hat es jemals eine völlige Gleichheit des Besitzes und Einkommens gegeben.“[11] *„Das Weiterbestehen der einheitlichen*

---

7 Vgl. oben Abschn. 4.2., Fn. 8 ff.

8 Benno *Kuske*, Die städtischen Handels- und Verkehrsarbeiter. Die Anfänge städtischer Sozialpolitik in Köln bis zum Ende des 18. Jh. (Kölner Studien zum Staats- und Wirtschaftsleben 8), 1914, S. 80 f.

9 Aus Otto *Rüdiger* kann man folgende Vermögensnachweisliste entnehmen:

20 M	Bäcker, Böttcher
15 M	Drechsler, Gerber, Kannen-, Grapengießer
10 M	Fischer, Heringswäscher und Garbrater, Kerzengießer, Knochenhauer, Pelzer, Schmiede, Schuhmacher, Seiler, Wollweber
6 M	Schneider, Glaser
3 M	Leineweber

Bürgeraufnahmegeld:

5 M	Goldschmiede
4 M	Krämer
3 M	Kannen-, Grapengießer
2 M	Bäcker, Böttcher, Heringswäscher und Garbrater, Kerzengießer, Reepschläger, Schmiede, Schneider
1 M	Drechsler, Fischer, Peltzer
24 ß	Glaser, Maler, Sattler, Ledergewerbe
8 ß	Leineweber (Frauen die Hälfte)

10 Vgl. oben insbesondere *Maschke*.

11 Horst *Jecht*, S. 78.

Zunftverfassung ist hier für die wirtschaftliche und soziale Betrachtung der Dinge ziemlich bedeutungslos, so wichtig es auch für eine rechtshistorische Untersuchung sein mag"[12], resümierte Horst *Jecht* schon 1926 unter Berufung auf die frühe Schichtungsforschung. Man wird diese Auffassung zumindest für den Bereich abhängiger Arbeit weiterdenken können. Das Weiterbestehen der einheitlichen Zunftverfassung ist zwar nicht bedeutungslos, da weite Teile zünftiger Arbeit in den durch die Zünfte vorgeschriebenen rechtlichen Strukturen geleistet wurden, doch ist daneben ein weiter Bereich von Lohnarbeit zu berücksichtigen, die z. T. im Rahmen von Zünften geleistet wurde. Der wirtschaftliche Prozeß und der Aufschwung bestimmter Gewerbezweige hat den engen Rahmen zünftiger Regulierungen gesprengt. In bezug auf formale Strukturen hat *Simmel* geäußert, jede an Umfang zunehmende soziale Gruppe unterliege dem Gesetz der wachsenden Differenzierung der ihr angehörenden Glieder[13]. Die Organisation des Sektors gewerblicher Arbeit in der mittelalterlichen Stadt kann dafür als Beleg dienen. Auch wenn im Rahmen dieses Differenzierungsprozesses die Zunftrechtsnormen konstant blieben, so mußte ihr Anwendungsbereich und ihre Implementierung sich ändern. Die Erforschung des Formalprogramms bedurfte also auch in einer rechtshistorischen Untersuchung einiger Ergänzungen.

4.5. Städtische und zünftige Arbeitsmarktregulierungen

Nachdem festgestellt ist, daß das zünftige Arbeitsrecht für weite Teile der Arbeitnehmer nicht galt, rückt die Frage nach den rechtlichen Regulierungen des Arbeitsmarktes, besonders für den Bereich Massenarbeit, in den Vordergrund.

Der Zuzug vom Lande bildete die Grundlage für die städtische Bevölkerungspolitik und die ländliche Bevölkerung stellte das Arbeitskräftereservoir für den städtischen Arbeitsmarkt dar. Die Gründe für die Landflucht liegen darin, daß man

— sich materiell oder statusmäßig verbessern wollte oder

— Hunger bzw. Kriegseinwirkungen entgehen wollte[1].

Solange die Städte eine Vergrößerung der Bevölkerung wünschten, z. B. weil im gewerblichen Bereich Arbeitskräftemangel herrschte, waren rechtliche und tatsächliche Kontrollen nur im geringen Umfang erforderlich. Das änderte sich spätestens gegen Ende des 15. Jhs., als

---

[12] *Ebd.*, S. 85.

[13] Georg *Simmel*, Die Erweiterung der Gruppe und die Ausbildung der Individualität, in: Soziologie. Untersuchungen über die Formen der Vergesellschaftung (1. Aufl., 1923), 4. Aufl., Berlin 1958.

[1] Vgl. oben Abschn. 2.2. ff.

zu viele Arme in die Städte strömten und der Arbeitsmarkt überfüllt war.

Arbeitsmarktwirksame Regelungen konnten durch die Städte und die Zünfte getroffen werden:

— Die Städte konnten den Zuzug durch *Bürgerrechtsgewährungen* in gewissem Umfang — nie vollständig — regulieren.

— Die Zünfte konnten durch Meisteraufnahmen (z. T. sogar durch Regelung der Gesellenaufnahmen) den Arbeitsmarkt steuern, ein Vorgang, der unter dem Begriff der *Schließung* bekannt ist.

4.5.1. Bürgerrechtsgewährung

Das rechtliche Instrumentarium zur Regelung des Zugangs war für die Städte das *Bürgerrecht*, an dessen Erwerb finanzielle und sonstige Bedingungen geknüpft waren. Grundsätzlich sollten alle Einwohner auch Bürger sein, tatsächlich war das nie vollständig der Fall.

„Welk unser borger anen mit sik in deme huse heft, de nen borger enis, de sik neret in unser stadt mit kopenshop edder hantwerke, enschicket dat de husherre nicht binnen twelf wekenen, dat he borger werde, he shal beteren mit dren marken."[2]

Zumindest wollte man also den Personenkreis erfassen, der ein Handwerk betrieb oder der handelte. Besonders der fremde Händler, der sich evtl. als Gast in der Stadt aufhielt, stellte eine beargwöhnte Konkurrenz dar[3].

In Zahlen gesehen war die Bedeutung der Einwanderung enorm. Insbesondere nach der Pest bestimmten die Neubürger das Bild der Städte. Während beispielsweise Hamburg, dessen Bevölkerung durch die Pest von 10 000 auf etwa 4000 Personen gesunken war, in den Jahren 1317 bis 49 im Schnitt 59 Neubürger aufgenommen hatte, nahm es nach der Pest 1351 = 108 Neubürger, 1352 = 114 Neubürger und im Schnitt der Jahre 1350 bis 55 je 85 Neubürger auf[4]. Die Richtigkeit des obigen Satzes bestätigt sich, wenn man an die folgenden Pestepidemien im Norddeutschen Raum denkt, die zwar jeweils nicht mehr so verheerend wie die von 1350 waren, denen aber immerhin noch weite Teile der Bevölkerung zum Opfer fielen: 1358, schwere Pest 1367, 1375/76, 1387/88, 1396, 1405, 1420/21, 1433, 1450/51, schwere Pest 1464[5].

---

[2] *Eddags* Artikel (vor 1400), zit. n. Eduard *Bodemann*, Die älteren Zunfturkunden der Stadt Lüneburg (Quellen und Darstellungen zur Geschichte Niedersachsens, Bd. 1), Hannover 1883, Einleitung.

[3] Für Rothenburg vgl. Rudolf Walther von *Bezold*, Die Verfassung und Verwaltung der Reichsstadt Rothenburg ob der Tauber (1172—1803) (Diss. jur., Würzburg 1915), Nürnberg 1915.

[4] *Reincke*, S. 272, 275; *Penners*.

[5] Angaben zur Pest, ebd. Instruktiv bei *Reininghaus*, S. 62; die Zusammenhänge zwischen Pest oder Seuchenjahren und Gesellenaktionen, vgl. *Kelter*.

Wie stark die Einwanderung mit den Seuchen zusammenhing, zeigen viele Quellen. Für Lübeck ist nachgewiesen, daß sofort nach dem Abklingen der Pest im August 1350 die Zahl der Neubürgeraufnahmen sprunghaft anstieg. Vom August bis Dezember 1350 wurden mehr Neubürger aufgenommen als im Durchschnitt der vergangenen Jahre[6]. Während der Seuche sank diese Zahl entsprechend, wie allgemein soziale und wirtschaftliche Aktivitäten eingestellt wurden[7]. Ein Zusammenhang zwischen dem Ende einer Seuche und dem Ansteigen der Neubürgeraufnahmen bzw. erhöhter sozialer Aktivität kann als gesichert angenommen werden, nicht immer kann man allerdings bei einem Sinken der Einwanderung mit nachfolgendem Anstieg auf eine solche schließen. Für Nördlingen und Eßlingen machen die Graphiken einige starke Schwankungen deutlich[8].

1521 trat dort die Pest besonders verheerend auf. In diesem Jahr wurden nur halb soviele Neubürger aufgenommen wie im langjährigen Durchschnitt, und zwar in den Monaten Februar bis einschließlich Juni überhaupt keine, bis zum Ende des Jahres noch immer weniger als im Schnitt dieser Monate der untersuchten Zeit. Die gleiche Erscheinung, daß mehrere Monate hintereinander keine Neubürgeraufnahmen stattfanden, findet sich in einer ganzen Anzahl von Jahren. In diesen lassen sich regelmäßig größere Seuchenzüge nachweisen[9].

Die Zahl der Neubürger darf jedoch nicht mit der Zahl der eingewanderten Personen verwechselt werden. Bei weitem wurden nicht alle Eingewanderten Bürger, und das Bürgerrecht wurde allenfalls dem Familienoberhaupt verliehen, nicht aber seiner Frau und seinen Kindern und wohl auch nicht den gewerblich tätigen Unterschichtsangehörigen, die allein oder mit ihren Familien einwanderten. In Frankfurt wuden zwischen 1385 und 1499: 5300 Neubürger aufgenommen[10]. Wenn

---

[6] E. *Peters*, Das große Sterben des Jahres 1350 in Lübeck und seine Auswirkungen auf die wirtschaftliche und soziale Struktur der Stadt, in: Zeitschrift für Lübeckische Geschichte und Altertumskunde 30 (1939), S. 15—148; A. v. *Brandt*, Die gesellschaftliche Struktur des spätmittelalterlichen Lübeck, in: Vorträge und Forschungen 11 (1966), S. 221.

[7] E. *Woehlkens*, Pest und Ruhr im 16. und 17. Jahrhundert. Grundlagen einer statistisch-topographischen Beschreibung der großen Seuchen, insbesondere in der Stadt Uelzen, 1954, S. 49, 87 ff. *Peters*, ebd., S. 57 f., 74, 83 ff., insbesondere mit Bezug auf den Grundstücksmarkt. A. *Schreiber*, Die Entwicklung der Augsburger Bevölkerung vom Ende des 14. bis zum Beginn des 19. Jahrhunderts, in: Archiv für Hygiene 123 (1939/40), S. 9—177.

[8] Hanno *Vasarhelyi*, Einwanderung nach Nördlingen, Eßlingen und Schwäbisch-Hall zwischen 1450 und 1550, in: *Maschke / Sydow*, Stadt und Umland, Stuttgart 1974, S. 129—165, Abb. 1, S. 136.

[9] *Vasarhelyi*, Fn. 23, 24.

[10] Karl *Bücher*, Die Bevölkerung Frankfurts am Main, Bd. I, Tübingen 1886, S. 45; *ders.*, *Die* Entstehung der Volkswirtschaft, Bd. I, 17. Aufl., Tübingen 1922, S. 402.

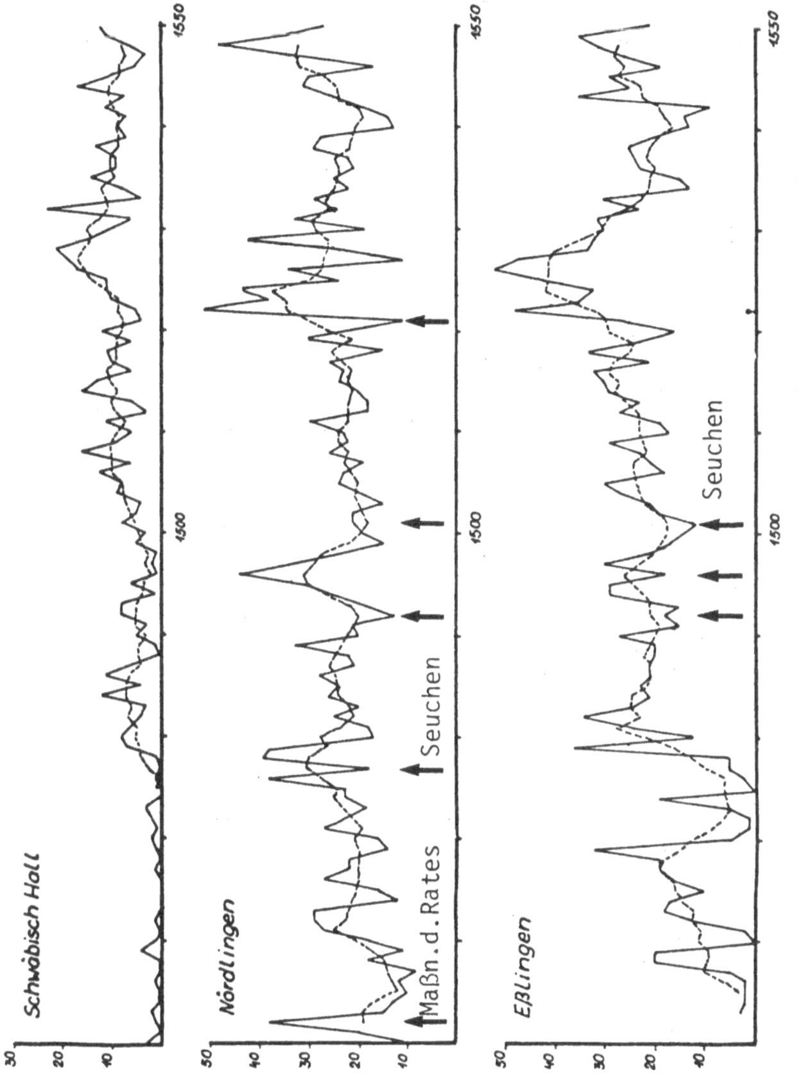

Abb. 17. Jährliche Neubürgeraufnahmen in den Städten Nördlingen, Esslingen und Schwäbisch-Hall zwischen 1450 und 1550. Quelle: Hanno *Vasarhelyi*, Einwanderung nach Nördlingen, Esslingen und Schwäbisch-Hall zwischen 1450 und 1550, in: Maschke / Sydow (Hrsg.), Stadt und Umland, Stuttgart 1974, S. 129 ff., S. 136.

man diese Zahl mit dem Faktor 3 oder 4 multipliziert, um zumindest auf eine durchschnittliche Familiengröße zu kommen, dann zeigt sich die Bevölkerungsumwälzung sehr deutlich. Im selben Zeitraum (1385 bis 1499) ging die Frankfurter Bevölkerung von rund 10 000 Personen auf 7500 Personen zurück[11]. Geschlechter starben in den Städten aus[12], die über Jahrhunderte präsent gewesen waren.

Vasarhelyi bestreitet allerdings, daß die Mehrzahl der Neubürger mit Familie eingewandert sei. Ein beträchtlicher Teil der Neubürger in den von ihm untersuchten Städten war zuvor ledig. Nach der Pest stieg die Zahl solcher Einheiraten ins Bürgerrecht, was zugleich die erste Bedingung für den Erwerb der Meisterschaft war. Unvollständige Familien wurden wieder komplettiert[13]. In Nördlingen heirateten zwischen 50 und 80 % der Neubürger eine Bürgerin oder ein Bürgerskind, wie sich aus den geringeren (bezahlten) Bürgerrechtsgebühren ergab. Für Nördlingen nimmt der Anteil der Neubürger, die diese geringeren Bürgerrechtsgebühren entrichteten, zwischen 1450 und 1550 allmählich auf 80 % zu. Nur für 2 % der Neubürger ließ sich 1450 nachweisen, daß sie mit Familie einwanderten. Diese relativ geringen Zahlen von Neubürgern können allerdings die Einwohnerzahlen der Städte nicht erklären. Wenn man auf den Bürgerrechtserwerb abstellt, kann man zwar die Erwerber zahlenmäßig präzise erfassen, doch bleibt dann die wichtige Einwanderungsgruppe unterbürgerlicher Schichten, die uns besonders interessiert, außer Betracht. Bei einer Gesamtbevölkerung von 6000 Personen (1450) und 6500 oder 6800 Personen (1550) können die eingewanderten 2357 Neubürger die seuchenbedingten Verluste nicht wieder ausgeglichen haben.

4.5.2. Schließung der Zünfte[14]

Mit diesem Begriff werden zwei Phänomene erfaßt: Hauptsächlich ist die Begrenzung der Zahl der Meister gemeint, die die Zünfte oder

---

[11] *Below*, Probleme der Wirtschaftsgeschichte. Eine Einführung in das Studium der Wirtschaftsgeschichte, 2. Aufl., Tübingen 1926, vgl. auch für andere Städte S. 454, vgl. z. B. *Danzig* 1400—1404 mit 174 Einwohnern pro Jahr × 3 Personen pro Familie = mehr als 2000 Einwohner (Pest hier 1401/2), 1405—1409 163 Einwanderer pro Jahr × 3 Personen pro Familie = 2500 Personen, 1411—1420 130 Personen erhielten das Bürgerrecht × 3 = 4000 Personen (Pest 1413/14), hinzu kamen viele Personen, die nicht Vollbürger werden wollten oder konnten, vgl. H. *Bechtel*, Wirtschaftsstile des deutschen Spätmittelalters, München 1930, S. 33, Anm. 10.

[12] Vgl. N. *Bulst*, S. 49, z. B. unter Berufung auf die Chronik des Ulmann Stromer, in: Die Chroniken der fränkischen Städte. Nürnberg, Bd. 1. Hrsg. von Carl Hegel, Leipzig 1862, S. 84 f.

[13] *Vasarhelyi* sowie *Woehlkens*, *Peters*, *Brandt* (Fn. 6 f.).

[14] In jedem Werk, das sich mit den Zünften und Zunftrecht befaßt, finden sich vielfache Hinweise zur Schließung. Die Geschichte der Zünfte wird vielfach als eine Geschichte ihrer Schließung aufgefaßt: *Mickwitz*, Gunnar, Die Kartellfunktion der Zünfte und ihre Bedeutung bei der Entstehung des Zunftwesens. Eine Studie in spätantiker und mittelalterlicher Wirtschaftsgeschichte, Helsingfors 1936. Zu Funktion und zur Stellung der Zünfte vgl.

Städte spätestens am Ende des 15. Jhs. allgemein beschlossen. Daneben betrifft der Schließungsprozeß auch die Zahl der im Gewerbe tätigen Hilfskräfte, also auch die Zahl der Gesellen, Lehrlinge und sonstigen Arbeiter.

Die Zünfte, die z. T. für bestimmte gewerbliche Tätigkeiten ein Monopol hatten, das mit dem *Zunftzwang* durchgesetzt wurde[15], konnten über die Errichtung von rechtlichen Zugangsbarrieren ihren Mitgliederstand steuern.

In Hamburg beantragten eine Festlegung der Meisterzahl[16]:

1443 Altflicker
1458 Leineweber
1468 Fischer und Barbiere
1469 Goldschmiede

In Lüneburg finden sich entsprechende Regulierungen[17]:

Vor 1430 Böttcher auf 80
1454 Höker auf 30

---

weiter H. *Lentze*, Zunfttypen in Österreich und Süddeutschland, in: Juristische Blätter 1952, S. 235 ff.; ders., Der Kaiser und die Zunftverfassung in den Reichsstädten bis zum Tode Karls des 4., Dirkes Untersuchungen, Bd. 145, 1933; sowie nach wie vor Hans *Planitz*, Die deutsche Stadt im Mittelalter, Wien — Köln — Graz 1954, S. 325. *Kulischer* (1928), Kapitel 18 und 19; Hans *Lentze*, HRG, Bd. 1, Art. Handwerk; *Conrad*, Bd. 1, S. 210; Wilhelm *Stieda*, Zur Entstehung des deutschen Zunftwesens, Straßburg 1876 (Nachdruck 1977); Friedrich *Keutgen*, Ämter und Zünfte. Zur Entstehung des Zunftwesens, Jena 1903 (Nachdruck Aalen 1965). Reinald *Ennen*, Zünfte und Wettbewerb, Möglichkeiten und Grenzen zünftlerischer Wettbewerbsbeschränkungen im städtischen Handel und Gewerbe des späten Mittelalters (Neue Wirtschaftsgeschichte 3), Wien 1971.

15 Eine vergleichbare Entwicklung zeigt sich auch bei der Betrachtung des Zunftzwangs. *Kelter*, Preisregelung, S. 96, unterscheidet präziser als viele seiner Zeitgenossen zwischen dem eingeschränkten und dem uneingeschränkten Zunftzwang. Beim eingeschränkten Zunftzwang mußten in jedem Fall die Meister und manchmal auch die Gesellen der Zunft angehören, beim uneingeschränkten Zunftzwang alle im Bereich dieses Gewerbes tätigen Personen. Ein eingeschränkter Zunftzwang bestand schon vor 1397 bei den Faßbindern (1371—85 nur für die Meister, *Loesch*, Bd. 1, N. 120 I, § 3), Bauhandwerker (sowie auch Harnischmacher). Die Bedeutung des Handels und insbesondere der Weinproduktion zeigt sich hier erneut. Diese Gruppe von gewerblich Tätigen rückte auch nicht nach 1397 zum uneingeschränkten Zunftzwang auf (diesen hatten von diesem Datum ab die Goldschmiede und Goldschläger, Goldspinnerinnen, Hutmacher, Schuhmacher, Kürschner). Im Gegenteil wurden ab 1397 im Bereich der Saison- und Wandergewerbe (Dachdecker, Faßbinder, Steinmetze und Zimmerleute) Freimeister zugelassen. Als solche konnten sich sogar auswärtige Gesellen betätigen.

16 Vgl. Ernst *Pitz*, Wirtschaftliche und soziale Probleme der gewerblichen Entwicklung im 15./16. Jahrhundert nach hansisch-niederdeutschen Quellen, in: Wirtschaftliche und soziale Probleme der gewerblichen Entwicklung im 15.—16. und 19. Jahrhundert (Forschung zur Sozial- und Wirtschaftsgeschichte 10), Stuttgart 1968, S. 16 ff., S. 34. Unter Berufung auf Otto *Rüdiger*, Die ältesten Hamburger Zunftrollen und Brüderschaftsstatuten, Hamburg 1874, S. 11, 33, 72, 99, 162, 280.

17 *Bodemann*, S. 34, 36, 106, 111, 122 f., 154.

1458 Schneider auf 30
1496 Knochenhauer auf 30 (obwohl nur 21 vorhanden)
1497 Maler und Glaser auf 8
1505 Hutfilzer auf 8
1513 Altschneider auf 8
1517 Seiler auf 8
1524 Tischler auf 14
1528 Pantoffelmacher auf 6

Deutlicher sind solche Schließungen, wenn man die Zahl der Hamburger Böttcher betrachtet[18], die auf einen Rückgang des Handels zurückzuführen sind:

1437: 200 Meister
1458: 150 Meister
1506: 120 Meister

Eine Anzahl von Rechtsregeln erschwerte den Erwerb der Meisterschaft. Meister mußten Bürger der Städte sein, was enorm kostspielig sein konnte[19]. Es mußten unterschiedliche, hohe Beiträge an die Zünfte gezahlt werden, ein Meisteressen für die Zunftgenossen sollte ausgerichtet werden. Der Bewerber mußte eine Lehre, Wanderzeit und evtl. eine Wartezeit vorweisen können sowie ein Meisterstück. Unehrlichen Personen wurde zumeist jeder Eintritt in die Zunft — schon als Lehrling — versagt. Unter der Bedingung, daß die Zahl der Meisterstellen konstant blieb oder sank, wurde der Erwerb der Meisterschaft eine langwierige, kostspielige Angelegenheit. Kinder, zumeist Söhne, der Zunftgenossen wurden materiell und immateriell bevorzugt, so daß die Meister sich zunehmend aus der Zunft selbst rekrutierten. Für Kinder von Zunftgenossen waren die Eintrittsgebühren niedriger und die anderen Voraussetzungen für den Erwerb der Meisterschaft wurden gemildert[20]. Die Zusammensetzung der wohlhabenden, exklusiven Genter Bräuer kann dafür als Beispiel dienen[21]:

---

[18] Ernst *Pitz*, ebd. Für Lüneburg vgl. *Bodemann*, S. 103. Im übrigen vgl. Hans *Lentze*, S. 614.

[19] Vgl. Abschn. 4.3., Fn. 21, 4.4., Fn. 9.

[20] Die Betrachtung der Lüneburger Zunfturkunden (*Bodemann*) zeigt, daß die Erleichterungen für Meisterkinder, die der Zunft beitreten wollten, relativ durchgängig zu verzeichnen sind. Es wurde z. B. die Knechtszeit verkürzt und die Abgaben verringert: Böttcher 1430 (S. 34), Peltzer 1450 (S. 176) und noch Stellmacher und Rademacher 1596 (S. 237), Kannengießer 1597 (S. 120). Vgl. dazu auch den Anhang Nr. 8 bei *Göttmann* und Abschn. 4.6., Fn. 16 m. w. N.

[21] Jan *van Houtte* / Raymond *van Uytven*, Wirtschaftspolitik und Arbeitsmarkt in den Niederlanden vom Spätmittelalter bis zur Schwelle des Industriezeitalters, in: Hermann Kellenbenz (Hrsg.). Wirtschaftspolitik und Arbeitsmarkt, Sozial- und wirtschaftshistorische Studien, München 1974, S. 47—68, S. 50 f.

Privilegierung der Meistersöhne

Zeitraum	neue Meister	davon Meistersöhne
1420—1449	280	76 %
1450—1479	264	94 %
1480—1509	183	95 %
1510—1539	225	100 %

Die Schließung der Zünfte wurde lange Zeit nicht unter dem Gesichtspunkt einer wirtschaftlichen Notwendigkeit, sondern unter moralischen Kategorien gesehen, da die Mittel, mit denen die Zünfte sich gegen die Unterschicht abschotten wollten, z. B. Nichtaufnahme bei Unehrlichkeit, gleichfalls moralisch waren. „Systematische Hartherzigkeit" machte Victor *Böhmert* neben anderen Ursachen 1862 für die Abschließungstendenzen der Zünfte verantwortlich. „Verhärteter Egoismus" sei für die „Sicherung der Nahrungsstandes" entscheidend[22]. Dieser Gedanke, der in einer der ersten Schriften, die sich mit der Entstehung, Entwicklung und dem Verfall der Zünfte befaßte, enthalten ist, schwang in der Folge in einer Vielzahl von Untersuchungen mit[23].

Welchen Einfluß konnte die Bevölkerungs- und Wirtschaftsentwicklung in bezug auf die Besetzung der Meisterstellen in den Zünften haben? In den Städten, wo sich vor allem seit dem 13. Jh. die Zünfte konstituiert hatten, waren Zunftangehörige im Verlauf der Pest gestorben. In Hamburg z. B. starben von 34 Bäckern 12 (= 35 %), von 40 Knochenhauern 18 (= 45 %), von 37 Stadtbediensteten 21 (= 51 %), von den 13 in diesem Jahr neu eingestellten Stadtbediensteten starben weitere 6 (= 45 %) und von 21 Ratsmitgliedern starben 16 (= 76 %)[24].

Da die Nachfrage nach gewerblichen Produkten aus den oben beschriebenen Gründen anhielt, mußten die Stellen der verstorbenen Meister und die Stellen anderer Zunftangehöriger wieder besetzt werden. Teilweise konnten bereits ausgebildete Gesellen nachrücken.

---

[22] Victor *Böhmert*, Beiträge zur Geschichte des Zunftwesens (Preisschrift gekrönt und hrsg. von der fürstlich Jablonowski'schen Gesellschaft zu Leipzig, Nr. IX), Leipzig 1962, S. 25, mit guter Einleitung in den damaligen Forschungsstand.

[23] Noch Edith *Ennen*, Die europäische Stadt des Mittelalters, 2. Auflage, Göttingen 1975, bemerkt (S. 208): „In Mitteleuropa beherrschte *Egoismus* und Konservativismus die Zünfte."

[24] *Reincke*, S. 268.

Wie viele Meister die jeweiligen Gewerbe aufnahmen, hing von verschiedenen Faktoren ab, von denen der seuchenbedingte Bevölkerungsverlust nur ein wichtiger war. So nahmen die Nürnberger Weber wie folgt auf:

1500—1509:	45 Meister
1510—1519:	41 Meister
1520—1529:	77 Meister
1530—1539:	111 Meister

Im letzten Jahrzehnt war ein starker Seuchendurchzug im Jahre 1535[25]. Als weitere Beispiele können die Nürnberger Rotschmiede und Plattner, beides Exportgewerbe, dienen[26]:

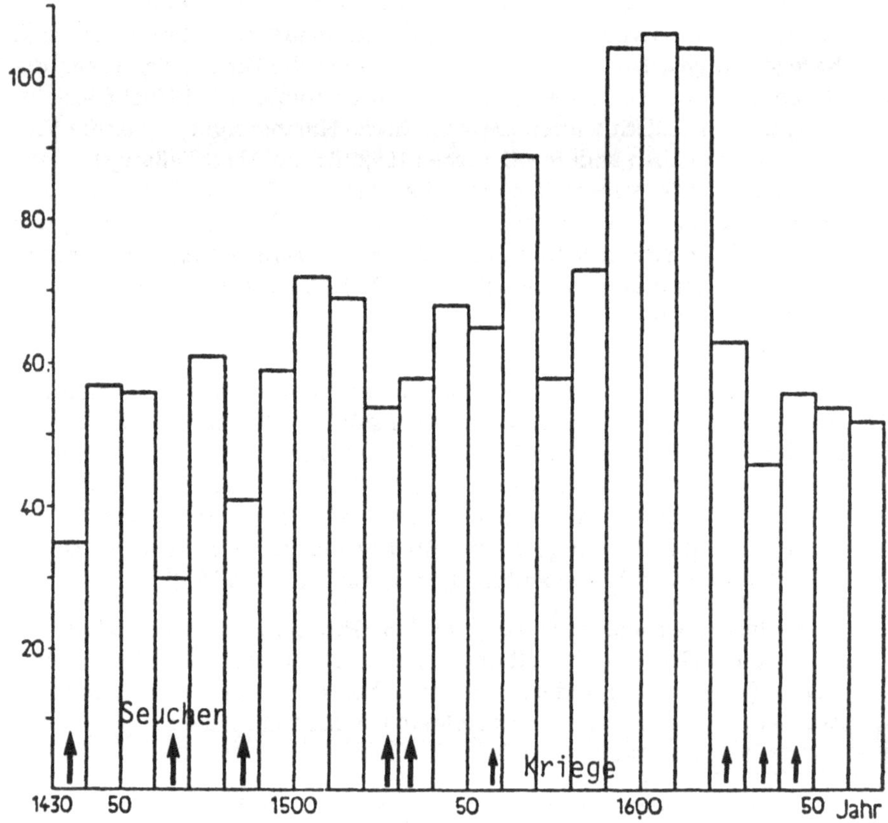

Abb. 18. Gesamtzahl der Rothschmiedemeister in Nürnberg (1430—1670). Quelle: Ingomar *Bog*, Wachstumsprobleme der oberdeutschen Wirtschaft von 1450 bis 1618, in: Friedrich Lütge (Hrsg.), Wirtschaftliche und soziale Probleme der gewerblichen Entwicklung im 15., 16. und 19. Jahrhundert (Forschungen zur Sozial- und Wirtschaftsgeschichte 10), Stuttgart 1968, S. 44 ff., S. 84.

Die Pestdurchzüge von 1435/37, 1462/63, 1483/86, 1529/30 und 1535 sind sehr gut zu erkennen. Die Gesamtzahl der Meister wuchs bis zum 30jährigen Krieg, dessen Verluste zu sehen sind. Die Konjunktur in diesem Exportgewerbe war gut. Eine vergleichbare Situation herrschte bei den Plattnern. Wesentlich konjunkturabhängiger zeigt sich das Gewerbe der *Tuchmacher/Kandelgießer:*

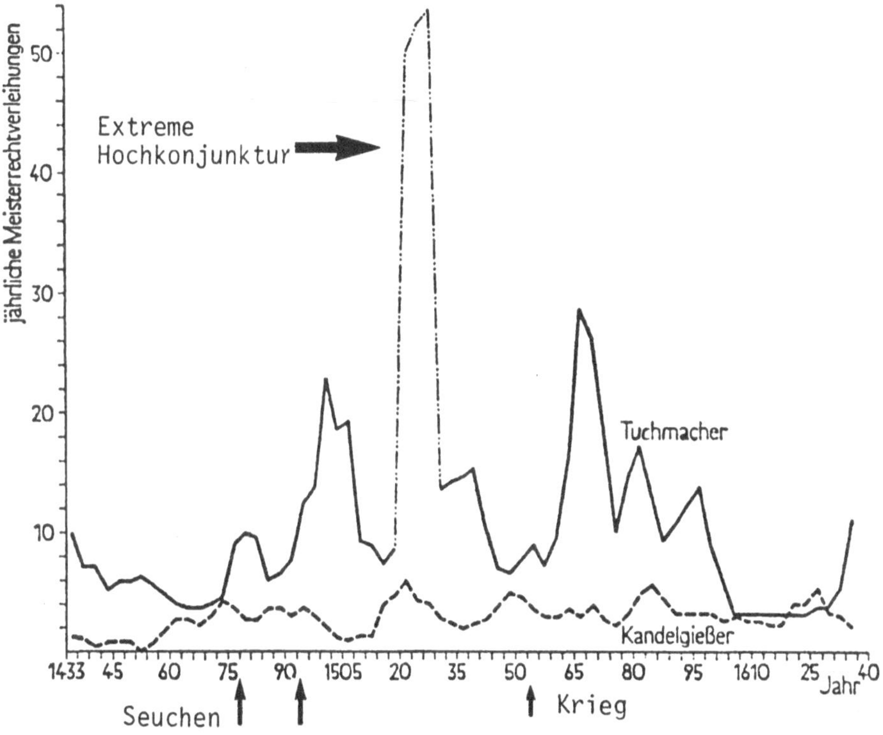

Abb. 19. Meisterrechtsverleihungen im Nürnberger Tuchmacher- und Kandelgießerhandwerk von 1430 bis 1640. Quelle: *Bog*, ebd.

Wesentlich geringer sind die Ausschläge in Gewerben, die in der Versorgung der lokalen Märkte tätig waren, z. B. Bäckern und Fleischern. Von diesen beiden Handwerken waren im übrigen die Fleischer stärkeren Schwankungen ausgesetzt, da in Notzeiten Fleisch durch Getreideprodukte substituiert wurde. Der Wohlstand dieser Gewerbe hing im übrigen davon ab, in welchem Umfang sie zum Handel mit Korn bzw. Vieh zugelassen waren:

---

[25] Arno *Kunze*, Zur Geschichte des Nürnberger Textil- und Färbergewerbes vom Spätmittelalter bis zum Beginn der Neuzeit, in: Beiträge zur Wirtschaftsgeschichte Nürnbergs, Bd. II, Nürnberg 1967, S. 669—699, 605 m. w. N.

[26] Die Darstellung folgt in Text und Graphiken, *Bog*, S. 84 ff.

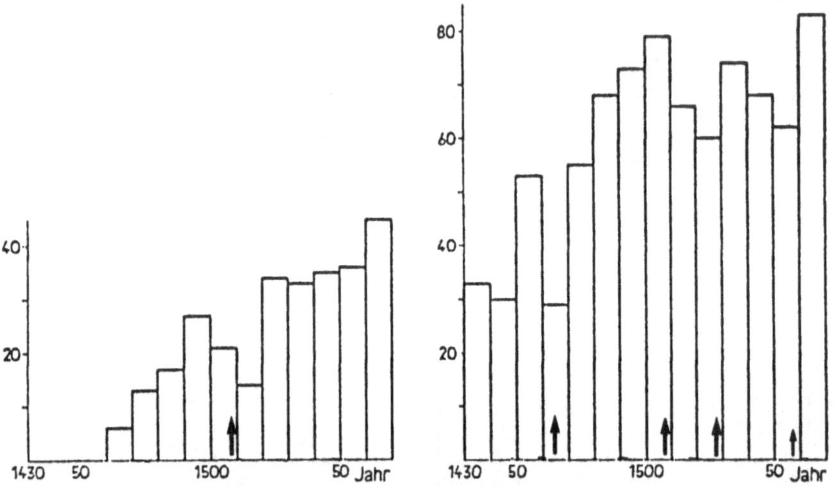

Abb. 20. Meisterrechtsverleihungen im Nürnberger Fleischhacker und Bäckerhandwerk von 1430 bis 1570. Quelle: *Bog*, ebd.

Der Anstieg der Meisterzahlen hängt natürlich auch mit dem Bevölkerungswachstum Nürnbergs zusammen. Andere Städte würden ein anderes Bild abgeben, da mancherorts die städtische Bevölkerung konstant blieb oder gar — entgegen dem Trend — sank.

In der Hansestadt Hamburg stellten die Handwerker zwischen 1370 und 1387 fast 37 % der Neubürger. Bei diesen 37 % handelte es sich sicher um Meister, da die Stadt nur für diese den Erwerb des Bürgerrechts zwingend vorgeschrieben hatte. 1461—1500 lag diese Zahl mit 20 % wesentlich niedriger, was eine Folge des Schließungsprozesses war[27]. In den Branchen, in denen eine besondere Nachfrage bestand, wurde über die Wiederauffüllung der Zünfte hinaus die Zahl der Meisterstellen angehoben. In Köln z. B. nahm die Zahl der Gewandschneider nach 1344 erheblich zu[28]. Kurz formuliert bedeutet das: Jede Person, die in eine Zunft eintrat, um dort zu lernen, ob als Knecht (Geselle) oder, was erst später üblich wurde, als Lehrling, konnte nach vertretbarer Zeit damit rechnen, Meister zu werden und sein Handwerk auf eigene Rechnung zu betreiben[29]. Bei dem relativ langfristigen Aufschwung, bei der Expansion der Gewerbe waren die Aussichten für die Arbeitnehmer also gut. Problematisch wurde es mit dem weiteren An-

---

[27] *Reincke*, S. 281.

[28] *Irsigler*, S. 62 ff.; die Gewandschneider waren Träger des Tuchhandels. Eine Mitgliedschaft war deshalb besonders interessant. Um die Bedingungen wurde heftig gerungen. Im einzelnen ist der Prozeß außerordentlich differenziert.

[29] Auf diesen Gesichtspunkt wird immer wieder abgestellt.

steigen der Bevölkerung, insbesondere am Ende des 15. und 16. Jhs.[30]. Die Schließung der Zünfte wurde letztlich zu einer wirtschaftlichen Notwendigkeit. Das bezieht sich nicht unbedingt auf die volkswirtschaftliche Sicht, wohl aber ist dieser Satz aus der Binnenperspektive der Zunftangehörigen richtig. Die Notwendigkeit rechtlicher Regelungen ergab sich daraus, daß in der Zeit der sog. Preisrevolution, deren Ursachen in der wirtschaftshistorischen Forschung noch umstritten sind, die Realeinkommen aus gewerblicher Tätigkeit und hier besonders die Löhne stark sanken[31]. Im Gegensatz dazu stiegen die Kornpreise, und zwar im langfristigen Trend, und nicht nur, wie es schon stets wegen der großen Schwankungen bei Ernten der Fall war, kurzfristig. Eine Ausweitung der Personenzahl, auf die sich das gewerbliche Einkommen verteilte, das innerhalb der Zunft erzielt wurde, konnte dazu führen, daß auch selbständige Handwerker in Krisen- und Hungerjahren zu den Hungernden zählten. Im Laufe der folgenden Jahrhunderte — besonders im 18. Jh. — trat dieser Fall oft genug ein[32].

Ob die Abschließung der Zünfte aus heutiger ökonomischer Sicht ein sinnvolles Mittel war, um die Krise zu bewältigen, muß bezweifelt werden. Aus der Sicht der Betroffenen war es jedenfalls eine realistische Möglichkeit, um den Lebensstandard einigermaßen zu halten. Die Kritik, die auf die Hartherzigkeit der Maßnahmen hinweist oder — neutraler — auf die sog. „Erstarrung der Zünfte“, geht letztlich fehl[33].

Die rechtlichen *Kriterien*, die man entwickelte, um eine Überfüllung der Zünfte zu verhindern und um anfangs die Profite und später das Überleben zu sichern, erscheinen aus heutiger Sicht merkwürdig. So waren kraft der meisten Zunftsatzungen ausgeschlossen: Söhne von Leinewebern, Badern, Barbieren, Schäfern, Müllern (die ihrerseits eigene Zünfte oder Bruderschaften gründen konnten), Zöllnern, Pfeifern, Trompetern sowie deren Eltern und Kinder. Die unehrlichen Leute (Henker, Zigeuner, Landstreicher, Totengräber etc.) konnten ohnedies nicht Zunftmitglieder werden[34]. In manchen Satzungen gingen die Einschränkungen sogar so weit, daß nur noch die Kinder von Zunftmitgliedern zugelassen waren.

---

[30] Vgl. die wirtschaftshistorische Literatur in Abschn. 2. und 2.3.

[31] Statt aller vgl. *Henning*, S. 179 ff.

[32] Michael *Stürmer*, Herbst des alten Handwerks. Quellen zur Sozialgeschichte des 18. Jh., München 1979; Rudolf *Wissell*, Des alten Handwerks Recht und Gewohnheit, 2. Aufl., Berlin, 2 Bde. 1971, 1974.

[33] Vgl. Fn. 22.

[34] Einzelbelege können entfallen. Es handelt sich um eine allgemeine Tendenz, die mit Statusfragen zusammenhängt. Für Berufe, die mit Werten umgehen mußten (z. B. Goldschmiede), sind diese Einschränkungen aus dem mittelalterlichen Weltbild gut erklärlich.

Die Reichspolizeiordnungen, z. B. von 1530, 1548, 1577, versuchten aus wirtschaftlichen und politischen Gründen, die hier nicht erörtert werden können, vergebens, diesen Entwicklungen entgegenzuwirken[35].

Die Zünfte regulierten in der gesamten Zeit ihres Bestehens große Teile des gewerblichen Arbeitsmarktes. Es bestand seit langem die Tendenz, die Arbeitskräftezahl und die Betriebsgrößen konstant zu halten[36]. Solche Fragen wurden in Zunftsatzungen geregelt, die vom Rat gebilligt oder oktroyiert waren. Bisher hat man diese Festsetzungen und ihre Veränderungen primär unter den Gesichtspunkten des internen Wettbewerbs gesehen oder aber unter wirtschaftlichen und Kartellgesichtspunkten[37]. Die Begrenzung der Personenzahl, die in den Zünften gewerblich arbeiten konnte, ist zugleich Funktion des Arbeitsmarktes.

Das Bild, das der Schließung der Zünfte zugrunde liegt, geht von einer geschichtlichen *Kontinuität* aus[38], die sich von großer Offenheit der

---

[35] Schon die Reichspolizeiordnung von 1530, Art. XXXIV sowie die von 1548, Art. XXXVII, § 1. Sämtliche Polizeiordnungen des 16. Jahrhunderts enthalten entsprechende Regelungen, vgl. Gustav Klemens *Schmelzeisen*, Polizeiordnungen und Privatrecht, Münster — Köln 1957. Reiner *Schulze*, Die Polizeigesetzgebung zur Wirtschafts- und Arbeitsordnung in der Mark Brandenburg ..., Aalen 1978.

[36] Für die mittleren Zünfte gibt *Göttmann* in Tabelle 10 = S. 255 ff. und S. 105, Zahlen, die mit der allgemeinen Meinung übereinstimmen. Die Betriebe hielten zwischen einem und maximal 5 oder 6 Mitarbeitern. Vgl. hierzu auch *Reinighaus*, S. 42 f., sowie dessen Anhang 1. Aus diesen Beschäftigtenzahlen rührt das idyllische Bild des Kleingewerbes. 1514 wurde in Worms der Kürschner Kasper Stecker wegen Aufruhrs hingerichtet. Er hatte „gemainlichen mit 12, 14, 16, 18 und daruber Knecht gehalten" (*Boos*, monumenta wormatensia (Quellen zur Geschichte der Stadt Worms, Bd. 3), 1893, S. 647, Anm. 1. Die Idylle ist natürlich nicht auf die „Massenzünfte" zu übertragen. Bezeichnender Weise gibt *Reininghaus* im Anhang 1 (die zahlenmäßige Größe der Gesellengilden) Zahlen zwischen 8 und 42 Personen an, mit einer Ausnahme handelt es sich vornehmlich um Bäcker, Schmiede, Schuhmacher, Kürschner. Anders sah die Situation bei Webern aus (*Irsigler*, Wirtschaft). Der Frankfurter Rat gab 1432 für Wolltuch Produktionsvorschriften, nach denen die größten Werkstätten die neunfache Tuchmenge der kleinen produzierten, 133 Meister sollten 1680 Stück Tuch herstellen, davon stellten allein die 11 größten Meister (8,3 % der Meister) 396 Stück Tuch (23,57 %) her, und die 49 kleinen Meister (36,8 % der Meister) stellten insgesamt nur 11,7 % der Tuche her. Frankfurter Zunfturkunden bis zum Jahre 1612. Hrsg. von B. *Schmidt* (Veröffentlichungen der historischen Kommission der Stadt Frankfurt a. M., VI, Bd. 2), Frankfurt 1914, S. 198, auch bei *Keutgen*, S. 386 f. zu Nr. 285.

[37] Vgl. R. *Ennen* und G. *Mickwitz*.

[38] Eberhard *Schmieder*, Geschichte des Arbeitsrechts im deutschen Mittelalter, Leipzig 1939, z. B. S. 99 ff., sowie Hans *Lentze*, HRG, Bd. 1, Art. Handwerk, rechtlich, Sp. 1976, bzw. Bd. 2, Art. Lehrling, Bd. 2, Sp. 1758 von H. G. *Isele*. *Schoenlank*, Zur Geschichte, S. 355, meinte, daß der Besitz des Erworbenen gesichert werden sollte: „Immer mehr Handwerke, in welchen die Meisterkinder bevorzugt werden, immer mehr Hindernisse bei der Aufnahme, das Meisterstück und das Wandergebot; die Erhöhung der Zahl der Lehrjahre und der Gesellenjahre, die bei Erwerb des Bürgerrechts sich steigern-

Zünfte bis hin zu immer strengeren Regelungen, wie sie oben anhand der Reichspolizeiordnungen gezeigt werden konnten, entwickelte. Sicher kann man sagen, daß am Ende des Mittelalters der Abschließungsprozeß in den Zünften schon weit fortgeschritten war. Doch waren schon im 14. und 15. Jh. die Zunftartikel reich an Vorschriften über den Aufstieg zur Meisterschaft und über die Gesellen[39]. Manchmal wird der Eindruck erweckt, als seien diese Regeln nach und nach erfunden und eingesetzt worden, um die Schließung zu fördern. So kann man z. B. für Wien folgende Liste aufstellen:

1368 Zeugnis ehrbarer Leute, Bürgerrecht und Zahlung eines halben Pfundes Pfennige
1378 Bewerber muß verheiratet sein
1409 zusätzlich muß Zahlung an die Zeche erfolgen
1422 Lehrzeit muß vollendet sein
1459 eheliche Geburt wird Voraussetzung
1472 Bewerber muß gewandert sein[40].

Schon frühere Statuten zeigen indes vergleichbare Rechtsregeln. Das gilt z. B. sogar schon für die Erleichterungen der Meisterkinder, wenn sie der Zunft beitreten wollten[41]. Die Bremer Schuhmacher sahen bereits 1308 eine Vererbung der Meisterschaft auf Töchter und Söhne vor[42].

---

den Anforderungen des Zensus, die durch die Reformation herbeigeführte Verminderung der Feiertage etc." (folgen Belege).

[39] *Schmieder*, S. 95 f., A. v. *Dirke*, Die Rechtsverhältnisse der Handwerkslehrlinge und Gesellen nach den Stadtrechten und Zunftstatuten des Mittelalters, Diss., Jena 1914. Zutreffend hat in dieser Beziehung Schmieder die Dissertation von *Dirke* (1914) deshalb kritisiert, weil er „die Zunft als Zustand, nicht als Werdendes" gesehen habe. Selten spüre er den frühesten Belegen nach, und er gewinne einen wesentlichen Teil seiner Erkenntnisse aus den Quellen des 16. Jhs. Schon im 14. und 15. Jh. waren nämlich die Quellen, die Zunftartikel, reich an Vorschriften über den Aufstieg zur Meisterschaft und über die Gesellen.

[40] Heinz *Zatschek*, Die Handwerksordnungen der Stadt Wien aus den Jahren 1364—1430, in: Mitteilungen des Instituts für Österreichische Geschichtsforschung, LXIII (1955), S. 1—40, unter vielfacher Berufung auf *Tomaschek*, Die Rechte und Freiheiten der Stadt Wien, Bd. 1, Wien 1877.

[41] Für Köln wurde ausgewertet: H. *von Loesch*, Die Kölner Zunfturkunden nebst anderer Kölner Gewerbeurkunden bis zum Jahre 1500, 2 Bände, Bonn 1907, sowie W. *Stein*, Akten zur Geschichte der Verfassung und Verwaltung der Stadt Köln im 14. und 15. Jh., Bonn 1893 bis 95, und Ernst *Kelter*, Geschichte der obrigkeitlichen Preisregelung. I. Die obrigkeitliche Preisregelung der Zeit der mittelalterlichen Stadtwirtschaft (Bonner staatswissenschaftliche Untersuchungen, Heft 21), Jena 1935. Für Lüneburg: Eduard *Bodemann*, Quellen und Darstellungen zur Geschichte Niedersachsens. Hrsg. vom Historischen Verein für Niedersachsen. Bd. I: Die älteren Zunfturkunden der Stadt Lüneburg, Hannover 1883, wie Hans *Lentze*, S. 605, Fn. 82 m. w. N.

[42] Victor *Bömert*, Beiträge zur Geschichte des Zunftwesens (Fn. 22), mit Urkunden, S. 67—144, unter vielfacher Bezugnahme auf das Bremische Urkundenbuch, hrsg. von D. R. Emck und W. v. Bippen, 1. Bd., Bremen 1873. Nach der Wiener Fleischhackerordnung von 1364 hatten diese die Gewohnheit, daß nur Söhne und Schwiegersöhne das Gewerbe fortführen konnten, *Zatschek* (Fn. 40), S. 421.

1367 war in Wien einmal der schärfste und wirtschaftsrational nicht zu rechtfertigende Abschließungsgrund, die eheliche Geburt, gefordert worden, was die Stadt aber nicht genehmigte[43]. Schließungstendenzen hatte es sicher schon im 14. Jahrhundert gegeben, als sie auch nach dem Arbeitsmarktmodell nicht erforderlich waren. Die Schließungen müssen also auch andere Gründe außer den globalen arbeitsmarktpolitischen gehabt haben[44]. Schon 1350 hatten die Kramer in Lüneburg für ihre Zunft folgende Aufnahmebedingungen: Freiheit (niemandes eigen), eheliche Geburt, deutsch (und nicht wendisch) und redliches Betragen[45]. Andere Zünfte hatten schon zu gleicher Zeit Aufnahmegebühren, Meisterschmause, Trinkgelage oder allgemein die Forderung nach notwendigen Mitteln oder Betriebskapital[46].

Unabhängig von den allgemeinen Versuchen der Zünfte, an der städtisch-politischen Macht zu partizipieren[47], kam es zu Auseinandersetzungen der Städte selbst mit den Zünften über die Frage der Zulassung weiterer Meister oder über die Frage der Zulassungsbedingungen. So erlangten in Köln die „eheliche Geburt" als Eintrittsvoraussetzung im Laufe des 15. Jhs. alle Zünfte, die der behördlichen Lohnregelung unterlagen[48], mit Ausnahme der Dachdecker. Meisterstücke wurden zwar allgemein im Laufe des 15. Jhs. eingeführt[49], allerdings äußerte der Rat in einem Falle (1469/70) Bedenken gegen Meisterstücke, da es ihm zweifelhaft erschien, ob sie dem gemeinen Besten dienlich seien[50].

---

43 Zu den Wiener Verhältnissen vgl. weiter Hans *Lentze*, Die rechtliche Struktur des mittelalterlichen Zunftwesens in Wien und in den österreichischen Städten. Mitteilungen des Vereins für Geschichte der Stadt Wien, Bd. 15 (1935).

44 Auch im niederländischen Bereich gab es diese Schließungstendenzen schon im 14. Jahrhundert. Nach *Van Houtte* und *Van Uytven*, S. 51, sollte der Niedergang gewerblicher Arbeit in den Städten geregelt werden. Die Abwehr ländlicher Arbeit stand im Vordergrund, um das Potential der primär Armen nicht zu vergrößern.

45 *Bodemann*, XVI 2 = S. 130.

46 Ebd.: Bader 1361 (II 1 = S. 21), Böttcher 1455 (IV 4 = S. 36), Bäcker 1600 (I 1 = S. 15). Vgl. dazu Ernst *Kelter*, Das deutsche Wirtschaftsleben des 14. und 15. Jahrhunderts, in: Jahrbücher für Nationalökonomie und Statistik, Bd. 165 (1953), S. 184 ff., S. 189 ff.

47 Vgl. auch *Schmoller*, Die Straßburger Tucher- und Weberzunft, Straßburg 1879, S. 170.

48 Die *eheliche Geburt* mit Ausnahme der Dachdecker. (Faßbinder ab 1445), *Loesch*, Bd. 2, n. 239, n. 244 (Tuchscherer zweite Hälfte des 15. Jhs.); *Loesch*, Bd. 2, n. 706 (Fischhändler mit der Erteilung der Zünftigkeit 1505); *Loesch*, Bd. 2, n. 20 A (die Steinmetze forderten dies 1470); *Loesch*, Bd. 2, n. 683 (was vom Rat nicht zugelassen wurde, da diese Forderung nicht im Zunftbrief enthalten sei).

49 Vgl. *Kelter*, S. 18 ff.

50 Ebd.

Die Städte, die infolge der diversen Epidemien Bevölkerungsbedarf hatten, versuchten die Einwanderung vom Lande zu forcieren, indem sie die *Aufnahmegebühren* für bestimmte Zünfte senkten und Steuern erließen etc.[51].

Sprunghaft steigt die Kurve der Bürgerzuwanderungen in Köln 1370 an, als das Bürgeraufnahmegeld während der Weberherrschaft herabgesetzt wurde. 1412 zeigte sich die gleiche Entwicklung, als eine Erhöhung unmittelbar bevorstand[52].

Die Zünfte steuerten entgegen, wenn sie der Auffassung waren, sie seien ausreichend besetzt. War das nach Auffassung der Zunft der Fall, so wurde sogleich die Gebühr für den Zunfteintritt heraufgesetzt. Städte und Zünfte betrieben also mit Hilfe dieser Gebühren und Zulassungsbedingungen ihre Einwanderungspolitik und Arbeitsmarktpolitik, indem sie die Erlangung des Bürger-/Zunftrechts je nach Bedarf an niedrige oder höhere Gebühren oder andere Voraussetzungen knüpften. Das gilt auch und insbesondere für die Massenzünfte[53]. Bis etwa 1400 schien der Eintritt in eine solche Zunft lediglich an eine nicht näher spezifizierte Gewerbetüchtigkeit geknüpft zu sein, doch erreichten diese Zünfte einige Abschlußregeln: 1397 bzw. 1402 führten die Kölner Steinmetze und Zimmerleute Eintrittsgebühren von 3 Rheinischen Gulden (Meistersöhne die Hälfte) ein. 5 Jahre später wurde diese Gebühr auf einen Gulden für Einheimische bzw. 2 Gulden für Auswärtige gesenkt. Ein kontinuierliches Anheben der Gebühren ist also nicht festzustellen, sondern es wurden hier gelegentlich wie in anderen Fällen die Eintrittsbedingungen erleichtert. Über die Eintrittsbedingungen kam es regelmäßig zu Konflikten zwischen den Zünften und dem Rat.

In Nürnberg hatte sich der Rat die Verleihung der Gewerbebefugnis vorbehalten. 1402 sperrte er die Neuaufnahmen bei den Messingschlägern und Blechschmieden und beschloß, die ersteren bis auf 12 Personen absterben zu lassen.

So wollten die Straßburger Weber um 1400 jeden ohne Lehrzeit aufnehmen, der redlichen Herkommens war. 1407 erhöhten sie die Eintrittsgebühr auf 4 Pfund 5 Schillinge, 30 Jahre später forderte der Rat

---

[51] *Schmoller* (Fn. 47), S. 50, sowie *Kelter*, ebenda und *ders.*, Geschichte der obrigkeitlichen Preisregelungen, Bd. I: Die obrigkeitliche Preisregelung in der Zeit der mittelalterlichen Städtewirtschaft. Bonner Staatswissenschaftliche Untersuchungen, Heft 21, Jena 1935, sowie dessen Schüler Walter *Fuhrmann*, Die Gewerbepolitik der patrizisch und der zünftlerisch regierten Stadt (staatswissenschaftliche), Diss., München 1939.

[52] *Irsigler*, S. 71.

[53] Diese Stadtpolitik galt auch für Hörige. Wurden Arbeitskräfte gebraucht, sah man nicht genau auf die Herkunft, gab es hingegen ausreichend Arbeitskräfte, so verlangte man gegebenenfalls sogar vorherigen Loskauf.

von ihnen, daß sie, wie die anderen Zünfte, nicht mehr als 1 Pfund und 5 Schillinge Eintrittsgebühr nehmen dürften[54].

Der Lüneburger Rat argwöhnte 1479, die Böttcher wollten lediglich die Preise für Tonnen hochtreiben, als sie die Zahl der Böttchermeister noch weiter senken wollten[55]. Virtuos reagierte 1537 der Nördlinger Rat auf die Überbesetzung des Gewerbes mit armen Meistern, indem er niemanden mehr zum Meisterrecht der Geschlachtwander zulassen wollte, der nicht zuvor mindestens ein Jahr lang gelernt habe. In der Folge sank der hohe Anteil der Geschlachtwander an den Neubürgern in den folgenden Jahren bis auf wenige Prozent ab. Gleichzeitig stieg allerdings der Anteil der Loder an der Einwohnerschaft entsprechend[56].

Da neben den Meisterzahlen selbst im Bereich der Massenzünfte die Betriebsgrößen festgelegt waren, kam es notwendig zu Durchbrechungen dieser Regeln. Bei starker Inanspruchnahme des Bauwesens in Köln z. B. wurde auswärtige Konkurrenz in gewissem Umfang zugelassen und die Dachdecker, deren Gesellenzahl beschränkt wurde, gingen dazu über, ungelernte Kräfte an deren Stelle — sog. Bleiwürmer — zu beschäftigen[57].

Die These über den Zusammenhang zwischen der Einwanderung in die Städte, dem Bürgerrechtserwerb und der Höhe der Gebühren wird allerdings bestritten[58]. Die Schwankungen der Aufnahme als Bürger seien in Nördlingen, Eßlingen und Schwäbisch-Hall allein auf die seuchenbedingten Bevölkerungsverluste zurückzuführen. Vasarhelyi belegt dies mit der Tatsache, daß die behördlichen Maßnahmen zur *Einschränkung der Zuwanderung* keine signifikanten Veränderungen der Einwanderungsstatistik verursacht hätten. Gegenbeispiele für gezielte Senkun-

---

[54] Für Straßburg *Schmoller;* für Köln *Kelter.* Die Erleichterung des Zuzugs und anderer Veränderungen, die durch die Pest bewirkt wurden, zeigt sich an den Zulassungsbedingungen: So soll z. B. nach einer 1340 für die Wiener Schneider von Herzog Albrecht II erlassenen Zunftordnung viereinhalb Pfund Pfennige an die Zeche und nicht an die Kammer gezahlt werden. Zudem bestand Beitrittspflicht. Wenige Jahre später (1361 und 64) verbot Herzog Rudolf IV. die Zechen und Einungen, um die darniederliegende Wirtschaft, die Märkte in der Stadt, zu befördern: „und auch all zech und ainung, die in der stat und in den vorsteten ze Wienn under purgern, kaufleuten, arbeitern, hantwerchern daher koemen sein, fuerbas geanzlich ab sein und nicht mer beleiben noch behalten werden.“ Darüber hinaus verfügte er weitere Vergünstigungen für Handwerker, die sich niederlassen wollten: „der sol ledig und frei sein, der purger schatzsteur dreu ganze iar“ (*Schwind-Dopsch,* Ausgewählte Urkunden zur Verfassungsgeschichte der deutsch-österreichischen Erblande im Mittelalter, Innsbruck 1895, Nr. 106). Dies Verbot der Zünfte war nicht erfolgreich. Die Klagen der Meister häuften sich, und schon 1369 wurde es z. T. zurückgenommen. Für Nürnberg Hans *Lentze,* S. 605.

[55] *Bodemann,* S. 109.

[56] *Vasarhelyi,* S. 163.

[57] *Irsigler,* S. 245.

[58] *Vasarhelyi,* S. 142 ff.

gen der Bürgerrechtsgebühr oder der Steuern etc. gab es in dem von ihm untersuchten Bereich allerdings nicht. Im Gegenteil blieben diese Gebühren in Nördlingen konstant, so daß es schließlich wie allenthalben zu einer Übersetzung der „statt mit unvermöglichen Burgern" kam, so daß „die hanndtwercker zum beschwerlichsten ubersetzt" seien[59]. Der Autor führt aber selbst steuernde Maßnahmen an. Der Nördlinger Rat verordnete 1452, daß alle gewerbetreibenden Pfahlbürger in das geschworene Bürgerrecht einsitzen sollten. Die Zahl der Neubürger schnellte daraufhin von 10 auf fast 40 Personen[60]. Die Beispiele für solche Maßnahmen, in denen die Städte mit finanziellen Vergünstigungen warben, sind aber zu deutlich, als daß Vasarhelyis Annahme sich im ganzen als zutreffend erweisen könnte: So verordnete Mainz 1436 für die Personen, die Bürger werden wollten, für 10 Jahre Freiheit von „aller sture, bede, schaatzunge und ufsatzunge"[61].

Die Schließung der Zünfte war kein kontinuierlicher Prozeß, wie sich aus dem umgekehrten Vorgehen, der zwangsweisen Öffnung der Zünfte bzw. ihrer Abschaffung, zeigt. Schon 1276 hatte König Ottokar alle Verbindungen in Wien auf fünf Jahre aufgehoben, da Wien bei einem Großbrand zerstört worden war. 1281 findet sich ein Verbot König Rudolphs wegen der Lebensmittelgewerbe. Die Aufhebung aller Zechen am 28. August 1364 ist bereits bekannt. Friedrich III. verbot 1459 die Verbindung der führenden Messerhersteller. In jedem dieser Fälle wollte man die Städte und Gewerbe neu bevölkern, um so z. B. für Wien ein Steueraufkommen zu gewährleisten. Frühere Interpretationen, es habe sich um die Einführung einer allgemeinen Gewerbefreiheit gehandelt, sind wohl nicht haltbar, denn es ging vornehmlich um die Verhinderung von Gruppenegoismus bzw. die Sicherstellung von Einkünften.

Politische Gründe spielten auch oft eine Rolle. Doch nur selten wurden die Zünfte aus diesem Grund vollständig aufgelöst, sondern man entkleidete sie ihrer politischen Funktionen und übertrug diese auf den Rat, wie das Beispiel der Nürnberger Zünfte zeigte[62].

---

[59] Stadtarchiv Esslingen, Bürgeraufnahmeregister 1482—1552, Rechnungsjahr 1531, zit. n. ebd., S. 142 f.

[60] Friedrich *Keutgen*, Urkunden zur städtischen Verfassungsgeschichte (ausgewählte Urkunden zur Deutschen Verfassungsgeschichte 1), Berlin 1899, S. 449, n. 351; weitere Beispiele bei Rudolf *Wackernagel*, Geschichte der Stadt Basel, Bd. II, 1, 1911, S. 356; Carl *Mollwo* (Hrsg.), Das Rote Buch der Stadt Ulm (Württembergische Geschichtsquellen 8), Stuttgart 1905, S. 152 f., n. 276; S. 155 f., n. 282; allgemein: Ernst *Kelter*, Preisregelung, S. 161 ff., sowie Erich *Maschke*, Die Unterschichten, S. 9 f., 37 ff.

[61] Heinz *Zatschek*, Einigung und Zeche. Ein Beitrag zur Geschichte des Wiener Handwerks, in: Festschrift Edmund Stengel zum 70. Geburtstag, Münster — Köln 1952, S. 414—424, S. 420; vgl. weiter *Lentze*, S. 611; Mitterauer, S. 37.

[62] Zu den politischen Gründen vgl. Hans *Lentze*, Der Kaiser und die Zunftverfassung, S. 54, z. B. für die Aufhebung der Zunftverfassung in Freiburg i. Br. durch Erzherzog Albrecht VI. im Jahre 1454.

Zusammenfassend kann man feststellen: Abschließungsregeln sind nicht erst mit dem Ansteigen der Bevölkerung vorhanden, sondern schon zu Zeiten, in denen kein Arbeitskräfteüberangebot herrschte[63]. Sicher ist auch, daß im 16. Jh. der Schließungsprozeß weitgehend beendet war. Ein Grund für das frühe Aufkommen von Regeln über die Lehrzeit, Wanderung etc. mag in dem Bestreben gelegen haben, qualitativ hochwertige Produkte zu produzieren. Der Wunsch, z. B. der Goldschmiede, nur Personen eherlicher Abstammung zu beschäftigen, ist aus damaliger Sicht verständlich. Bei den Bauarbeitern leuchtet er nicht in diesem Maße ein. Die äußerlich gleichen rechtlichen Institutionen konnten also 100 Jahre später eine völlig andere Funktion angenommen haben[64]. Es geht mit Sicherheit nicht an, anstelle eines Motivbündels nur eine Ursache für diesen Prozeß verantwortlich zu machen. Das gilt gleichfalls für die Bevölkerungsentwicklung. Daß bei gut verdienenden Zünften Profitsicherung eine Rolle spielte, ist wahrscheinlich, ebenso, daß politische Konflikte der Zünfte untereinander auf diese Fragen durchschlugen. Die vielfältigen Regelungen, wie die Forderung der ehelichen Geburt, des Meisterstücks, des Bürgerrechts etc., hatten erst dann eine besonders stark abschließende Funktion, als die Zahl der Meisterstellen konstant gehalten wurde. Die Abschließungstendenzen stellen sich als Ergebnis eines Konfliktes zwischen den je unterschiedlich mächtigen politischen Gruppen in der Stadt einerseits und den betroffenen

---

[63] *Schmoller*, Tucher- und Weberzunft, S. 401 ff., mit Urkunden-Nr. 22 und 28, sowie K. Th. *Eheberg*, Verfassungs-, Verwaltungs- und Wirtschaftsgeschichte der Stadt Straßburg, Bd. I, Straßburg 1899, Urkunde Nr. 164. Zum gesamten vgl. *Fuhrmann*, S. 59. Für Lüneburg (nach *Bodemann*):
Kramer um 1302 (LXVI)
Bader vom 7. Mai 1361 (II 1)
Schuster 1389 (XXXVIII)
Goldschmiede um 1400 (XI 1)
Leineweber um 1430 (XVII 1)
Schiffer um 1431 (XXIV 1)
Pelzer, Kürschner um 1456 (XXI 5)
Gerber vom 10. Febr. 1476 (VIII 4)
Maler und Glaser um 1497 (XVIII 1, 2)
Bäcker um 1550 (I 2)
Barbiere vom Februar 1557 (III 3)
Glaser 1596 (X)

Diese Liste zeigt, daß sich *langfristige Trends* hier nicht nachweisen lassen. Die Schwierigkeit, eine historische Abfolge festzustellen, beginnen mit der Quellenlage: Bodemann fand z. B. für Lüneburg zwischen 1302 und 1400 lediglich 14 Urkunden, zwischen 1400 und 1500 insgesamt 86 Urkunden und zwischen 1500 und 1600 nur 63 Urkunden.

[64] *Schönberg* erklärte: „Immer wieder von neuem wiederholt sich die Verwechslung der beiden so völlig verschiedenen Phasen der Zunftorganisation, immer von neuem wird übersehen, daß die äußerlich gleichen Institutionen in den verschiedenen Zeiten eine völlig andere, oft diametral entgegengesetzte Bedeutung haben ...". Zur wirtschaftlichen Bedeutung des deutschen Zunftwesens im Mittelalter, in: Jahrbuch für Nationalökonomie und Statistik IX (1879), S. 3, 51.

Zünften andererseits heraus. Das Interesse der Städte war darauf gerichtet, die durch die Pest erlittenen Bevölkerungsverluste wieder auszugleichen, ein Arbeitskräftereservoir zu schaffen und über die Zünfte eine gewisse Sozialkontrolle über die zuwandernden Armen zu erhalten. Die Zünfte selbst wollten ihre Überbesetzung durch arme und unqualifizierte Arbeitskräfte verhindern. Die folgenden Kapitel werden diese Zusammenhänge weiter erläutern.

4.6. Bürgerrecht, Armut und Zunft

Die Zusammenhänge zwischen Bürgerrecht und Zunftangehörigkeit hat Hans *Planitz* so zusammengefaßt:

„Die städtischen Handwerker waren in ihrer großen Masse Bürger. Das war sicher bereits in vielen eidgenössischen Städten des 11. und 12. Jahrhunderts so, als die Stadtgemeinden sich aus Kaufleuten und Handwerkern zusammenschloßen und beiden Gruppen gleiche Rechtsstellung zusicherten. Das gleiche gilt für die hoch- und spätmittelalterliche Stadt. Die flandrischen Färber in Wien waren 1208 Bürger und zugleich Amtsgenossen. Meist wird davon berichtet, daß ein Bürger eine Innung erworben haben, wie das für Stendal, Mühlhausen und Erfurt belegt ist. In Frankfurt wurde bestraft, wer das Wollengewerbe betrieb, bevor er das Bürgerrecht erworben hatte. In Hamburg erwarben die Handwerker 1375 zuerst das Meisterrecht, dann das Bürgerrecht und endlich das Amt, in Freiberg 1390 die Kürschner zugleich Bürgerrecht und Innung. In Erfurt und Straßburg waren 1264 Fleischer und Bäcker Bürger. Doch ist es ohne Zweifel auch nicht selten vorgekommen, daß Handwerker ohne Bürgerrecht tätig waren. So konnten in Basel 1264 Bürger wie auch nicht Bürger Mitglieder der Gärtner- und Obsterzunft sein. In Wiener Neustadt waren um 1390 die Weber Bürger oder ‚Soldner‘ die Krämer oder Schuster konnten auch nicht Bürger sein. Wenn auch viele Zünfte für ihre Genossen den Erwerb des Bürgerrechts voraussetzten, so gab es offenbar besonders in kleineren Städten Zünftler, die aus wirtschaftlichen Gründen das Bürgerrecht nicht erwerben konnten."[1]

Es gab also gewerbliche Tätigkeiten, sogar zünftige und Meistertätigkeiten, die nicht voraussetzten, daß der Betroffene Bürger sein mußte. Die allermeisten Zunftordnungen gingen davon aus, daß die Gesellen nicht Bürger waren:

„Ceterum etiam statuimus, quod ipse magister textorum quicunque fuerit, de cetero nulli dabit inunge, nisi prius civis factus fuerit civitas."[2]

Das *Großbürgerrecht*, das zur vollen Teilnahme am wirtschaftlichen und politischen Leben berechtigte, wurde vor allem an Handwerks-

---

[1] Hans *Planitz*, S. 255 m. w. N. Zum folgenden vgl. die Schichtungsforschung, besonders Thomas *Fischer*, S. 69 ff.

[2] Aus einer Erfurter Ratsurkunde über Vereinbarungen zwischen den Meistern und Gesellen der Tuchmacherinnung vom 20. August 1288 Friedrich *Keutgen*, Urkunden zur städtischen Verfassungsgeschichte, Berlin 1899, Nr. 307.

meister (und Kaufleute etc.) vergeben. Der Vermögensnachweis[3], der außer in Zeiten extremen Arbeitskräftebedarfs von den Meistern für das Bürgerrecht gefordert wurde, sollte schnelle Konkurse verhindern.

Die Schicht der abhängigen Arbeitskräfte ist durch die Statistiken zum Bürgerrechtserwerb nur schwer zu erfassen. Die Liste der 20 häufigsten Berufe der Neubürger in drei oberdeutschen Städten spiegelt deutlich die Gewerbestruktur dieser Städte[4]. Waren die ins Bürgerrecht aufgenommenen Personen aber Meister, Gesellen oder Tagelöhner?

Berufe von Neubürgern

Nördlingen	N	%	Esslingen	N	%	Schwäbisch Hall	N	%
Loder	219	12,0	*Schneider*	25	10,2	*Schuster*	39	8,7
Geschlachtw.	197	10,8	*Bäcker*	21	8,6	*Bäcker*	26	6,2
Bäcker	112	6,2	*Schmied*	14	5,7	*Taglöhner*	25	5,6
Schuster	101	5,5	*Binder*	13	5,3	*Gerber*	23	5,1
Gerber	69	3,8	*Tucher*	12	4,9	*Binder*	21	4,7
Schneider	52	2,9	Schuster	11	4,5	*Tucher*	21	4,7
Zimmermann	52	2,9	Zimmermann	11	4,5	Weber	19	4,2
Bader/Badkn.	49	2,7	Kürschner	8	3,3	Sieder/Siederkn.	18	4,0
Fuhrmann	43	2,4	Bader	6	2,5	Schmied	18	4,0
Huter	38	2,1	Bauer	6	2,5	Zimmermann	17	3,8
Kürschner	37	2,0	Müller	6	2,5	Seckler	16	3,6
Schreiner	36	2,0	Scherer	6	2,5	Schneider	13	2,9
Metzger	33	1,8	Goldschmied	5	2,0	Kürschner	12	2,7
Seckler	32	1,8	Metzger	5	2,0	Metzger	12	2,7
Leineweber	27	1,5	*Weber*	5	2,0	Bader	11	2,4
Taglöhner	24	1,3	*Weingärtner*	5	2,0	Müller	8	1,8
Hufschmied	24	1,3	Decker	4	1,6	Schlosser	8	1,8
Weber	23	1,3	Fuhrmann	4	1,6	Goldschmied	7	1,6
Tuchscherer	22	1,2	Hafner	4	1,6	Hafner	6	1,3
Sattler	22	1,2	Koch	4	1,6	Fuhrmann	6	1,3

Mit Sicherheit wanderten viele Gesellen zu und andere unterbürgerliche Personen, die vornehmlich aus dem direkten Umland kamen. Es ist möglich, daß diese Tabelle eine ganze Anzahl von Nichtmeistern enthält, denn allein die Heirat mit einer Bürgerstochter sicherte den Erwerb des Bürgerrechts zu günstigen Bedingungen. Gegen Ende des Zeit-

---

[3] Vgl. Abschn. 4.4., Fn. 9.

[4] *Vasarhelyi*, S. 135. Die Quote der Berufserfassung bei der Erteilung des Bürgerrechts war sehr unterschiedlich: In Nördlingen sind bei 78 % der Neubürger die Berufe verzeichnet, Schwäbisch Hall 77 %, während für Esslingen nur 12 % solcher Angaben vorhanden sind.

raumes (ca. 1550) gab es in diesem Raum bereits ein massives Armutsproblem. Der Erwerb des Bürgerrechts sicherte dem Zugewanderten eine Grundversorgung in Hungerszeiten. Der hohe Prozentsatz von Heiraten mit Bürgerstöchtern am Ende dieses Zeitraumes könnte dafür als Indiz gewertet werden[5]. Dafür spricht auch die Tatsache, daß Tagelöhner ins Bürgerrecht aufgenommen wurden und die 219 Loder sind als Lodermeister relativ unwahrscheinlich.

Die Berufsstruktur der Städte und die Einwanderungen entsprechen sich. Nördlingen hatte eine bekannte Textilproduktion, vor allem Wollweberei. Entsprechend fanden rund 29 % aller Einwanderer hier Nahrung. Der Anteil stieg später auf fast 40 %[6].

Selten wird der Anteil der Lohnarbeiter an den Einwanderungsgesuchen verzeichnet, obwohl es solche Gesuche zweifellos gab[7].

Stellt man auf die Bürger ab und nicht auf die Einwanderer insgesamt, so zeigen sich Verzerrungen gleichfalls bei der Berechnung der Entfernungen, aus denen die Bürger zugewandert sind. Vasarhelyi hat

[5] Ebd., sowie S. 158 ff.

[6] Ebd und S. 161.

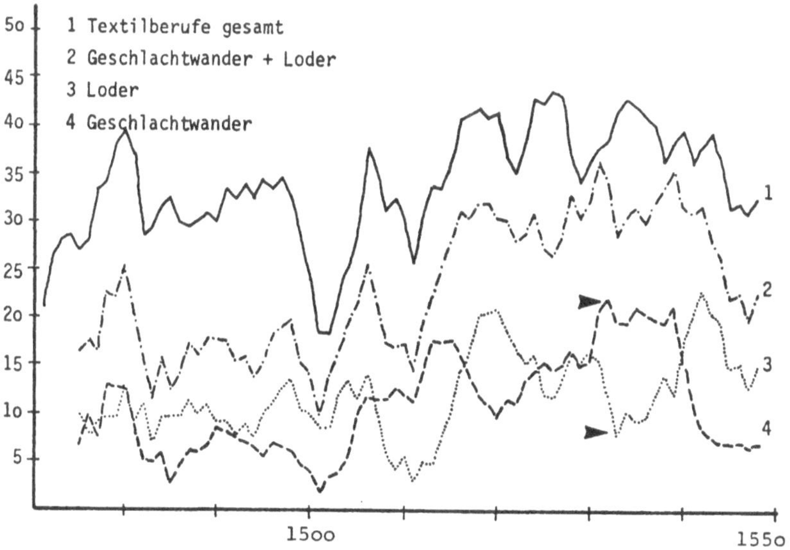

Abb. 21. Nördlinger Neubürger: Anteil der Textilberufe an den Neubürgern in %. Quelle: *Vasarhelyi*, S. 161.

Die Umkehrung des Verhältnisses zwischen Lodern und Geschlachtwandern nach 1537 ist Folge einer steuernden rechtlichen Maßnahme des Rates.

[7] *Bog*, S. 56.

Aufnahme zu Burgerrecht in Bern 1584 (Juli) bis 1615 (1. Januar)

	aufgenommen		abgelehnt	
	Selbständige	Lohnarbeiter	Selbständige	Lohnarbeiter
1584	4	—	8	4
1585	5	2	2	1
1586	10	1	1	1
1587	12	3	—	—
1588	13	1	17	9
1589	3	—	—	—
1590	42	7	10	5
1591	21	3	2	1
1592	11	1	5	1
1593	15	4	22	8
1594	9	1	22	4
1595	15	—	16	2
1596	12	1	19	1
1597	—	—	—	—
1598	10	3	13	3
1599	—	—	—	—
1600	3	—	—	—
1601	13	1	27	2
1602	—	—	—	—
1603	—	—	—	—
1604	27	6	16	—
1605	—	—	—	—
1606	—	—	—	—
1607	—	—	—	—
1608	1	—	—	—
1609	48	6	—	—
1610	3	—	—	—
1611	5	—	—	—
1612	—	—	—	—
1613	43	5	—	—
1614	3	—	13	5
1584 bis 1615	325	45 = 13,8 v. H.	203	47 = 23,25 v. H.

Entfernungen bis 150 km erfaßt und kommt zu einem erstaunlichen Anteil von 45 % Neubürgern, die aus Städten stammen[8]. Aus so weiten Entfernungen und aus städtischem Milieu wanderten vor allem Gesellen[9] zu, doch sind spezielle berufliche Fertigkeiten der Einwohner des unmittelbaren Umlandes nicht sehr wahrscheinlich[10].

Dieser Personenkreis, der aus der nahen Umgebung zuwanderte, erwarb allenfalls das *Kleinbürgerrecht*, welches i. d. R. an solche Personen verliehen wurde, die ihre „narung one nachtheil des Almusens" erwerben konnten. Darunter fielen also Tagelöhner, Angehörige der Massenzünfte und auch Angehörige der mittleren Zünfte[11].

Der Stadtherr oder der Rat, der eine Vergrößerung der Bevölkerung wünschte, konnte — wie oben erwähnt — die Abgaben für das Bürgerrecht herabsetzen oder ganz aussetzen. Darüber hinaus konnte er die Ansiedlung nichtzünftiger Handwerker fördern, also gegen den Zunftzwang agieren oder keine wirtschaftlichen Maßnahmen gegen nichtzünftig hergestellte Waren ergreifen. Je mehr die Zünfte offengehalten wurden, desto attraktiver waren die Städte für einwandernde Handwerker. Die Aufhebung der Zünfte in Wien 1361 stand im Zusammenhang mit solchen Maßnahmen[12].

Das Instrument der Bürgerschaftserteilung wurde in bezug auf die Arbeits- und Wirtschaftsverfassung sehr bewußt gehandhabt. Die Kölner Kistensitzer hatte keine eigene Zunft. Sie verkauften Wein auf fremde Rechnung, ohne daß sie einer anderen Zunft angehörten. Für ihre Geschäfte mußten sie mit Geld umgehen und auf Kredit arbeiten. Um eine zumindest minimale Kontrolle über diesen Personenkreis zu haben, forderte der Rat, daß sie im Besitz des Bürgerrechts sein müßten[13].

---

[8] *Vasarhelyi*, S. 146 ff.

[9] Vgl. auch die Statistiken bei *Reininghaus*, Die Migration der Handwerksgesellen in der Zeit der Entstehung ihrer Gilden (14./15. Jh.), in: Vierteljahresschrift für Sozial- und Wirtschaftsgeschichte 68 (1981), S. 1 ff., S. 19: 6,8 % der Gesellen kamen aus Herkunftsorten unter 25 km, 15,1 % unter 50 km, 38,6 % zwischen 51 und 150 km und sogar noch 26,7 % zwischen 151 und 300 km. Allerdings findet sich eine relativ große Einwanderung von Gesellen aus Orten unter 2000 Einwohnern mit insgesamt 41,2 %. Die Einwanderungsprofile unterscheiden sich allerdings nach Stadttyp. So sind in größeren Städten die Gesellen aus kleinen Orten weniger vertreten (ebd., S. 15 f.).

[10] Vgl. Karl Siegfried *Bader*, Studien zur Rechtsgeschichte des mittelalterlichen Dorfes, Wien — Köln — Graz, Bd. I (1957), Bd. II (1962), S. 375 ff.

[11] Zum Kleinbürgerrecht immer noch W. *Ebel*, Der Bürgereid als Geltungsgrund und Gestaltungsprinzip des deutschen mittelalterlichen Stadtrechts, Weimar 1958, der allerdings die wirtschaftlichen Hintergründe nicht herausarbeitet. J. *Ehrler*, Stadtverfassung und Zünfte Freiburgs i. B., in: Jahrbuch für Nationalökonomie und Statistik, Bd. 41 (1911), S. 729 bis 757 und Bd. 42 (1912), S. 449—475, S. 456 f.

[12] Vgl. oben *Zatschek*, Abschn. 4.5., Fn. 40.

[13] *Kelter*, Preiskontrolle, S. 106. Die Kistensitzer mußten darüber hinaus

In Hamburg legte eine Verordnung von 1534 fest: Die Einwohner durften hökern und ihre Nahrung erwerben. Der Erwerb dieses Rechts geschah in einem ähnlichen Verfahren wie der Erwerb des Bürgerrechts. Einwohner durften allerdings keinen Grundbesitz erwerben. Während für das Bürgerrecht 10 Mark zu zahlen waren, mußten die Einwohner lediglich 3 Mark entrichten. Es handelte sich vor allem um Amtsknechte, Handwerksgesellen, Höker, Dienstleute etc.[14]. Ziel dieser Maßnahme war es, den Zuzug Unbemittelter zu verhindern.

Der Freiburger Rat verfügte 1412, alle nach Freiburg zuziehenden Personen, die sich nur mit der Hand ernähren konnten, sollten die Zunft der Rebleute kaufen[15]. Rebleute waren landwirtschaftliche Arbeiter, die in der Stadt wohnten und sich zur Arbeit in den Weinbergen verdingten. Daß man alle Personen, die in bürgerlicher Weise in der Stadt leben wollten, in Zünfte drängte, war eine alte Praxis der Städte, die so für sich und die Zünfte Einnahmen sichern wollten und die insbesondere in der Zeit, bevor Bürgerlisten erstellt waren, eine Kontrolle über die in der Stadt befindlichen Personen haben wollten. Die Eßlinger Zunftordnung von 1331 schrieb vor:

„Es sol ouch allermaengelich, der in der stat wonen wil, er sige danne da in burgers wis, under ainer zunft sin, und in swelhe zunft er wil, darin sol man in aun widerrede emphfahen also, daz nieman da in strebherren wise wone oder sige.

Darnauch unde zem júngesten, swelher in ain zunft komen wil, der sol ir geben ain phunt und fúnf schillinge haller, es sige danne, daz er ains antwerkesmannes sun sige in dem antwerke, so sol er dez selben antwerkes zunft danne niht kouffen."[16]

In dem oben erwähnten Freiburger Fall betrug das Einkaufsgeld nur 6 sd und war damit viel billiger als die Einkaufsgelder für die übrigen Zünfte. 1468 wurde es allerdings auf 1 Pfund angehoben, um den Zustrom der Armen einzudämmen[17]. Bis zu diesem Zeitpunkt blieben die

---

erhebliche Bürgschaften leisten: 200 Mark bis 1472 und danach 600 Mark; vgl. Walther *Stein*, Akten zur Geschichet der Verfassung und Verwaltung der Stadt Köln im 14. und 15. Jahrhundert (Publikationen der Gesellschaft für Rheinische Geschichtskunde X), 2 Bde., Köln 1893, Bd. I, S. 71, Bd. II, S. 497.

14 Vgl. Hamburger Burspraken 1346—1594, bearb. v. Jürgen *Bolland*, Hamburg 1960, n. 126, § 33; vgl. dazu Ernst *Pitz*, S. 27 ff. Die Stadt Köln wollte 1508 die Faktoren der oberdeutschen Gesellschaften zum Erwerb des Bürgerrechts zwingen. Diesen genügte jedoch ihr Eingesessenenstatus, um in großem Umfang Handel treiben zu können. Franz *Irsigler*, Köln, die Frankfurter Messen und die Handelsbeziehungen mit Oberdeutschland im 15. Jahrhundert, in: Köln, das Reich und Europa (Mitteilungen aus dem Stadtarchiv von Köln 60), Köln 1971, S. 341—429, S. 426.

15 Th. *Fischer*, S. 70 ff.

16 Urkundenbuch der Stadt Eßlingen, bearb. A. *Diehl* / K. H. S. *Pfaff*, Bd. 1, Stuttgart 1899, Nr. 612.

17 Steven W. *Rowan*, The guilds of Freiburg i. B. in the later middle ages

Rebleute ohne eine eigene Zunftverwaltung[18]. Sie waren also eindeutig rechtlich und statusmäßig nicht mit den Kaufmannszünften zu vergleichen.

In den 90er Jahren klagte der Rat, die Rebleute hätten zu viele Arme aufgenommen. Die Folge sei ein Schaden des „gmeinen gut der Zunfft, in der sovil armer lüt und abaiter begriffen sind"[19]. Ab 1497 durften bei den Rebleuten Neuaufnahmen nur noch mit Genehmigung des Magistrats erfolgen, und der Zunftkauf wurde um ein weiteres Pfund erhöht. Zudem mußten die Rebleute bei der Aufnahme schwören, „inn funff iaren nit zu bettlen gon on mergklich nodt, sonnder sich mit seiner armut zeerneren"[20]. Dennoch konnten diese Maßnahmen nicht verhindern, daß bereits 1498/99 zahlreiche Mitglieder der Rebleute als Bettler tätig waren[21].

Legales Betteln war grundsätzlich eine Maßnahme, die von den Städten geduldet und im gewissen Umfang gefördert wurde, da die Lasten der unschuldig in Not Geratenen dann nicht von den Städten selbst getragen werden mußten. Anspruch auf eine Versorgung im Spital oder z. B. in Zeiten der Teuerung auf verbilligte Abgabe von Brot hatten aber nur die Bedürftigen, die sich legal in der Stadt aufhielten. Das war insbesondere der Kreis der Kleinbürger, die wiederum oft in einer der Massenzünfte — wie das obige Beispiel der Rebleute zeigt — organisiert waren[22].

Der Konflikt zwischen den Zünften und den Magistraten war offenkundig. Die Zünfte bestanden auf ihrem Zunftzwang, und sie wollten keine Arbeitskräfte aufnehmen oder gar aufnehmen müssen, für die sie keinen Bedarf hatten[23]. Die Macht, einen entsprechenden Aufnahmezwang, der im Interesse der Städte lag, abzuwehren, hatten aber nur Reiche und/oder politisch mächtige Zünfte. Der Kompromiß, mit dem den reichen Zünften gedient war, lag in der Offenhaltung der Massenzünfte[24]. Das entsprach genau dem wirtschaftlichen Interesse der Kaufleute, die als Verleger tätig waren, oder der Weber, die Handel trieben,

---

as social and political entities, Diss. phil., Cambridge (Mass), 1970 (masch.), S. 179/180, zit. n. Thomas Fischer, S. 70.

18 Tom *Scott*, Relations between Freiburg i. B. and the surounding countryside in the age of South-West German agrarian unrest before the Peasants War, circa 1450—1520, Diss., Cambridge 1973 (masch.), S. 144.

19 StA Freiburg, Urk. VIe, 1493 März 16., zit. n. Th. Fischer, S. 71.

20 StA Freiburg, RPr. 7, 1497 Jan. 11, f. 2r zit. n., Fischer, S. 71; Scott, S. 46 ff.

21 *Scott*.

22 *Fischer*, S. 182 ff.

23 *Wackernagel*, Rudolf, Geschichte der Stadt Basel, 3 Bde., Basel 1907, 1911, 1916, 1954, Bd. II 1, S. 391, 355 f.

24 Vgl. auch die Zunfturkunden Lüneburgs, S. 208.

denn diese waren ebenso wie die Rebleute oder Weinleute auf Hilfstätigkeiten großen Umfanges angewiesen. *Die Tendenzen zur Schließung bestimmter Zünfte und zur Öffnung der Massenzünfte überlagerten sich.* Es gab eben keine Abschließungstendenzen aller Zünfte, sondern das Offenhalten bestimmter Zünfte konnte ebenso Notwendigkeit sein, wie die Schließung anderer Zünfte. Ein Blick auf Basel im 15. Jh. zeigt die Notwendigkeiten[25].

Tatsächliche Veränderung und rechtliche Steuerung einer Stadtbevölkerung

1429:	2536 Haushalte	1430 ff.:	Bürgerrechtsgebühr 10 fl
1437/38:	Entvölkerung der Stadt (Konzilende)		
1438:	große Teuerung		
1439:	Pest		
		1441:	Bürgerrechtsgebühr-senkung 4 fl 127 Neubürger
1443—49:	Krieg mit Österreich		
		1444:	Geflüchtetes Landvolk wurde für 3 sd Schreibgebühren aufgenommen 290 Neubürger
1446:	Sondersteuer wegen des Krieges	1446:	Aufnahme erfolgt unentgeltlich
1454/97:	2099 Haushalte		

---

[25] *Wackernagel* (Fn. 23), *Ammann*, H., Die Bevölkerung von Stadt und Landschaft Basel am Ausgang des Mittelalters, in: Baseler Zeitschrift für Geschichte und Altertumskunde, Bd. 49 (1950), S. 25 f.; Thomas *Fischer*, S. 166, unter Bezugnahme auf Peter *Ochs*, Geschichte der Stadt und Landschaft Basel, 8 Bd., Berlin — Leipzig 1786—1822, Bd. III, S. 486; Traugott *Geering*, Handel und Industrie der Stadt Basel. Zunftwesen und Wirtschaftsgeschichte bis zum Ende des 17. Jhs., Basel 1886, S. 55. Eine zusätzliche Schwierigkeit für die Berechnung der Einwanderung besteht in dem unterschiedlichen Wachstum der Städte. Städte mit:

1. rückläufiger Einwohnerschaft: Freiburg i. B. 9000 E. (1450) 6000 (1500) Heilbronn 5200 (1399) 4000 (1477)
2. stagnierender Einwohnerschaft Lübeck 22 000—24 000
3. wachsender Bevölkerung Straßburg 16 000 (1444) 22 000 (1580)

Maschke, Deutsche Städte 1974, S. 3 f. Diesen Zahlen entspricht ein ebenso differenziertes Bild in bezug auf das wirtschaftliche Wachstum oder Wohlergehen, das wiederum von der wirtschaftlichen Struktur der Städte abhing. Ohne hier auf Einzelheiten eingehen zu können, kann man sagen, daß die Beteiligung einer Stadt am Fernhandel sich günstig auswirkte. Dort konnten große Gewinne erzielt werden.

Daneben warben manche Städte mit Steuerfreiheit für gewisse Zeiträume nach dem Erwerb des Bürgerrechts[26].

In Freiburg sank die Bevölkerung von 1385 (9000 Einw.) bis 1450 (6000 Einw.)[27]. Auch hier zog die reiche Bevölkerung weg, sie wollte hohe Kriegskosten nicht bezahlen, was auch eine Bevölkerungsumschichtung zur Folge hatte. Die Zahl der Personen mit ganz geringem Vermögen betrug 1481 18 % und 1520 bereits 33 %.

Die in die Stadt einwandernden Armen kauften sämtlich das Kleinbürgerrecht. 1484/87 verfügte der Rat der Stadt Basel, daß die Zünfte keine Bewerber ohne Bürgerrecht aufnehmen sollten, nahm aber die Rebleute und die Lohnweber von diesem Gebot aus[28].

Nach einer kurzfristigen Aufhebung der Zünfte durch den Freiburger Stadtherrn wurden diese ab 1464 auch in ihren administrativen Funktionen wieder hergestellt[29].

Das Zusammenspiel zwischen dem Erwerb des Kleinbürgerrechts, der allgemeinn Peuplierungspolitik und der Zunftzugehörigkeit zeigt sich deutlich. Bestand ein Arbeitskräftebedarf, so senkte man die Aufnahmegebühren für die Zünfte, zumindest für Massenzünfte, hatte man hingegen die Befürchtung, daß zu viele Arme in die Stadt kommen könnten, so wurden diese Gebühren angehoben und auch der Zunfteintritt erschwert[30]. Die Interessen der Zünfte und die der Magistrate konnten hier notwendig nur hinsichtlich der Massenzünfte parallel laufen. Ein besonderer Zudrang in die Städte bestand dann, wenn Hungersnöte oder andere Katastrophen zu besorgen waren. Dann kauften sich nämlich Teile der Landbevölkerung von ihrem „letzten Geld" das Kleinbürgerrecht, um so in den Genuß verbilligten Getreides, öffentlichen Almosens, von Arbeitsbeschaffungsmaßnahmen sowie des Rechts zu Betteln zu kommen. Wenn man sich zudem noch eine Zunft kaufen konnte, so gab es evtl. sogar die Möglichkeit, im Rahmen der Arbeitsverteilung zum Zuge zu kommen.

---

[26] Vgl. *Vasarhelyi*, S. 137, Fn. 12 und S. 142.

[27] Hermann *Flamm*, Der wirtschaftliche Niedergang Freiburgs und die Lage des städtischen Grundeigentums im 14. und 15. Jh. Ein Beitrag zur Geschichte der geschlossenen Stadtwirtschaft. Volkswirtschaftliche Abhandlungen der Baadischen Hochschulen 8, Ergänzungsbd. 3, Karlsruhe 1905; ders., Die Einwohnerzahl Freiburgs im Jahre 1450, in: Schauinsland, Bd. 39 (1912), S. 37—39.

[28] *Geering*, S. 55, 64 ff., 70.

[29] *Rowan*, S. 179; Scott, S. 36.

[30] Hubert *Weißer*, Verteilung und politischer Einfluß des Vermögens bei den Freiburger Zünften, Zulassungsarbeit zum Staatsexamen 1970, zit. n. Th. Fischer, S. 178.

Die Zuwanderungen erfolgten vom Lande, also regelmäßig mit Vermögenslosen. Demzufolge stieg der Anteil der Armen in der Stadt und in den Zünften, besonders in den Massenzünften. 1446 führte zudem die Sondersteuer wegen des Krieges zu einem Abzug der Reichen. Dieser Prozeß wurde als *Proletarisierung der Zünfte* beschrieben[31]. Dies erklärt die Schließungstendenzen eines Teils der Zünfte und die begrenzte Öffnung von Massenzünften andererseits. Gleichzeitig wird die besondere Stellung der „Gesellen" deutlich. Die Gesellenfrage ist letztlich die Kehrseite der Schließung/Öffnung der Zünfte.

4.7. Gesellen

Das Einkommen und der Status der Gesellen hing von der Politik der Zünfte und der Städte ab sowie von der Bevölkerungsentwicklung und der Schichtung. Die Gesellen im eigentlichen Sinne stellten in bezug auf Einkommen und Status die Spitzengruppe der gewerblichen Arbeitskräfte dar.

Am Anfang der hier beschriebenen Entwicklung war es leicht, entweder als Lehrling oder als Arbeitskraft in eine Zunft einzutreten. Lehrlinge waren durchaus nicht immer Kinder, zu Zeiten, in denen Arbeitskräfte knapp waren, wurden sie auch ohne Lehrgeld aufgenommen[1]. Gegen Ende des Mittelalters war ein Überangebot an Arbeitskräften und damit Eintrittswilligen vorhanden[2]. Die Maßnahmen der Meister — besonders in den „mittleren Zünften" — waren darauf gerichtet, Meisterstellen für langjährige Zunftmitglieder oder deren Angehörige zu sichern. Spätestens am Ende des Mittelalters war aus dem Ausbildungsverhältnis der Gesellen, also einem Durchgangs- oder Übergangsstadium, ein *Dauerverhältnis* geworden[3]. Anhand der Genter

---

[31] *Kelter*, S. 206.

[1] H. *Lentze*, Art.: Geselle, in: HRG, Bd. I, Sp. 1603 f.; *ders.*, Art.: Handwerk (rechtlich), ebd., Sp. 1976; H. G. *Isele*, Art.: Lehrlinge, Lehrvertrag, ebd., Bd. 2, Sp. 1758 ff., sowie *Schmieder*, *Dirke* und Alexander *Knoll*, Handwerksgesellen und Lehrlinge im Mittelalter, 2. Aufl., Berlin 1931; Walter *Riedl*, Die rechtliche Stellung der Lehrjungen und Gesellen des nürnberger Handwerks in der Zeit vom Ende des 30jährigen Krieges im Jahre 1648 bis zur Einverleibung der freien Reichsstadt in das Königreich Bayern im Jahre 1806, Diss. jur. (masch.), Erlangen 1948.

[2] Vgl. o. Abschn. 2.

[3] Idealisierte Darstellung bei *Schmieder*, S. 136 f. Die *Gesellenfrage* ist im Regensburg des 15. Jahrhunderts in den Handwerksordnungen vielfach geregelt. Die Bedingungen zum Erwerb des *Meisterrechts* wurden fixiert und vor allem erschwert, die Lehrzeit verlängert. In beiden Fällen gab es Abkaufmöglichkeiten, Hermann *Heimpel*, Das Gewerbe der Stadt Regensburg im Mittelalter (mit einem Beitrag von Franz Bastian: Das Textilgewerbe), (Vierteljahresschrift zur Sozial- und Wirtschaftsgeschichte, Beiheft 9), Stuttgart 1926, sowie grundlegend Karl Theodor *Gmeiner*, Reichsstädtisch Regensburgische Chronik, 4 Bde., Regensburg 1800—1824.

Bräuer wurde schon gezeigt, daß manche Zünfte es verstanden, praktisch nur Meistersöhne wieder zu Meistern zuzulassen[4]. Die andere Möglichkeit für die Gesellen war die Heirat mit einer Meisterwitwe oder Meistertochter. Die Zahl solcher Heiraten scheint gegen Ende des Mittelalters zugenommen zu haben, wie man an den kostenlosen Bürgerrechtserteilungen, die für Heiraten mit Zunftmitgliedern vorgesehen waren, nachweisen kann[5]. In der Zeit von 1481 bis 1498 hatten die Erfurter Zimmerleute 90 Gesellen, von denen nur 10 — der letzte nach 28 Jahren — Meister wurden[6].

In dieser Situation mußte aus soziologischen Gründen eine *Differenzierung* innerhalb der Zunft erfolgen und aus ökonomischen Gründen eine *Verselbständigung* der Gesellen. M. a. W., die Gesellen mußten einerseits eine neue Identität finden, da sie ihren Status nicht mehr allein von der Zunft her definieren konnten, und zum anderen mußten sie versuchen, ihre Realeinkommen zu sichern oder gar zu steigern. So befürchtete man in Hamburg 1510, die Gesellen könnten sich auf den Dörfern und Landstädten niederlassen und so den Zunftzwang umgehen und den Meistern Konkurrenz machen[7].

4.7.1. Unterstützungswesen

Die Versuche der Gesellen, selbständige Organisationen zu gründen und Widerstand zu leisten, waren Notwendigkeit. Zum Abschluß soll das an der Frage der *Sozialfürsorge bei Krankheit* noch einmal dargestellt werden. „Daß die Meister, in deren Haus die Gesellen lebten und arbeiteten, für ihre kranken Gesellen sorgten, war nur selten vorgeschrieben und geschah wohl nur in Grenzen[8]."

Solche Vorstellungen widersprechen aber dem Bild des patriarchalischen Fürsorgeverhältnisses, das unsere Vorstellung von mittelalterlicher Arbeit lange geprägt hat. Wie ging man aber mit der Tatsache um, daß im Gegensatz zu vielen anderen Regelungen in bezug auf die Gesellen sich kaum Regelungen über die Fürsorge in alten und kranken Tagen findet:

---

[4] Vgl. oben Abschn. 4.5.2., Fn. 21.

[5] *Reincke*.

[6] *Th. Neubauer*, Wirtschaftsleben im mittelalterlichen Erfurt, in: Vierteljahresschrift für Sozial- und Wirtschaftsgeschichte 12 (1914), S. 542.

[7] Ernst *Pitz*, S. 36 m. v. w. N.

[8] *Maschke*, Unterschichten, S. 67, 79; *Reininghaus*, Gesellengilden, S. 45, dagegen herkömmlicher Ansicht *Göttmann*, Bündnispolitik, S. 30, mit Hinweisen auf Sekundärliteratur; ähnlich Sigrid *Fröhlich*, Die Soziale Sicherung bei Zünften und Gesellenverbänden. Darstellung, Analyse, Vergleich (Sozialpolitische Schriften 38), Berlin 1976, S. 62 f.; vgl. schon oben Abschn. 1.1. und 1.2. Was wir über mittelalterliche Armut und Armenfürsorge wissen, läßt den Gedanken an eine relativ umfangreiche Sozialfürsorge als unwahrscheinlich erscheinen, vgl. Abschn. 4.3.

„Es erscheint demnach selbstverständlich, wenn Zunftstatuten neben ihren sonstigen Vorschriften auch solche über die Unterstützung der Knechte aufgenommen haben. Wo wir solche aber nicht finden, war entweder die Gesellenschaft bereits aus der Zunft als solcher ausgeschieden oder aber es erschien — eben weil es sich um eine aus den Verhältnissen sich ergebende Verpflichtung handelte — eine eigene gesetzliche bezw. statuarische Normierung dieser Verpflichtung nicht notwendig. Aus dem Nichtvorhandensein einer schriftlichen Aufzeichnung hierüber einen Schluß dahin zu ziehen, daß die Verpflichtung (zur Unterstützung) nicht anerkannt wurde, wäre falsch."[9]

Wenn sich Belege in den Quellen finden, z. B. einen kranken Knecht zu unterstüzen, so ist diese Unterstützung denkbar gering. Die Hamburger Bartscherer schrieben in ihrer Stiftungsurkunde fest (12. Jan. 1452), daß ein Knecht, der keinen Lohnanspruch mehr habe, einen geringen Geldbetrag pro Woche erhalten solle „uth deren bussen". Unklar bleibt in dieser Urkunde, ob die Knechte bereits eine eigene Büchse hatten oder in die gemeinsame einzahlten. Gleichfalls ist oft unklar, ob die von den Zünften „gekauften" Spitalbetten den Gesellen zur Verfügung standen.

Hingegen findet sich bei der Konstituierung von Gesellengilden stets ein Hinweis darauf, wie kranke Gesellen unterstützt werden sollten. Es ist nicht auszuschließen, daß neben den o. g. Gründen die praktisch wohl sehr geringe Sozialfürsorge im Krankheitsfall gleichfalls Pate für die Bewegung gestanden hat. Die Nachweise jedenfalls, die auf die Fürsorgepflicht der Meister hinweisen, stützen sich regelmäßig auf Sekundärliteratur. Hart formuliert spiegelt sich darin ein Wunschdenken, das seinen Ausdruck in der Konzeption des patriarchalischen Fürsorgeverhältnisses fand. Mit größter Wahrscheinlichkeit fanden sich kaum sozialfürsorgliche Maßnahmen bei den Massen- oder Tagelöhnerzünften sowie bei den Arbeitskräften, die in Werkstätten, in Heimarbeit etc. arbeiteten, die sich also außerhalb des Wohn- und Lebensbereichs der der Meister befanden. Ökonomisch war die geringe Sozialfürsorge zwingend geboten, denn arbeitsfreie Einkommen können nur in einer Gesellschaft bezahlt werden, deren Produktivität relativ hoch ist. Im Mittelalter war diese aber erheblich geringer als heute.

[9] Georg *Hagen*, Erwerbsordnung und Unterstützungswesen in Deutschland, Borna — Leipzig 1913, S. 63 f.; Otto *Rüdiger*, Hamburger Zunftrollen, S. 6. Vgl. weiter Gerald *Schoepfer*, Sozialer Schutz im 16.—18. Jahrhundert. Ein Beitrag zur Geschichte der Personenversicherung und der landwirtschaftlichen Versicherung (Grazer rechts- und staatswissenschaftliche Studien 33), Graz 1976; Wolfram *Schädler*, Veränderung der Armenpflege in Deutschland durch die Aufklärung unter besonderer Berücksichtigung der Entwicklung in der Landschaft Hessen, Kassel, Diss. jur., Marburg 1980.

4.7.2. Gesellengilden und Widerstand

Die Gesellengilden traten etwa von der Mitte des 14. Jhs. ab hervor[10]. Die Durchsetzung ihrer Selbständigkeit und ihr Einfluß waren nach den politischen und ökonomischen Verhältnissen verschieden. Der Ausgangspunkt für die Gesellengilden war nicht primär politisch, und sie konstituierten sich zunächst nicht allein, um ihre ökonomischen Interessen durchzusetzen[11]. Den formellen Rahmen für sie bildete zunächst die organisierte Geselligkeit und Frömmigkeit.

Der Status einer städtischen sozialen Gruppe wurde z. B. in Prozessionen offenbar[12]. Bei der Aussperrung der Colmarer Bäckerknechte von 1495[13] ging es um eine solche Statusfrage. Grautücher und andere hatten sich nämlich kostbarere Kerzen angeschafft, und die Stiftsherren erlaubten diesen deshalb, statt der Bäckerknechte neben dem heiligen Sakrament einherzuschreiten. Ein solcher Streit hatte damals wahrscheinlich eine ebenso große Bedeutung, wenn nicht eine größere als einer um das Verhältnis von Leistung und Gegenleistung. Rang und Status waren in den Stadtgesellschaften bedeutender, als sie es heute sind. Statusfragen waren natürlich zugleich politische Fragen. In Nürnberg, wo die Zünfte nach dem großen Zunftaufstand verboten waren, untersagte der Rat

---

[10] Wilhelm Eduard *Wilda,* Das Gildewesen im Mittelalter, Halle 1831, Georg Ludwig *Kriegk,* Deutsches Bürgertum im Mittelalter, Frankfurt 1868, Bd. I, Kap. 10; Bd. II, S. 428, vgl. besonders *Schanz,* Werner *Schultheiß,* Die Münchener Gewerbeverfassung im Mittelalter (Kultur und Geschichte. Freie Schriftenfolge des Stadtarchivs München X), München 1936, S. 137 ff., S. 141; Otto Gerhard *Oexle,* Die Mittelalterlichen Gilden. Ihre Selbstbedeutung und ihr Beitrag zur Formung sozialer Strukturen, in: Miscellanea Mediaevalia 12/1 (1979), S. 203—226; grundlegend *Reininghaus.*

[11] In dieser Beschreibung kommt erhebliche Unsicherheit zum Ausdruck, denn die Kategorie des politisch-ökonomischen paßt nicht auf die mittelalterlichen Verhältnisse. Über den Ansatz der Theorie sozialer Konflikte kommt man den Erscheinungen aber näher: „sozialer Konflikt kann definiert werden als Kampf um Wert- oder Statusansprüche, um Macht oder knappe Ressourcen, in denen die Ziele der streitenden Parteien sich nicht nur auf die Erreichung der begehrten Werte beziehen, sondern auch auf Neutralisierung, Verletzung oder Beseitigung ihrer Rivalen. Solche Konflikte ... sind dauernde Merkmale sozialen Lebens." Lewis A. *Coser,* Conflict: social aspects, in: International Encyclopedia of social science, vol. 3, 1968, S. 232 f., sowie W. L. *Bühl,* Theorien sozialer Konflikte, Darmstadt 1976; vgl. weiter Jürgen *Ellermeyer,* ‚Schichtung' und ‚Sozialstruktur' in spätmittelalterlichen Städten, in: Gesellschaft und Geschichte 6 (1981), S. 125—149, sowie W. *Ehebrecht,* Verlaufsformen innerstädtischer Konflikte in Nord- und Westdeutschen Städten im Reformationszeitalter, in: B. *Moeller* (Hrsg.), Stadt und Kirche im 16. Jh., Gütersloh 1978, S. 27—47. Zugang zur Stadtgesellschaft über diesen konflikttheoretischen Ansatz z. B. bei Ernst *Voltmer,* Reichsstadt und Herrschaft. Zur Geschichte der Stadt Speyer im hohen und späten Mittelalter (Trierer historische Forschungen 1), Trier 1981, sowie auch Otto *Renkhoff,* Wiesbaden im Mittelalter (Geschichte der Stadt Wiesbaden, Bd. 2), Wiesbaden 1980.

[12] *Bosl,* S. 101, für Regensburg.

[13] *Schanz,* S. 78 ff.

bereits einen Gesellenzusammenschluß zu Zwecken von Stiftungen[14]. In Regensburg führten die Konflikte mit den Gesellen dazu, daß Gilden nur zu frommen Zwecken zugelassen wurden[15]. Den Gesellen gelang es, den Beitrittszwang für ihre Gilden durchzusetzen, was ihre Macht erheblich vergrößerte. Aus der normativen — wie das Regensburger Beispiel zeigt — oft erzwungenen religiösen Ausrichtung, kann man keinesfalls auf die reale Politik der Gesellengilden schließen. Die Arbeiterbildungsvereine des 19. Jhs hatten durchaus auch andere Ziele.

Trotz einer Fülle von Widerständen gelang es den Gesellen, sich organisatorisch zu verselbständigen und teilweise eigene Herbergen bzw. Schänken zu errichten[16]. Nicht nur die Maurer- und Weberknechte, sondern auch die anderen Handwerksknechte-Gesellen wohnten spätestens zu Beginn der Neuzeit oft außerhalb des Meisterhauses.

Weil aus dem Durchgangsstatus ein Dauerstatus geworden war, konnten die stark repressiven Regeln bezüglich des persönlichen Verhaltens der Gesellen wie z. B. das Wohnen im Haus des Meisters und die Überwachung des persönlichen Verhaltens und Umgangs nicht mehr angemessen sein. Die Maßnahmen zur *Sozialdisziplinierung* der Gesellen sind also durchaus nicht allein unter moralischen Gesichtspunkten zu sehen, sondern sie spiegeln die Auseinandersetzungen, deren Hintergrund ein sozialer und ökonomischer war. So findet sich allenthalben das

---

[14] Vgl. schon Bruno *Schoenlank*, Soziale Kämpfe vor dreihundert Jahren. Altnürnbergische Studien, Leipzig 1894, S. 16 f.; Zum Versuch, selbständige Gesellenbünde zu verhindern: Zur Geschichte altnürnbergischen Gesellenwesens, in: Jahrbuch für Nationalökonomie und Statistik, Bd. 53 (= 19. Band n. F.) (1889), S. 337—395, 588—615, S. 343 ff.

[15] *Heimpel*, S. 107, Fn. 148; *Schanz*, Nr. 12 ff. = S. 151 ff.; zur Mitwirkung der Gesellenkorporationen bei den Lohnkämpfen schon *Kaskel*, Arbeitsrecht, 3. Aufl., Berlin 1928 (Encyklopädie der Rechts- und Staatswissenschaft 31), S. 269 m. w. N.

[16] Fr. Wilhelm *Stahl*, Das deutsche Handwerk, Gießen 1874, S. 313 f.; vgl. Monika *Zmyslony*, Die Bruderschaften in Lübeck bis zur Reformation (Beiträge zur Sozial- und Wirtschaftsgeschichte, Bd. 6), Kiel 1977, sowie Frank *Göttmann*, Handwerk und Bündespolitik. Die Handwerkerbünde am Mittelrhein vom 14. bis zum 17. Jahrhundert (Frankfurter historische Abhandlungen, Bd. 15), Wiesbaden 1977, mit Rez.: Karl Heinrich *Kaufhold*, in: VSWG, 66. Bd. (1979, S. 388 f.). Zur Lage der Gesellen allgemein: *Kulischer*, Allgemeine Wirtschaftsgeschichte des Mittelalters und der Neuzeit, 5. unveränderte Aufl., Darmstadt 1976, Bd. I, Kapitel 20, sowie auch *Schoenlank*, Art. Gesellenverbände, in: HDSW; vgl. auch *Schanz*, S. 9 f. Eduard *Bodemann*, Quellen und Darstellungen zur Geschichte Niedersachsens. Hrsg. vom Historischen Verein für Niedersachsen. Bd. I: Die älteren Zunfturkunden der Stadt Lüneburg, Hannover 1883, XXVIII 1, XI 1 (= S. 96), Bader 1361, Goldschmiede 1400, allgemeines Spielverbot des Rates 1400, Riemenschneider und Beutler 1411, Schneider 1480, Pantoffelmacher 1525, Rothgießer 1573. Den Schustern wird 1389 verboten, zu schönen Frauen zu gehen, den Goldschmieden 1400, die Nacht außer Hauses zu verbringen etc. Gegen das übermäßige Trinken wenden sich die Riemenschneider 1414 und die Pantoffelmacher 1525.

Verbot des Würfelns, das Verbot zu „schönen Frauen zu gehen", die Nacht außer Hauses zu verbringen sowie übermäßig viel zu trinken[17]. Maßnahmen richteten sich auch gegen besondere Bekleidung der Gesellen, wie überhaupt der Kleidung und dem Schmuck im Rahmen von Kleider- bzw. Luxusordnungen eine erhebliche Aufmerksamkeit gewidmet wurde. Die gesellschaftliche Schichtung sollte durchaus öffentlich gemacht werden. Bei den Gesellen ging man darüber hinaus. Es sollte verhindert werden, daß sich gleichartige Kleidung zur Bekundung einer Zusammengehörigkeit verbreitete. Die Straßburger Knechtsordnung schrieb 1465 vor, daß mehr als drei Dienst- oder Handwerksknechte: kein „glich kugelhut, röcke, hosen noch ein ander zeichen miteinander tragen" durften[18].

Diese Konflikte um den Status der Gesellen, um Einordnung bei der Prozession, um Kleidung, um selbständige Gerichtsbarkeit und um eigene Herbergen, sind Ausdruck von *Widerstandhandlungen*, deren ökonomische Ausprägung in Form von *„Streik"* und *„Boykott"* beachtlich waren[19]. Natürlich hat die Gesellenbewegung insbesondere mit ihrem ökonomischen Widerstand gegen die Meister niemals einen Umfang angenommen wie die Arbeiterbewegung im 19. Jh. Das war auch im „Herbst des alten Handwerks" nicht der Fall[20]. Bruno *Schönlank*[21], der den Sozialdemokraten verbunden war, schilderte solche Kämpfe als

---

17 Das Mittelalter kleidete vieles in moralische Kategorien, was wir heute anders ausdrücken würden, vgl. z. B. die Einschätzung der Arbeit bei Helmut *Stahleder*, Arbeit in der mittelalterlichen Gesellschaft (Miscellanea Bavarica Monacensia, Heft 42), München 1972. Vgl. zu den Kleiderordnungen sowie zur Kleidung als Statussymbole besonders *Maschke*, Unterschichten, S. 10, Fn. 46. Vgl. o. Abschn. 4.2., Fn. 8.

18 *Schanz*, S. 200 f.

19 Antoni *Czacharowski*, Soziale Schichten in den Städten des deutschen Ordenslandes im Spätmittelalter, in: Bernhard *Diestelkamp* (Hrsg.), Beiträge zum spätmittelalterlichen Städtewesen, Köln — Wien 1982, S. 119—129 (in diesem Werk auch weitere Artikel von *Rüthing, Mörke*). *Czacharowski* macht S. 128 die Organisation der Gesellen(z. T. auch der Tagelöhner) deutlich sowie die Aktionen der Hochmeister (z. B. von 1358) gegen diese. Der Zusammenhang zwischen Konjunktur und wirtschaftlichem Protestverhalten ist noch nicht vollständig erforscht. Ansätze z. B. bei Klaus *Schönhoven*, Arbeitskonflikte in Konjunktur und Rezession. Gewerkschaftliche Streikpolitik und Streikverhalten der Arbeiterschaft vor 1914, in: *Tenfelde / Volkmann* (Hrsg.), Streik. Zur Geschichte des Arbeitskampfs in Deutschland während der Industrialisierung, München 1982, S. 177—193; sowie Andreas *Griesinger*, Das symbolische Kapital der Ehre. Streikbewegungen und kollektives Bewußtsein deutscher Handwerksgesellen im 18. Jahrhundert, Frankfurt — Berlin — Wien 1981, S. 285 ff.

20 Michael *Stürmer*, Der Herbst des alten Handwerks, München 1978.

21 Vgl. schon Bruno *Schoenlank*, Soziale Kämpfe vor dreihundert Jahren. Altnürnbergische Studien, Leipzig 1894, S. 16 f. Zum Versuch, selbständige Gesellenbünde zu verhindern: *ders.*, Zur Geschichte altnürnbergischen Gesellenwesens, in: Jahrbuch für Nationalökonomie und Statistik, Bd. 53 (= 19. Band n. F.) (1889), S. 337—395, 588—615, S. 343 ff.

Vorformen der modernen Streikbewegung und zog damit eine interessante Parallele. Er konstituierte mit dieser Deutung eine Geschichte, die in den Interpretationen der Zunftrevolutionen durch „bürgerliche" Historiker wie *Schmoller*[22] u. a. ihre Entsprechungen hatte. Wenig verwunderlich ist es, daß diese sozialen Unruhen, um einen neutralen Terminus zu verwenden, von marxistischen Historikern[23] als frühbürgerliche Revolution gedeutet werden.

Versucht man sich die Bedingungen eines solchen Widerstandes klar zu machen, dann spielt der Arbeitsmarkt erneut eine große Rolle[24]. Wiederum sind die Unterschiede zwischen den gelernten und gewanderten Arbeitskräften und den leicht ersetzbaren Massenarbeitskräften hervorzuheben. Widerstand war dann zwecklos, wenn hinter einem aufbegehrenden Arbeitnehmer eine Vielzahl von Personen standen, die seine Arbeit übernehmen konnten und wollten. Unter solchen Voraussetzungen konnten Widerstandshandlungen nur erfolgreich sein, wenn

— der Spezialisierungsgrad der Arbeitskräfte besonders hoch war oder

— bei geringem Ausbildungsgrad eine effektive Organisation vorhanden war.

---

22 Z. B. die Straßburger Tucher- und Weberzunft (Fn. 3), K. *Kaser*, Politische und soziale Bewegungen im deutschen Bürgertum zu Beginn des 16. Jh., Stuttgart 1899; W. *Arnold*, Verfassungsgeschichte der deutschen Freistädte, Bd. 2, 1854; Georg Ludwig *Maurer*, Geschichte der Städte. Verfassung in Deutschland, Bd. 2, Erlangen 1870, besonders S. 540 ff.

23 *Kosminski*, J. A./S. D. *Shaskin*, et al, Geschichte des Mittelalters, deutsche Übersetzung, Berlin (Ost) 1958, Bd. 1, S. 265 ff., Ernst *Werner*, Probleme städtischer Volksbewegungen im 14. Jahrhundert, in: Städtische Volksbewegungen, Tagung der Sektion Mediävistik, hrsg. von E. Engelmann, Berlin (Ost) 1960, vgl. *Mottek*, Jürgen *Kuczinski*, K. *Czok*. Vgl. auch Abschn. 2.7., Fn. 2, 5 und Abschn. 1.5., Fn. 19. Klaus *Schreiner*, „Kommunebewegung" und „Zunftrevolution". Zur Gegenwart der mittelalterlichen Stadt im historisch-politischen Denken des 19. Jahrhunderts, in: Stadtverfassung, Verfassungsstaat, Pressepolitik. Festschrift für Eberhard Naujocks zum 65. Geburtstag, Sigmaringen 1980, S. 139—168; Olaf *Mörke*, Der „Konflikt" als Kategorie städtischer Sozialgeschichte des 16. Jahrhunderts, in: Bernhard *Diestelkamp* (Hrsg.), Beiträge zum spätmittelalterlichen Städtewesen, Köln — Wien 1982, S. 144 ff.; vgl. ebd., Heinrich *Rüthing*, Sozialstruktur und Sozialtopographie Höxters am Ausgang des Mittelalters, S. 130—143. Vgl. oben Fn. 11, 19, Abschn. 4.2.

24 Vgl. *Reininghaus*, S. 36 m. vielen Hinweisen zum bekannten Speyerer Konflikt; vgl. Franz Josef *Mone*, Zunftorganisation vom 13.—16. Jh., in: Zeitschrift für die Geschichte des Oberrheins 17 (1865), S. 30—68, dort Lohnvereinbarung zwischen den Meistern der Tucherzunft und den Webergesellen vom 31. Oktober 1351 sowie Lohntarif von 1362 (S. 56 f., 58 f.). Grundlegend der Vertrag zwischen Tuchern und Webern von 1336 in Alfred *Hilgerd* (Hrsg.), Urkunden zur Geschichte der Stadt Speyer, Straßburg 1885, Nr. 441. Das Speyerer Textilgewerbe war so organisiert, daß z. T. Webergesellen in den Häusern der Tucher beschäftigt waren, z. T. Webermeister für die Tucher im Lohnauftrag arbeiteten. Zur Situation in den deutschen Städten aus anderer Sicht M. *Mollat*, Ph. *Wolff*, S. 76.

— Widerstand von Massenarbeitskräften konnte dann besonders erfolgreich sein, wenn ein Nachfrageüberhang bestand.

Die Folgen der Pest im Bereich gewerblicher Arbeit waren: 1. Lohnforderungen, 2. Streiks, 3. Flucht, 4. Nichtstun. An den ersten Streikaktionen unmittelbar nach der Pest waren Webereiarbeiter beteiligt[25]. Als erstes Gewerbe kannten die Weber und Tucher eine Teilautonomie der Gesellen. Sie bildeten vor 1360 eigene Bruderschaften, deren erste bekannte sich 1331 in Berlin bildete. Sieht man vom ersten Ausstand der Breslauer Gürtler 1329[26] ab, dessen Hintergründe nicht klar sind, so finden sich erst nach der Pest Gesellenausstände. Berühmt wurde z. B. die Lohnvereinbarung der Speyerer Weber mit ihren Gesellen vom 31. Oktober 1351[27]. 1358 finden sich Arbeitskampfhandlungen bei den Augsburger Webern[28]. In Speyer folgten neue Streitigkeiten[29], und die Wollwebermeister und -gesellen zu Konstanz einigten sich am 3. April 1383 über die Entlohnung gefertigter Stücke etc. *Reininghaus* verzeichnet im 14. und 15. Jh. insgesamt 13 kollektive Aktionen von Gesellen im *Textil*bereich. Andere Bereiche stehen dem aber nicht sehr nach. 12 solcher Aktionen lassen sich für die *Schmiede* nachweisen, 7 bei den Bäckern, 6 bei den *Schneidern* und 5 bei den *Schuhmachern* sowie 4 bei den *Kürschnern*[30]. Solch geringe Zahlen lassen sich natürlich statistisch nicht auswerten, doch liegen die zeitlichen Schwerpunkte der kollektiven Aktionen der Schmiede um und nach 1400 und bei den Bäckern gar in der zweiten Hälfte des 15. Jhs., hingegen bei *Webern* relativ früh. Man kann nicht stets von den Weberaufständen auf Widerstandshandlungen der Webergesellen schließen. Die Aufstände in Köln (1370), Augsburg (1368) oder Ulm (1392) waren Aufstände zumindest auch der Webermeister gegen die Pratrizier, in denen es um die Beteiligung an der Stadtregierung ging.

Der größte Aufstand abhängiger Arbeitskräfte im 14. Jh. war der Ciompi-Aufstand in Florenz 1378[31]. Er stellt einen hochpolitischen Ar-

---

[25] *Reininghaus*, S. 44 m. v. w. N.

[26] Breslauer Urkundenbuch. Bearb. von Georg *Korn*, Breslau 1870, Nr. 138 (vielfach wieder abgedruckt).

[27] Der Streit ist vielfach abgedruckt z. B. bei *Kroeschell* und W. *Ebel*, Quellen.

[28] Stadtarchiv Augsburg, Schätze Nr. 81 (Achtbuch), Ratsbuch, 3. Fol., 77 b, zit. n. *Reininghaus*, S. 44, Fn. 272.

[29] *Ebel*, Quellen, S. 31 f., Nr. 4.

[30] *Reininghaus*, S. 255 ff., es gibt eine Vielzahl von Darstellungen zu solchen Ausständen, z. B. J. *Fritz*, Der Ausstand der oberrheinischen Schuhmachergesellen im Jahre 1407, in: Zeitschrift für die Geschichte des Oberrheins, Bd. 45 (1891), S. 138.

[31] M. *Mollat* / Ph. *Wolff*, Ongles bleus, Jacques et Ciompi: Les Révolutions populaires en Europe aux XIVe et XVe siècles, Paris 1970; grundlegend nach wie vor Robert *Davidson*, Geschichte von Florenz, Berlin 1896—1927 (Nach-

beitskampf dar, der von den einen als frühbürgerliche Revolution gedeutet wird[32], während andere ihn als Beleg für die allgemeine soziale Unruhe des Zeitalters nehmen[33].

Villani berichtet über enorme Produktions- und Arbeiterzahlen. 1338 seien 200 Botthege (der Wollenweberzunft) vorhanden gewesen, die bei einem Einsatz von 30 000 Personen, 70—80 000 Stück produziert hätten. Die Produktion war bereits sehr arbeitsteilig strukturiert[34]. Rund 30 % der Bevölkerung waren in der Tuchproduktion beschäftigt, die sich über das Spinnen (Landbevölkerung-Frauen) zum Markt bewegte (gesponnenes Garn an Tucher) und die sich über die Weber (im ländlichen Verlag oder in der städtischen Produktion) bis zum Färber weiterentwickelte. Teilweise waren hier selbst Meister im Stückwerk tätig, aber die Arbeitsteilung war noch handwerksmäßig. Die Lohnarbeiter in den Botthege, die Ciompi, hatten regelmäßig Arbeitsverträge über 1 Woche, mußten Nachtarbeit leisten und waren auch sonst arbeitsrechtlich schlecht abgesichert. Es gab z. B. ein Gesetz von 1371, das befahl, die Schulden beim Arbeitgeber abzuarbeiten[35]. Da die Ciompi sich in ihrem Aufstand (1378) durch die bestehenden Zünfte nicht repräsentiert fühlten, führten sie eine neue Organisation des popolo minuto durch:

1. Kleine Handwerker in der Wollproduktion

---

druck Osnabrück 1969); aus der italienischen Literatur: Giuseppe *Leva*, Il tumulto dei Ciompi (Firenze 1378), Verona 1973; P. *Pieri*, Firenze al tumulto dei Ciompi, Turin 1956; Niccolò *Rodolico*, I Ciompi, Una pagina di storia del proletario operario, Firenze 1945 (und 1971); Armando *Sapori*, Studi di storia economica: secoli XII—XV, Firenze 1955; vgl. auch Karl *Schalk*, Soziale Momente in der Verfassungsgeschichte in der florentiner Republik (Mitteilungen des Instituts für Österreichische Geschichtsforschung, Ergänzungsband 6), 1901, S. 293—319.

[32] Victor I. *Rutenberg*, Popolo e movimento popolare nell'Italia del '300 e '400, Bologna 1971, sowie z. B. *Rodolicò*.

[33] *Werner* (Fn. 22), S. 161, berichtet über die Aufstände im Hansebereich. Er meint, daß die Handwerkerzünfte nur dann erfolgreich waren, wenn sie sich mit den Kaufleuten verbündeten; *Fritze*, Konrad, Soziale und politische Auseinandersetzungen in wendischen Hansestädten am Ende des 14. Jahrhunderts, in: Städtische Volksbewegungen im 14. Jahrhundert, Berlin (Ost) 1960, S. 147—156.

[34] Werner *Raith*, Florenz vor der Renaissance. Der Weg einer Stadt aus dem Mittelalter, Frankfurt — New York 1979. Ernst *Piper*, Der Aufstand der Ciompi. Über den Tumult, den die Wollarbeiter im Florenz der Frührenaissance anzettelten, Berlin 1978. Alfred *Doren*, Studien aus der Florentiner Wirtschaftsgeschichte, Bd. 1: Die Florentiner Wolltuchindustrie vom 14. bis 16. Jahrhundert, Bd. 2: Das Florentiner Zunftwesen vom 14. bis 16. Jahrhundert, Stuttgart 1901—1908; *ders.*, Italienische Wirtschaftsgeschichte, Handbuch der Wirtschaftsgeschichte, hrsg. von Georg Brodnitz, Bd. 1, Jena 1934; Robert *Davidson*, Blüte und Niedergang der Florentiner Tuchindustrie, in: Zeitschrift für die gesamte Staatswissenschaft, Bd. 85 (1928), S. 225—255.

[35] Vgl. Werner *Raith*, S. 94 ff. m. v. w. N. Es ist bezeichnend für die Auffassung von der Jahrhundertwende, daß eine große Untersuchung von Georges *Renard*, Histoire du travail à Florence, 2 Bde., Paris 1913, 1914, keine Angaben über das Arbeitsrecht und die Arbeiter macht.

2. Handwerker, die bei Meistern in der Wollproduktion arbeiteten (Färber, Weber)
3. Ciompi (Werkstattarbeiter)[36].

Der Aufstand brach aufgrund des Widerstandes des popolo grasso zusammen. Für unseren Zusammenhang ist wichtig, daß kein Zusammenhang dieses Aufstandes der Lohnarbeiter mit der Bevölkerungsentwicklung nachgewiesen werden kann[37], das Gegenteil aber auch nicht.

Nicht in allen Städten kam es zu Gesellenreaktionen. Für Köln wird behauptet, die Gesellenbünde seien eher gesellige Zusammenschlüsse gewesen. Allein die Lohgerber hätten als einzige Zunft ernsthafte Schwierigkeiten mit ihren Gesellen gehabt, die 1452 einen „verbunt ind verdrach" gemacht, um die Meister und Brüder der Zunft unter Druck zu setzen. Sie hätten darüber hinaus das Lohngerbeverbot ständig unterlaufen[38].

Statistische Schlußfolgerungen lassen sich aus diesem allem nicht ziehen. 1351 behaupteten die Speyerer Weber, der Lohn sei ihnen zu kleine und sie möchten dabei nicht bestehen. 1397 erzwangen insbesondere die armen Weber in Augsburg die Aufhebung des Ungeldes, einer indirekten Steuer auf Bedarfsgüter:

„besunder machten die weber der verwarrenhait vil, wann gar vil armer verdorbner weber in der stat was und man maint, daz die weber gern hetten ain mord gestift in der stat darumb, daz si ir geltschuld ledig weren worden ..."[39]

---

[36] Vgl. Fn. 31 sowie Niccolo *Rodolicò*, The struggle for the right of assossiation in Fourteenth Century Florence, in: History VII (1922). Berthold *Stahl*, Adel und Volk im Florentiner Dugento, Köln — Graz 1965, bes. S. 129, sowie Marvin B. *Becker*, La esecutione della legislatione contro le patrice monopolistice delle arti fiorentini meta del scondo quattordecimo, in: Archivo storico italiano 117 (1959), S. 8—28.

[37] Zusammenhänge mit der Pest deutet zurecht an *Reininghaus*, S. 62 f., vgl. weiter: Ernst *Kelter*, Das deutsche Wirtschaftsleben des 14. und 15. Jahrhunderts im Schatten der Pestepidemien, in: Jahrbuch für Nationalökonomie und Statistik, Bd. 165 (1953), S. 175—208, S. 198. Erich *Maschke*, Die deutschen Städte am Ausgang des Mittelalters, in: Wilhelm Rausch (Hrsg.), Die Stadt am Ausgang des Mittelalters, Linz/Donau 1974, S. 1—44. Eindimensionale Erklärungen müssen versagen: Die Struktur der Wollproduktion in Flandern, in der 50 % der Bevölkerung arbeitete, war anders. Es dominierten Kleinbetriebe mit wirtschaftlich abhängigen Handwerksmeistern, die mit 5—10 Gesellen arbeiteten. Entsprechend anders war die Struktur der Konflikte, die sich nicht zwischen Meistern und Arbeitern oder Gesellen abspielten, sondern zwischen verschiedenen Berufsgruppen, z. B. Webern und Walkern. H. *van Wervke*, Gand, esquisse d'histoire sociale, Brüssel 1946; zusammenfassend jetzt Jan *van Houtte* / Raymond *van Uytven*, Wirtschaftspolitik und Arbeitsmarkt in den Niederlanden vom Spätmittelalter bis zur Schwelle des Industriezeitalters, in: Wirtschaftspolitik und Arbeitsmarkt. Sozial- und Wirtschaftshistorische Studien (Hrsg. Hermann Kellenbenz), München 1974.

[38] *Irsigler*, Wirtschaft, S. 332, unter Bezugnahme auf Loesch, Bd. II, S. 334.

[39] Die Chroniken der schwäbischen Städte. Augsburg, Bd. 1 (bearb. v. F. *Frensdorff*), Leipzig 1866, S. 109.

1477 gab es einen Aufstand der Gesellen in Aachen[40], in dem die Lohnarbeiter des Wollgewerbes reklamierten:

„Want wyr vast sere swerlych werck wyrcken moyssen, dar van unss loyn zu cleyne ys, dat wyr unss nyet dar up myt huyßrade dar up bedragen kunnen, so, lieve heren, synt wyr umb sulcher punten wille uyss dem wercke gegangen inde synt begeren, dat man unssen loyn besser, dat wyr unss dar up untdragen mogen."[41]

Der Grund für diesen Aufstand lag in der offenbar wesentlichen Erhöhung des Bier- und Brotpreises, so daß die Gesellen, wie sie meinten, allenfalls Lebensmittel, keinesfalls aber Hausrat kaufen konnten.

4.7.3. Gegenreaktionen

Immer wieder finden sich aus verschiedenen Regionen Streitigkeiten der Zünfte bzw. Stadträte mit diversen Gesellengilden. Konflikte mit unterschiedlichen Ursachen sind durchgängig bezeugt. Die Knechtsordnung der Stadt Straßburg von 1465 macht die Probleme deutlich[42]. Immer wieder wollte man die Gesellengilden auf rein kirchliche Aktivitäten verweisen.

Die *Gegenreaktionen der „Arbeitgeber"* waren neben den *Knechtsordnungen* und den o. a. Maßnahmen zur *Sozialdisziplinierung:*

— *Lohntaxen* und

— *Vereinbarungen*

zwischen den verschiedenen Zünften einer Stadt oder zwischen gleichen Zünften verschiedener Städte gegen die Gesellen[43]. Solche sind bereits aus dem 14. Jh. bekannt. Deren lokale Verbreitung war groß. So gab es z. B. die Verbindung der 13 Zünfte in Speyer zur Unterstützung und Hilfeleistung[44]. Die Vereinbarung der Schneiderzünfte von 28 oberrheinischen Städten, unter ihnen auch Speyer von 1357[45], zeigt, wo die Kon-

[40] E. *Meuthen,* Der gesellschaftliche Hintergrund der Aachener Verfassungskämpfe an der Wende vom Mittelalter zur Neuzeit, in: Zeitschrift des Aachener Geschichtsvereins, Bd. 74/75 (1962/63), schildert S. 373 ff., den Streik der Lohnarbeiter des Wollgewerbes 1477 wegen der steigenden Brot- und Bierpreise, wofür „unss loyn zu clayne" war.

[41] *Ebd.,* S. 373, Anhang Nr. 2, sowie Aachener Chronik. Bearb. v. *Loesch,* in: Annalen des historischen Vereins für den Niederrhein 17 (1866), S. 1 ff., S. 15—17.

[42] Vgl. *Schanz,* Nr. 57 = S. 198; *Schmoller,* Die Straßburger Tucher- und Weberzunft ... Straßburg 1879, S. 172.

[43] Vgl. grundlegend *Göttmann* mit Rez. Horst *Wernicke,* in: Jahrbuch für Wirtschaftsgeschichte 1981, S. 143 ff.

[44] Urkunden zur Geschichte der Stadt Speyer. Hrsg. von Alfred *Hilgard,* Straßburg 1885, Urkunde von 1397, S. 292.

[45] *Mone,* Zeitschrift für die Geschichte des Oberrheins, Bd. 13 (1861), S. 162 ff. = Ebel, Nr. 10 = S. 36—38.

fliktpunkte bestanden. Nicht aus Zufall wird in dieser Vereinbarung als Punkt 1 ein Höchstlohn festgelegt, im 2. Artikel ein Verbot aufgestellt, aus dem Dienst zu gehen, und im 3. Artikel die übliche Arbeitszeitverkürzung durch den freien Tag behandelt[46]. Zahlreiche Belege finden sich auch im hansestädtischen Bereich, z. B. die Vereinbarung der Kleinböttcher und Beckenmacher von Hamburg, Lübeck, Wismar, Rostock und Stralsund vom 26. August 1494[47]. Hier steht gleichfalls eine Begrenzung des Lohnes an der Spitze; ebenso bei der Vereinbarung der Städte Lübeck, Hamburg, Rostock, Stralsund, Wismar und Lüneburg über die Wollenwebergesellen[48]. Solche Lohnfixierungen lassen sich im gesamten 15. und 16. Jh. im hansischen und im rheinischen Raum nachweisen[49].

1358 verbot der Hochmeister Gesellenversammlungen[50]. 1476 und 1480 findet sich in Hamburg ein Verbot für Träger und Säger, sich wegen des Lohnes zu verbinden. Daneben wurden Höchstlöhne festgelegt, da Kaufleute nicht übermäßig belastet werden sollten[51]. Zugleich versuchte man, sowohl in den interlokalen Vereinbarungen als auch in den einzelnen Zunftsatzungen die Bedingungen für die individuellen Arbeitsverträge festzulegen. Arbeitsleistung und Vertragsende sollte durch Abschiedsbriefe dokumentiert werden[52]. Hier sind Parallelen mit den arbeitsrechtlichen Regelungen für das Gesinde unverkennbar[53]. Schon

---

46 *Göttmann*, S. 26 ff., 45 ff.

47 Otto *Rüdiger*, Ältere Hamburgische und Hansestädtische Handwerksgesellendokumente, in: Zeitschrift des Vereins für Hamburgische Geschichte, Bd. VI (1875), S. 526—592, S. 532 ff. = Nr. 2, Verf. berichtet noch über eine ganze Anzahl solcher Vereinbarungen besonders aus dem 16. Jahrhundert, z. B. von 1526 (S. 555), 1527 (S. 581), 1540 (S. 542), 1555 (S. 577) 1569/85 (S. 534), 1573 (S. 564), 1574 (S. 552).

48 W. *Stieda*, Hansische Vereinbarungen über städtische Gewerbe im 14. und 15. Jahrhundert, in: Hansische Geschichts-Blätter 1886, S. 101—155, S. 154.

49 *Göttmann;* vgl. zu den Bundesbriefen der oberrheinischen Städte von 1352, 1390: J. Fr. *Böhmer*, Urkundenbuch der Reichsstadt Frankfurt, Frankfurt 1836, Bd. I, S. 625 ff.; *Schmoller*, Gustav, Die Straßburger Tucher- und Weberzunft, Straßburg 1870, Nr. 6; Karl *Bücher* und Benno *Schmidt*, Frankfurter Zunfturkunden bis zum Jahre 1612, Frankfurt 1914/15, Bd. II, S. 399 ff.

50 Akten der Ständetage Preußens, hrsg. v. M. *Toeppen*, Bd. I, 1878, S. 40; vgl. dazu Antoni *Czacharowski*, Soziale Schichten in den Städten des deutschen Ordenslandes im Spätmittelalter, in: Bernhard *Diestelkamp* (Hrsg.), Beiträge zum spätmittelalterlichen Städtewesen, Köln — Wien 1982, S. 119—129.

51 Quelle: Hamburger Burspraken, n. 61, § 6, 68 § 1, 69 § 40, 72 § 3.

52 *Bodemann*, XXI, Nr. 6 = S. 178; *Stieda*, S. 101 ff.; vgl. *Göttmann*, S. 26 ff.

53 Auch was die *Mietzeit* angeht, läßt sich keine Besonderheit feststellen. Zwar finden sich bei der Zahl der wenigen Urkunden vom 14. Jh. gleich erstaunliche drei Nachweise über die Mietzeit aus der zweiten Hälfte des 14. Jhs., doch finden sich solche ebenso im 15. Jh. Kramer 1350 (*Bodemann* XVI 2 = S. 133: „Keiner soll einen gesellen micthen als nur 14 tage vor der rechten zeit"), Bader 1361 (II 1 = S. 22: Anmieten eines Gesellen außerhalb der

1361 bestimmten die Bader in Lüneburg, daß kein anderer Meister einen entlaufenen Gesellen in den Dienst nehmen sollte[54]. Die Regelung der Goldschmiede von 1400, die die Aufnahme „anrüchiger" Knechte verhindern sollte, ergibt sich allerdings aus dem notwendigen Umgang mit Werten[55].

Eines der hauptsächlichen Ziele handwerklicher Bündnispolitik war die Verhinderung von *Lohnsteigerungen*. Für die Meister waren die Gesellenverbindungen dort gefährlich, wo sie eine Verbesserung der Arbeitsbedingungen, des Lohnes, aber auch der *Arbeitszeit* (blauer Montag)[56] erkämpfen wollten. Die Böttcher in Lüneburg konzedierten diesen freien Tag um 1455, wenn nicht besonders viel Arbeit vorlag. Ein Jahrhundert später konnte man wieder restriktiver sein. Die Pelzer gewährten 1540 nicht mehr als einen Montag alle 14 Tage, und die Rothgießer nicht mehr als einen Montag pro Quartal[57].

Die Motive, aus denen *Höchstlöhne* festgelegt wurden, waren m. E. für die Massenzünfte und für die mittleren Zünfte unterschiedlich. Im Bereich der Massenzünfte waren es die geringen Möglichkeiten zur sozialen Kontrolle, die normative Fixierungen (schon vor der Pest in Speyer z. B. für die Bauhandwerker 1342)[58] nahelegten. Im Bereich der

festgelegten Termine bei Strafe verboten), Schuster 1389 (XXVIII 1 = S. 232), aber die Wollweber bestimmen 1432, daß bei weggehen eines Gesellen die Verfolgung möglich ist (XXXI 4 = S. 252). Auch hinsichtlich der *Abdingverbote* läßt sich eine Tendenz eher zu Kontinuität als zur Diskontinuität feststellen. 1576 hieß es z. B. in der Ordnung der Schiffer (XXIV 8 = S. 200):

„Es sol keiner dem andern seine knechte, wie die namen haben mugen, nicht abspannen auch keiner dem gesinde höhern lohn geben, dan der ander."

Abdingverbote enthalten folgende Ordnungen:
Kramer 1350 (XVI 2 = S. 133)
Leineweber 1430 (XVII, 1, 2)
Gerber 1476 (VII 4 = S. 74)
Maler 1497 (XVIII 1, 2 = S. 148, 150)
Hutmacher 1523 (XIII 2 = S. 111)
Pantoffelmacher (XX 1 = S. 171)
Rothgießer 1573 (XXIII)
Schiffer 1576 (XXIV 8 = S. 200)
Glaser 1596 (X = S. 93)

Die Abdingverbote in Köln geben ebenso wenig wie in den oben erwähnten Beispielen Anlaß zu besonderer Erklärung (vgl. *Kelter*, Preisregelung, S. 141, der in 19 diversen Zünften solche nachweist).

54 *Bodemann*, II 1 = S. 22.

55 Ebd., XI 1 = S. 97, daß die Glaser 1596 gleichfalls keine anrüchigen Personen einstellen wollten, ebd., X = S. 95 hat andere Ursachen.

56 Vgl. schon Karl *Köhne*, Studien zur Geschichte des blauen Montags, in: Zeitschrift für Sozialwissenschaft, N. F. 11 (1920), S. 268—287, 394—414; H. F. *Singer*, Der blaue Montag. Eine kulturgeschichtliche und soziale Studie, Mainz 1917.

57 *Bodemann*, S. LX ff.

58 Urkunden zur Geschichte der Stadt Speyer (Fn. 44), Nr. 470 = *Keutgen*, Urkunden Nr. 333.

kleinen Zünfte, wie z. B. der Schneider, die sich besonders oft dieser Frage annahmen, war es offenbar die Möglichkeit des schnellen Ortswechsels, mit dem Gesellen, aber auch Lehrlinge ihre kleinbetrieblichen Meister in Schwierigkeiten bringen konnten[59].

Wie einleitend gezeigt, versuchte man schon unmittelbar nach der Pest durch Festsetzung von Maximallöhnen die Preise der Arbeit konstant zu halten. Lohntaxen sind also nicht nur aus dem ländlichen Bereich, sondern auch aus den Städten überliefert[60]. *Hoheitliche Fixierungen* finden sich im wesentlichen im Bereich der *Massenarbeit*. Herzog Albrecht II. erließ für Österreich 1352 eine Lohnsatzung, die die Maximallöhne der Weingartenarbeiter enthielt[61]. Mit Ausnahme der o. a. Höchstlohnordnung sind in Österreich nicht viele Lohnordnungen bekannt[62]. Einzelne Herrschaften legten solche fest, im 15. Jh. sind Höchstlöhne für Zimmerleute, Maurer und Dienstboten oft in Preisregulative aufgenommen, die sich schwerpunktmäßig mit Warenpreisen befaßten. Diese Ordnungen sind aber vielfach als Notmaßnahmen auf die Teuerung infolge von Kriegswirren und Münzverschlechterungen zurückzuführen. Vornehmlich bezogen sich Höchstlohnordnungen auf Bauhandwerker (Wien: 1412, 1430, 1439, 1460), Dienstboten und Weingartenarbeiter[63]. Die Lohnregulierung war aber regelmäßig nicht das primäre Ziel solcher Ordnungen. Im Weinbau z. B. stellten Taxen nur eine Maßnahme aus einem Katalog dar, zu dem auch die Begrenzung der Anbaufläche und werbende Maßnahmen gehörten. Arbeitsverträge sollten überwachbar öffentlich in der Mietstadt an den Stadttoren geschlossen werden etc. Die Gründe für die Lohnfixierungen waren vielfältig. Im

---

[59] *Reininghaus*, Die Migration der Handwerksgesellen in der Zeit der Entstehung ihrer Gilden 14./15. Jh., in: VSWG 68 (1981), S. 1 ff. Die Schwerpunkte der Handwerkerbünde scheinen nach den Tabellen von *Göttmann* gleichfalls im Bereich der mittleren Zünfte Bäcker, Schmiede, Schneider etc. zu liegen.

[60] Siehe oben Abschn. 3.6. sowie z. B. Rolf *Sprandel*, Quellen zur Hansegeschichte, Darmstadt 1982. Aus der wismarer Bursprake, Ziff. 30, 31.

[61] *Mitterauer*, S. 36, 25.

[62] Herta *Hohn-Firnberg*, Lohnarbeiter und freie Lohnarbeit im Mittelalter und zu Beginn der Neuzeit (Veröffentlichungen des Seminars für Wirtschafts- und Kulturgeschichte an der Universität Wien 11), 1935, S. 93 ff.

[63] Vgl schon oben Abschn. 3.6. und allg. Abschn. 3.1. Bemerkenswert: Heinrich von *Langenstein*, dessen theoretische Betrachtung über die Arbeit obrigkeitliche Festsetzung der Löhne fordert. Für die hier angesprochenen Problemgruppen (Weingartenarbeiter, Landarbeiter und Handwerksgesellen). In bezug auf den gerechten Preis der Arbeit ging er deutlich über die sonst üblichen theologischen und oft praxisfernen Überlegungen hinaus, denn er begründete seine Auffassung mit den möglichen Schwankungen des Arbeitsmarktes: Bei Überangebot sollte der Arbeitnehmer geschützt werden, in Mängelsituationen der Arbeitgeber. Vgl. Winfried *Trusen*, Spätmittelalterliche Jurisprudenz und Wirtschaftsethik. Dargestellt an Wiener Gutachten des 14. Jhs., Beiheft 43 zur Vierteljahresschrift für Sozial- und Wirtschaftsgeschichte), Wiesbaden 1961, S. 47 ff.

Bereich des Erzbergbaus waren fiskalische Interessen vorhanden, bei Landarbeitern konnte es die Beseitigung einmaliger Krisensituationen sein. Zur Effektivität solcher Ordnungen auf dem Lande ist bereits Stellung genommen. Ob die Massenzünfte in den Städten oder die mittleren Zünfte vorgeschriebene Löhne einhielten, ist nicht bekannt[64]. Auch hier ist die mangelnde Effektivität wahrscheinlich. Die Bundesbriefe der oberrheinischen Handwerker sprechen z. B. von dem Verbot, neben dem Lohn Kleidungsstücke zu schenken, andere Ordnungen verbieten eine besonders gute Bewirtung und Verköstigung[65].

Die Existenz der Lohnordnungen in den Städten war nicht davon abhängig, welche soziale Gruppe den Rat beherrschte. In Regensburg z. B. war das Zunftwesen ausführlich geregelt. Ab 1366 gab es im Bereich des Bauhandswerks ausführliche Lohnordnungen. In Rothenburg ließ der patrizische Rat Taxen für das Baugewerbe, Steinmetze und Dachdecker schon vor den Pestdurchzügen zwischen 1303 und 1340 fixieren[66]. *Lübeck* kannte die Taxen des patrizischen Rates für Bader, Gärtner, Bernsteinbrecher, Pergamentmacher, Böttcher, Nadler, Neuschneider zwischen 1350 und 1500[67]. Das zunftautotome *Straßburg* hatte u. a. Höchstlohntaxen der Küfer für die Faßbodenleger von 1395 etc.[68]. Der *Kölner* Bereich ist besonders gut erschlossen[69]. Während Preisregulierungen — u. a. wegen der Hungersnöte — in den Städten schon üblich waren, lassen sich *Lohntaxen* verstärkt erst nach 1350 feststellen:

Baugewerbsleute (Steinmetze, Zimmerleute, Dachdecker) 1374,
Faßbinder und Spülknechte 1374,
Lohnschlächter 1410,
Weinzapfgesinde 1407,
Fischhändler 1397,
Tuchscherer 1445,
Seidenweberinnen 1469,
Garnzwirner 1498 u. a. m.[70].

---

[64] *Kelter*, Preisregelung, S. 141, gibt Beispiele für Mindestlöhne. Er macht indes keine Angaben zur Effektivität.

[65] *Göttmann*, S. 45 ff.

[66] R. W. von *Bezold*, Die Verfassung und Verwaltung der Reichsstadt Rothenburg o. d. T. (1172—1808) (Diss. iur. Würzburg), Nürnberg 1915.

[67] Jakob *Höhler*, Die Anfänge des Handwerks in Lübeck, Diss. phil., Tübingen 1903, S. 45, 53. Auch in Lübeck bestand das Verbot der Vormiete und eines Geschenkes bei Vertragsabschluß.

[68] J. *Burker*, Straßburger Zunft- und Polizeiverordnung des 14. und 15. Jahrhunderts, Straßburg 1889.

[69] *Kelter*, Preisregulierung zumeist unter Berufung auf v. *Loesch* und *Stein*.

[70] Die Nachweise des Zusammenhangs zwischen den Lohntaxen und dem Arbeitsmarkt bzw. den Zünften, für die sie erlassen wurden, machen deutlich, daß es doch Rechtsetzungen der Stadt in bezug auf den Arbeitsmarkt gab. Während Preisregulierungen in der Stadt des hohen Mittelalters schon durchaus üblich waren, kann man das von Lohntaxen nicht sagen. Diese tre-

Von den 14 Berufen, für die Lohntaxen überliefert sind, war nur ein geringer Teil zünftig gebunden, nämlich Steinmetze, Zimmerleute, Dachdecker (Tuchscherer)[71]. Offenbar waren die Taxen — wie auch auf dem Lande — dort helfend erforderlich, wo Berufe mit relativ geringer handwerklicher Fähigkeit ausgeübt werden konnten und wo durch die Zünfte keine Einbindung der Arbeitskräfte erfolgen konnte. Bei den Massenzünften (Baugewerbe in Köln und Weingärtner in Oberdeutschland) bestand das enge Verhältnis des Meisters zu den Gesellen ebenso wenig wie eine rechtliche Absicherung in Zeiten der Not. Das Bestreben, diesen Bereich durch Lohnordnungen zu kontrollieren zeigte sich auch in Straßburg, wo der zünftige Rat nicht nur die Löhne der Zunftangehörigen bestimmen wollte, sondern auch die der „Huslüte, Klosterlüte, Landlüte"[72]. In den Zünften mögen die Lohntaxen auch deshalb entbehrlich gewesen sein, weil durch geringfügige Öffnung Druck auf die Gesellen ausgeübt werden konnte. Dort, wo Arbeitskräftemangel herrschte, trat z. B. in Köln neben Lohntaxen ein Verbot, aus der Stadt auszuwandern, wenn man nicht zu den vorgeschriebenen Löhnen arbeiten wollte[73]. Während die bisher erwähnten Taxen sämtlich dem Schutz der Arbeitgeber dienten, sollten die Seidenweberinnen durch Mindestlöhne geschützt werden, da ein starker Konkurrenzdruck durch Verlag und Klöster bestand[74].

---

ten verstärkt nach den großen Pestdurchzügen, also im Licht der Agrarkrisentheorie in der Zeit auf, in der Arbeitskräftemangel herrschte und demzufolge hohe Löhne bezahlt wurden. In folgenden Gewerben waren die Löhne festgesetzt: Baugewerbsleute (Steinmetze, Zimmerleute, Dachdecker) 1374 (*Stein*, Bd. 2, n. 46, § 4); Faßbinder und Spülknechte 1374 (*Stein*, Bd. 2, n. 46, § 12; *Loesch*, Bd. 1, n. 5, § 10, 120 I, § 3); Lohnschlächter 1410 (*Loesch*, Bd. 2, n. 150, § 32); Weinzapfgesinde 1407 (*Loesch*, Bd. 2, S. 726); Fischhändler 1397 (vgl. *Kelter*, S. 115); Tuchscherer 1445 (*Loesch*, Bd. 2, n. 418); Seidenweberinnen 1469 (*Loesch*, Bd. 2, n. 62, § 17), Garnzwirner 1498 (*Loesch*, Bd. 2, S. 162). Bei dieser Liste fällt schon auf, daß nur der geringe Teil der aufgeführten Berufe zünftig gebunden ist, nämlich: Steinmetze, Zimmerleute, Dachdecker und Tuchscherer.

[71] *Kelter*, Preisregulierung, S. 91, 105, 141, zum Ansatz der Steuerung über Preispolitik z. B. Friedrich *Lütge*, Die Preispolitik in München im hohen Mittelalter, in: Studien zur Sozial- und Wirtschaftsgeschichte (1963), S. 223—262, sowie für die spätere Zeit Reinhard *Heydenteuter*, Der landesherrliche Hofrat unter Herzog und Kurfürst Maximilian I. von Bayern (1598—1651) (Schriftenreihe zur Bayerischen Landesgeschichte 72), München 1981, S. 254 ff., 291 ff.

[72] *Schmoller*, Tucher- und Weberzunft, Urkunde Nr. 23, S. 29, § 27.

[73] v. *Loesch*, Bd. 1, Nr, 5, § 1, Nr. 120, § I 3.

[74] Vgl. zur Konkurrenz schon oben Abschn. 3., Fn. 1. Friedolin *Jürgen*, Zum Verlagssystem als Organisationsform des Frühkapitalismus im Textilgewerbe, Beiheft XI zur VSWG, Stuttgart 1927; Hermann *Kellenbenz*, Die unternehmerische Betätigung der verschiedenen Stände während des Übergangs zur Neuzeit, in: VSWG, Bd. 44 (1957), S. 1 ff.; Ulf *Dirlmeier*, Mittelalterliche Hoheitsträger im wirtschaftlichen Wettbewerb. Zur Frage des Verhältnisses staatlicher Gewalt gegenüber dem Bereich der Wirtschaft im Raum des deutschen Reiches vom 12.—14. Jahrhundert, Beiheft 51 zur VSWG, Wies-

Eine Vielzahl von Zünften in Köln unterlag nicht der Lohnregelung, sondern der *Preisregelung*[75]. Solche Zünfte waren insbesondere diejenigen, die lebensnotwendige Waren oder Viktualien für den lokalen Kölner Markt herstellten. Diese Zünfte forderten in der Regel die höchsten Eintrittsgebühren. Es gab hier größere Anforderungen an die berufliche Tüchtigkeit, es wurde eine bessere gesellschaftliche Stellung der Bewerber verlangt und zumeist auch das Bürgerrecht. Die Durchsetzung dieser Forderungen mag auch damit zusammengehangen haben, daß diese Zünfte natürlich politisch mächtiger waren als die anderen und eine entsprechende Vertretung hatten.

Lohntaxen in den Städten und auf dem Lande kommen also bei Massenarbeitsverhältnissen vor, wo keine persönliche Kontrolle der Arbeitnehmer ausgeübt werden konnte, z. B. Saisonarbeit mit relativ kurzfristiger Bindung. Die Lohnvereinbarungen der Zünfte untereinander sollten wahrscheinlich dazu dienen, dem relativ hohen Organisationsgrad der Gesellen entgegenzuwirken. Hier bot sich eine gleichförmige Regulierung der Arbeitsbedingungen an. Im Bereich der Massenarbeit besonders des Baugewerbes gab es eine Kontinuität der Lohnordnungen. Der Öffnung der Massenzünfte, die im Anfang des 15. Jhs. den Arbeitskräftebedarf dokumentieren, entsprechen die Lohntaxen, denn zu hohe Löhne sollten verhindert werden.

---

baden 1966, *Masche*, S. 446, sowie Karl *Bücher*, Die Berufe der Stadt Frankfurt a. M. im Mittelalter, Leipzig 1914. Karl Otto *Scherner*, Handwerker und Verleger. Das Verlagssystem der frühen Neuzeit als rechtshistorisches Problem, in: Scherner / Willoweit, Vom Gewerbe zum Unternehmen, Darmstadt 1982, S. 7—59.

[75] *Kelter*, Preisregelung, S. 140.

Ergebnisse und Schlußbetrachtung

Die tatsächlichen Schwankungen des Arbeitsmarktes sowie die rechtlichen Versuche, diese zu bewältigen, überformten die individuellen Arbeitsverhältnisse schon im Mittelalter. Individualvereinbarungen über Arbeitsbeziehungen standen damals wie heute nicht in einem rechtlich luftleeren Raum. Die Bedeutung der Individualverträge wird erst unter Beachtung der bevölkerungs- und wirtschaftspolitischen Gegebenheiten deutlich. Bei der Suche nach der Realität der Arbeitsverhältnisse, nach der Bedeutung, Einhaltung oder Effektivität der arbeitsrechtlichen Regeln wird die Herrschaft des Arbeitsmarktes auch im Mittelalter klar. Man lernt die Rechtsregeln, die sich auf diesen beziehen, als einen Faktor zu begreifen, mit dem Obrigkeiten, Städte und Zünfte entweder versuchten, aktiv zu steuern oder auf bevölkerungspolitische oder andere Entwicklungen zu reagieren.

Seitdem sich die historische Schule der Nationalökonomie mit den mittelalterlichen Arbeitsbeziehungen befaßt hat, wissen wir, daß es rechtliche Regelungen der Arbeit gab. Einige umfangreiche Gesetze aus der Zeit kurz nach der Pest, die einen säkularen Einbruch des Arbeitsmarktes bewirkte, zeigen, mit welcher Intensität man bestrebt war, durch Aufstellen von Rechtsregeln der Situation Herr zu werden. Maßnahmen wie Abzugsverbote, Lohnfixierungen etc., die sich vor allem gegen die Arbeitnehmer richteten, dokumentieren die relative Schwäche der Arbeitsnachfrager am Arbeitsmarkt. Das Regelungsinstrumentarium wurde schon früher verwendet, und es ist uns auch heute noch vertraut. Entscheidend für die *ländlichen Arbeitsverhältnisse* waren weniger diese Rechtsregeln, sondern die Existenz eines funktionierenden Arbeitsmarktes, der von sozialer und lokaler Mobilität — einer Wanderbewegung zwischen Stadt und Land — geprägt war. Abhängige Personen, gleichgültig auf welchem rechtlichen Verhältnis diese Abhängigkeit beruhte, konnten sich statusmäßig und finanziell verbessern. Die „Arbeitnehmer“ konnten höhere Löhne und bessere Arbeitsbedingungen durchsetzen. Die Effektivität der rechtlichen Gegenmaßnahmen ist schwer einzuschätzen. Wahrscheinlich wurden sie deshalb so zahlreich erlassen, weil sie immer wieder durchbrochen wurden. Was sollte der Bauer tun, dem das Korn auf dem Halm stand? Was der Meister, der einen besonders qualifzierten Gesellen gewinnen oder halten wollte? Falls der Betrieb die Mittel für zusätzliche Entlohnung oder Arbeitszeitverkürzung hergab, wird der Unternehmer wahrscheinlich bezahlt haben.

Die Situation in den Städten war aufgrund der vielfältigen unterschiedlichen Arbeitsmärkte wesentlich differenzierter als auf dem Lande. Zünfte und Städte versuchten durch zulassungsbeschränkende oder -öffnende Maßnahmen die Arbeitsmärkte zu regulieren, wobei sie sich durchaus in Interessenwidersprüchen befanden.

Idyllisch ist die Beschreibung von dem biederen Handwerksmeister, der traulich vereint mit dem Gesellen, den er in sein Haus aufgenommen hat, arbeitet. Im Bereich der „mittleren Zünfte" (Bäcker, Schuhmacher etc.) gab es zweifellos solche Verhältnisse. Doch dort, wo viel Geld verdient wurde, also in der Produktion und vor allem im Vertrieb von Gewebeproduktion, war man auf umfangreichste Hilfstätigkeiten angewiesen, die nicht mit dem soeben beschriebenen Bild übereinstimmt. Ländlicher oder städtischer Verlag bzw. Lohnarbeiterschaft, geprägt von hoher finanzieller Abhängigkeit und geringen Verdienstmöglichkeiten, kennzeichneten die Situation. Armut war besonders in den Bereichen der Weberei, der Gärtnerei bzw. der Weingartenarbeit und im Baugewerbe verbreitet. Mochte die abhängige Arbeit in einzelnen Fällen auch in Zünften organisiert sein, so genoß sie doch nicht den auch heute noch stets überschätzten Schutz, den die „mittleren Zünfte" boten. Diese „Massenarbeitsverhältnisse" prägen das Bild mittelalterlicher Arbeit zumindest in genau demselben Maße, wie die zünftige Arbeit im ursprünglichen Sinne. Die Weingärtner und Rebleute, die Webereiarbeiter und Bauarbeiter standen, selbst wenn sie einer Zunft angehörten, faktisch wie Tagelöhner.

Die Lohntaxen, die es auf dem Lande und in den Städten gab, galten besonders für diesen Bereich der „Massenarbeit". Andere Kontrollmaßnahmen, die sich eventuell aufgrund engen Zusammenlebens oder enger sozialer Bindung ergeben konnten, mußten hier versagen. Die interlokale Verbindung von Zünften wurde erst zur Notwendigkeit, als die Gesellen der „mittleren Zünfte" aufgrund ihrer Organisation gezielten Widerstand leisten konnten.

Die Schließung und Öffnung der Zünfte überlagerte sich. Während sich die kleinbetrieblichen mittleren Zünfte abzuschließen begannen, wurden im Rahmen von Bevölkerungsmaßnahmen die „Massenzünfte" geöffnet, um genügend Arbeitskräfte zu bekommen. Erst am Ende des 15. Jahrhunderts, als immer mehr Arme in die Städte strömten und sich die bevölkerungspolitische Situation wieder geändert hatte, begannen die Schließungsmaßnahmen auch in diesem Bereich.

Die Gesellen der Handwerkerzünfte stellten lange Zeit die Spitzengruppe der gewerblichen Arbeitnehmer dar, sie waren die am wenigsten Armen unter den Armen. Weder in rechtlicher noch in sonstiger Hinsicht waren diese Fachkräfte mit den Arbeitnehmern zu vergleichen, die praktisch wie Tagelöhner standen. Die Gesellen, die uns in Bildern zumeist der frühen Neuzeit übermittelt sind, waren also besondere Lohnarbeiter. Sie lehnten in ihren Gilden wie die Zünfte die Aufnahme unehrlicher Personen ab. Die Übernahme der uns irrational erscheinenden Abgrenzungskriterien wie Unehrlichkeit und uneheliche Geburt durch die Gilden fand soziologisch folgerichtig in Anlehnung an die Zünfte statt. Bei steigender Bevölkerungszahl und sinkender Arbeitsmenge hatten diese Gesellen gleichfalls Abgrenzungstendenzen gegenüber dem minder qualifizierten Arbeiter. Sie wirkten auf ihre Art der „Proletarisierung der Zünfte“ entgegen.

Während es zu Beginn des hier besprochenen Zeitraumes vor allem die Weber waren, die Verbesserungen der Arbeitsbedingungen durchsetzen konnten, gelang dies im Laufe des 15. Jahrhunderts zunehmend den kleineren, gut organisierten Gesellengilden. Über die weiteren Entwicklungen der Gesellenbrüderschaften legen die Polizeiordnungen der frühen Neuzeit beredtes Zeugnis ab. Im 18. Jahrhundert nahm der Kampf gegen diese Gesellenverbindungen, die als gefährliche Geheimverbindungen eingestuft wurden, energische und teilweise groteske Züge an[76]. Die Verbesserung der Arbeitsbedingungen, die unmittelbar nach der Pest wohl allen Arbeitskräften gelang, konnte später allenfalls noch von gut organisierten Gesellenverbindungen erreicht werden.

Das mittelalterliche Arbeitsrecht sicherte daher nur für einen wesentlich kleineren Teil der abhängig Tätigen die elementaren Lebensbedingungen, als das heute der Fall ist.

---

[76] Reichspolizeiordnung von 1577, XXXVII f.; *Schmelzeisen;* Reiner *Schulze; Stürmer; Grießinger.*

Verzeichnis der Abbildungen

Literaturverzeichnis

In dies Verzeichnis ist nur eine Auswahl bedeutender oder wiederholt zitierter Werke aufgenommen. Mit Ausnahme der hier angegebenen Werke ist die Literatur vollständig in den Fußnoten angegeben. Selbst dort wurde eine Fülle von Schriften nicht zitiert, um den Umfang der Arbeit nicht zu sprengen.

Abel, Wilhelm: Agrarkrisen und Agrarkonjunktur. Eine Geschichte der Land- und Ernährungswirtschaft Mitteleuropas seit dem hohen Mittelalter, 3. Aufl., Hamburg und Berlin 1978.

— Massenarmut und Hungerkrisen im vorindustriellen Deutschland, Göttingen 1972.

— Die Wüstungen des ausgehenden Mittelalters, 3. Aufl., Stuttgart 1976.

Aubin, Hermann: Formen und Verbreitung des Verlagswesens in der Altnürnberger Wirtschaft, in: Beiträge zur Wirtschaftsgeschichte Nürnbergs Bd. 2, S. 620—668, Nürnberg 1967.

Aubin / Zorn: Handbuch der deutschen Wirtschafts- und Sozialgeschichte, 2 Bde., Stuttgart 1971, 1975.

Below, Georg von: Die Entstehung des Handwerks in Deutschland in: Zeitschrift für Wirtschafts- und Sozialgeschichte, Bd. 5 (1897), S. 124 ff.

Berléung, Rudolf: Entwicklungsgeschichte des Arbeitsvertrages in den deutschen Territorien seit dem Reichsschluß von 1731 bis zur Einführung der Reichsgewerbeordnung von 1870/71, Kaiserslautern 1906 (Zugl. Diss. Universität München).

Bodemann, Eduard: Die älteren Zunfturkunden der Stadt Lüneburg (Quellen und Darstellungen zur Geschichte Niedersachsens Bd. 1), Hannover 1883.

Böhmert, Victor: Beiträge zur Geschichte des Zunftwesens, Leipzig 1862.

Bog, Ingomar: Wachstumsprobleme der oberdeutschen Wirtschaft von 1450 bis 1618, in: Wirtschaftliche und soziale Probleme der gewerblichen Entwicklung im 15., 16. und 19. Jh., hrsg. von Friedrich Lütge (Forschungen zur Sozial- und Wirtschaftsgeschichte Bd. 10), Stuttgart 1968, S. 44—89.

Bosl, Karl: Die Sozialstruktur der mittelalterlichen Residenz- und Fernhandelsstadt Regensburg. Die Entwicklung ihres Bürgertums vom 9. bis 14. Jahrhundert (Bayerische Akademie der Wissenschaften, phil.-hist. Klasse n. F. 63), München 1966.

Bowsky, William M.: The Impact of the Black Death upon Siennese Government and Society, in: Speculum 39 (1964), S. 1—34.

Brunner, Otto: Die Finanzen der Stadt Wien von den Anfängen bis ins 16. Jahrh. (Studien aus dem Archiv der Stadt Wien 1/2), Wien 1929.

Bücher, Karl: Die Bevölkerung von Frankfurt a. M. im 14. und 15. Jahrhundert, Tübingen 1886.

Bulst, Neithard: Der schwarze Tod. Demographische, wirtschafts- und kulturgeschichtliche Aspekte der Pestkatastrophe von 1347 bis 1352. Bilanz der neueren Forschung, in: Saeculum 20 (1979), S. 45—67.

Carlen, Louis: Zur Geschichte des Arbeitsrechts in der Schweiz. Vom Mittelalter bis zum 19. Jahrhundert, in: Zeitschrift für Schweizerisches Recht (N.F. Bd. 91) Bd. 113 (1972), S. 233—260.

Carpentier, Elisabeth: Une ville devant la peste. Orvieto et la Peste Noire de 1348, Paris 1962.

Conrad, Hermann: Deutsche Rechtsgeschichte, 2. Aufl., Karlsruhe Bd. I, 1962.

Czok, Karl: Zunftkämpfe, Zunftrevolutionen oder Bürgerkämpfe, in: Wissenschaftliche Zeitschrift der Karl-Marx-Universität Leipzig, Gesellschafts- und Sprachwissenschaftliche Reihe 8 (1958/59), S. 129—143.

Dirke, Arno von: Die Rechtsverhältnisse der Handwerkslehrlinge und Gesellen nach den dt. Stadtrechten und Zunftstatuten des Mittelalters, Diss. Jena 1914.

Dirlmeier, Ulf: Untersuchungen zu Einkommensverhältnissen und Lebenshaltungskosten in oberdeutschen Städten des Spätmittelalters (Mitte 14. bis Anfang 16. Jh.). Abhandlungen der Heidelberger Akademie der Wissenschaften. Phil.-hist. Klasse, Heidelberg 1978.

Ebel, Wilhelm: Gewerbliches Arbeitsrecht im deutschen Mittelalter, Diss. jur. Bonn 1934 (bei A. Zycha).

— Quellen zur Geschichte des deutschen Arbeitsrechts (bis 1948), Göttingen 1964, zit.: Quellen.

— Zum Ursprung des Arbeitsvertrages, in: Zeitschrift für die gesamte Staatswissenschaft Bd. 96 (1936), S. 319—336; wieder abgedruckt in: Probleme der deutschen Rechtsgeschichte (Göttinger Rechtswissenschaftliche Studien 100), Göttingen 1978, S. 1—16 mit kleinen bemerkenswerten Abweichungen, zit.: Ursprung.

Ennen, Reinald: Zünfte u. Wettbewerb. Möglichkeiten u. Grenzen zünftlicher Wettbewerbsbeschränkungen im städtischen Handel u. Gewerbe des Spätmittelalters (Neue Wirtschaftsgeschichte 3), Wien 1971.

Feldbauer, Peter: Lohnarbeit im österreichischen Weinbau. Zur sozialen Lage der niederösterreichischen Weingärtenarbeiter des Mittelalters und der frühen Neuzeit, in: Zeitschrift für bayerische Landesgeschichte 38 (1975), S. 227—243.

Firnberg, Herta: Lohnarbeiter und freie Lohnarbeit im Mittelalter und zu Beginn der Neuzeit. Veröffentlichungen des Seminars für Wirtschafts- und Kulturgeschichte, Baden 1935 (Nachdruck Aalen 1978).

Fischer, Wolfram: Armut in der Geschichte. Erscheinungsformen und Lösungsversuche der „Sozialen Frage" in Europa seit dem Mittelalter, Göttingen 1982.

Franz, Günther: Quellen zur Geschichte des deutschen Bauernstandes im Mittelalter, Darmstadt 1974.

Freiburg, Hubert: Agrarkonjunktur und Agrarstruktur in vorindustrieller Zeit. Die Aussagekraft der säkularen Wellen der Preise und Löhne in bezug auf die Entwicklung des bäuerlichen Einkommens, in: Vierteljahresschrift für Sozial- und Wirtschaftsgeschichte 64. Band (1977), S. 289—327.

Fuhrmann, Walter: Die Gewerbepolitik der patrizisch und der zünftlerisch regierten Stadt, (staatswissenschaftliche) Diss. München 1939.

Gierke, Otto von: Deutsches Privatrecht, 3. Bd. Schuldrecht, München 1917.

— Die Wurzeln des Dienstvertrages, in: Festschrift für Heinrich Brunner, München — Leipzig 1914, S. 37—68.

Goettmann, Frank: Handwerk und Bündnispolitik. Die Handwerkerbünde am Mittelrhein vom 14. bis zum 17. Jahrhundert, Wiesbaden 1977. (Frankfurter historische Abhandlungen 15) Zugl. Diss. Frankfurt/Main 1976.

Grießinger, Andreas: Das symbolische Kapital der Ehre. Streikbewegungen und kollektives Bewußtsein deutscher Handwerksgesellen im 18. Jahrhundert, Frankfurt, Berlin, Wien 1981.

Grund, Alfred: Die Veränderungen der Topographie im Wiener Walde und Wiener Becken (Geographische Abhandlungen 8/1), Leipzig 1901.

Haase, Carl: Die Stadt des Mittelalters, Bd. 3 Wirtschaft u. Gesellschaft, Darmstadt 1976.

Hamburger Burspraken 1346—1594, bearb. v. Jürgen Bolland, Hamburg 1960.

Hatcher, John: Plague, Population and the English Economy 1348—1530, London 1977.

Hegel, Carl: Über die Bevölkerungszahl und Handwerksverhältnisse zu Nürnberg im 14. und 15. Jahrhundert, in: Die Chronik der fränkischen Städte, Nürnberg, Bd. 2. Leipzig 1864.

Heimpel, Hermann: Das Gewerbe der Stadt Regensburg im Mittelalter mit einem Beitrag von Franz Bastian: Das Textilgewerbe (Vierteljahresschrift für Sozial- und Wirtschaftsgeschichte, Beiheft 9), Stuttgart 1926.

Henning, Friedrich-Wilhelm: Das vorindustrielle Deutschland 800—1800, Paderborn, 3. Aufl. 1977.

Herlihy, D.: Population, Plague and Social Change in Rural Pistoia 1201—1340, in: The Economic Historical Review 18 (1965), S. 225—244.

Hertz, Gustav: Die Rechtsverhältnisse des freien Gesindes, Breslau 1879 (Nachdruck 1935).

Herzog, Gerhard: Die Weinwirtschaft der geistlichen Herrschaften im mittelalterlichen Krems, Phil. Diss. Wien (masch.) 1964.

Hof, Hagen: Wettbewerb im Zunftrecht. Zur Verhaltensgeschichte der Wettbewerbsregelung durch Zunft und Stadt, Reich und Landesherr bis zu den Stein-Hardenbergschen Reformen (Dissertationen zur Rechtsgeschichte 1), Köln, Wien 1983.

Hueck, Alfred: Der Treuegedanke im modernen Privatrecht, München 1947.

Irsigler, Franz: Getreide- und Brotpreise, Brotgewicht und Getreideverbrauch vom Spätmittelalter bis zum Ende des ancien régime, in: Zwei Jahrtausende Kölner Wirtschaft, Bd. I, Köln 1975, S. 519—539.

— Ein großbürgerlicher Haushalt am Ende des 14. Jahrhunderts, in: Festschrift Matthias Zender, Bonn 1972, S. 635—668, zit.: Haushalt.

— Kölner Wirtschaft im Spätmittelalter, in: Zwei Jahrtausende Kölner Wirtschaft, Bd. I, Köln 1975, S. 217—320; zit.: Wirtschaft.

— Die wirtschaftliche Stellung der Stadt Köln im 14. und 15. Jahrhundert (Vierteljahresschrift für Sozial- und Wirtschaftsgeschichte, Beiheft 65), Wiesbaden 1979.

Jecht, Horst: Studien zur gesellschaftlichen Struktur der mittelalterl. Städte, in: Vierteljahresschrift für Sozial- und Wirtschaftsgeschichte, Bd. 19 (1926), S. 48—85.

Kellenbenz, Hermann: Wirtschaftsgeschichte Kölns im 16. und beginnenden 17. Jahrhundert, in: Zwei Jahrtausende Kölner Wirtschaft, Bd. I, Köln 1975, S. 321—428.

— (Hrsg.) Wirtschaftspolitik und Arbeitsmarkt. Sozial- und wirtschaftshistorische Studien, München 1974.

— (Hrsg.) Zwei Jahrtausende Kölner Wirtschaft, Bd. I, Köln 1975.

Keller, Kurt: Das messer- und schwertherstellende Gewerbe in Nürnberg von den Anfängen bis zum Ende der reichsstädtischen Zeit, Nürnberg (Stadtarchiv) 1981.

Kelter, Ernst: Das deutsche Wirtschaftsleben des 14. und 15. Jahrhunderts im Schatten der Pestepedemien, in: Jahrbücher für Nationalökonomie und Statistik, Bd. 165 (1953), S. 161—207.

— Geschichte der obrigkeitlichen Preisregelung. I. Die obrigkeitliche Preisregelung der Zeit der mittelalterlichen Stadtwirtschaft (Bonner staatswissenschaftliche Untersuchungen Heft 21), Jena 1935, zit.: Preisregelung.

Keutgen, Friedrich: Ämter und Zünfte. Zur Entstehung des Zunftwesens, Jena 1903 (Nachdruck Aalen 1965).

— Urkunden zur städtischen Verfassungsgeschichte (ausgewählte Urkunden zur Deutschen Verfassungsgeschichte 1), Berlin 1899.

Könnecke, Otto: Rechtsgeschichte des Gesindes in West- und Süddeutschland. (Arbeiten zum Handels-, Gewerbe- und Landwirtschaftsrecht, hrsg. v. Ernst Heymann Nr. 12), Marburg 1912.

Kranig, Andreas: Lockung und Zwang. Zur Arbeitsverfassung im Dritten Reich (Schriftenreihe der Vierteljahrshefte für Zeitgeschichte 47), Stuttgart 1983.

Krapp, Philipp: Die Anfänge und die geschichtliche Entwicklung des Dienst- und Arbeitsvertrages, dargelegt am römischen Recht, am Recht der Papyrusurkunden u. am deutschen Recht, Diss. Erlangen 1931.

Krause, Hermann: Der deutschrechtliche Anteil an der heutigen Privatrechtsordnung, in: Juristische Schulung 1970, S. 313 ff.

Kroeschell, Karl: Deutsche Rechtsgeschichte 2 (1250—1650), Reinbeck 1973.

Kunze, Arno: Zur Geschichte des Nürnberger Textil- und Färbergewerbes vom Spätmittelalter bis zum Beginn der Neuzeit, in: Beiträge zur Wirtschaftsgeschichte Nürnbergs, Bd. II, Nürnberg 1967, S. 669—699.

Laube, A.: Wirtschaftliche und soziale Differenzierungen innerhalb der Zünfte des 14. Jahrhunderts, dargestellt am Beispiel Mecklenburgischer Städte, in: Zeitschrift für Geschichtswissenschaft, Bd. V (1957), S. 1181 ff.

Lentze, Hans: Nürnbergs Gewerbeverfassung des Spätmittelalters im Rahmen der deutschen Entwicklung, in: Beiträge zur Wirtschaftsgeschichte Nürnbergs (Hrsg. vom Stadtarchiv), Bd. II, Nürnberg 1967, S. 593—619.

— Der Kaiser und die Zunftverfassung in den Reichsstädten bis zum Tode Karl IV. (Gierkes Untersuchungen 145), Breslau 1933.

Loesch, Heinrich von (Hrsg.): Die Kölner Zunfturkunden nebst anderen Kölner Gewerbeurkunden bis zum Jahre 1500 (Publikationen der Gesellschaft für rheinische Geschichtskunde 22), 2 Bde., Düsseldorf 1907.

Lütge, Friedrich: Das 14./15. Jahrhundert in der Sozial- und Wirtschaftsgeschichte, in: Jahrbücher für Nationalökonomie und Statistik, Bd. 162 (1950), S. 161—213, bes. S. 183 ff.

Maschke, Erich: Die deutschen Städte am Ausgang des Mittelalters, Linz/Donau 1974, S. 1—44.

— Die Mittelschichten der mittelalterlichen Städte Deutschlands, in: Erich Maschke / Jürgen Sydow, Gesellschaftliche Mittelschichten in den südwestdeutschen Städten (Veröffentlichungen der Kommission für geschichtliche Landeskunde in Baden-Württemberg, Reihe B: Forschungen 69. Bd.), 1972, S. 1—31, zit.: *Maschke*.

— Städte und Menschen. Beiträge zur Geschichte der Stadt, der Wirtschaft und Gesellschaft 1959—79 (Vierteljahresschrift zur Sozial- und Wirtschaftsgeschichte, Beiheft 68), Wiesbaden 1980.

— Die Unterschichten der mittelalterlichen Städte Deutschlands, in: Erich Maschke / Jürgen Sydow, Gesellschaftliche Unterschichten in den südwestdeutschen Städten (Veröffentlichungen der Kommission für geschichtliche Landeskunde in Baden-Württemberg, Reihe B: Forschungen 41. Bd.) 1967, S. 1—74.

— Verfassung und soziale Kräfte in der deutschen Stadt des späten Mittelalters, vornehmlich in Oberdeutschland, in: Vierteljahresschrift für Sozial- und Wirtschaftsgeschichte 46 (1959), S. 289—349, 433—476.

Mayer-Maly, Theo: Vorindustrielles Arbeitsrecht, in: Recht der Arbeit 1975, S. 59 ff.

— Die Entwicklung des Arbeitskampfrechts in Deutschland und in den westlichen Industriestaaten vom Ausgang des 19. Jahrhunderts bis 1945, in: Zeitschrift für Unternehmensgeschichte, Beiheft 16, Wiesbaden 1980, S. 11—27.

Mestiz, Franz: Probleme der Geschichte des Arbeitsrechts. Ein Forschungsbericht für die Jahre 1974 bis 1979, in: Zeitschrift für Neuere Rechtsgeschichte 1980, S. 47—65.

Mickwitz, Gunnar: Die Kartellfunktion der Zünfte und ihre Bedeutung bei der Entstehung des Zunftwesens. Eine Studie in spätantiker und mittelalterlicher Wirtschaftsgeschichte, Helsingfors 1936.

Mitterauer, Michael: Die Wirtschaftspolitik der österreichischen Landesfürsten im Spätmittelalter u. ihre Auswirkungen auf dem Arbeitsmarkt, in: Wirtschaftspolitik u. Arbeitsmarkt, Sozial- u. wirtschaftshistorische Studien, 1974, S. 15—46.

Möncke, Gisela: Quellen zur Wirtschafts- und Sozialgeschichte mittel- und oberdeutscher Städte im Spätmittelalter, Darmstadt 1982.

Moeser, Karl: Die drei Tiroler Wirtschaftsordnungen aus der Pestzeit des 14. Jhs., in: Festschrift für F. Huter, hrsg. v. E. Troger und G. Zwanowetz (Schlern Schriften 207), Innsbruck 1959, S. 253—263.

Molitor, Erich: Zur Geschichte des Arbeitsvertrages, in: Zeitschrift für Handelsrecht, Bd. 87 (1924), S. 371 ff.

Mollat, Michel / *Wolff*, Philippe: Ongles bleus, Jacques et Ciompi. Les révolutions populaires en Europe aux XIVe et XVe siècles, Paris 1970.

Müller, Achatz von: Der Feudalismus: Land und Stadt in Mitteleuropa, in: Helmuth Schneider (Hrsg.), Geschichte der Arbeit vom alten Ägypten bis zur Gegenwart, Frankfurt/M., Berlin, Wien 1983, S. 95—154.

Ogris, Werner: Geschichte des Arbeitsrechts vom Mittelalter bis in das 19. Jahrhundert, in: Recht der Arbeit 1967, S. 286—297.

Ordonnance concernant la Police du Royaume, Jean I selon d'autres Jean II, le penultième du mois de Fevr. 1350, in: Secousse, Ordonnances des Rois de France de la troisième race, Bd. II, Paris 1728, S. 350—386. Zit.: Ordonnance.

Penners, Theodor: Fragen der Zuwanderung in den Hansestädten des späten Mittelalters, in: Hansische Geschichtsblätter 83 (1965), S. 12—45.

Pitz, Ernst: Wirtschaftliche und soziale Probleme der gewerblichen Entwicklung im 15./16. Jh. nach hansisch-niederdeutschen Quellen, in: Jahrbücher für Nationalökonomie und Statistik, Bd. 179 (1966), S. 200—227, zugleich in: Friedrich Lütge (Hrsg.), Wirtschaftl. u. soziale Probleme der gewerbl. Entwicklung im 15./16. u. 19. Jh., Stuttgart 1968, S. 16 ff.

Planitz, Hans: Die deutsche Stadt im Mittelalter, Wien — Köln — Graz 1975.

Platzer, Hans: Geschichte der ländlichen Arbeitsverhältnisse in Bayern (Altbayerische Forschungen II/III), München 1904.

Putnam, Bertha Haven: The Enforcement of the Statute of Labourers During the First Decade after the Black Death 1349—1359, New York-Columbia University 1908.

Reincke, Heinrich: Bevölkerungsprobleme der Hansestädte, in: Hansische Geschichtsblätter 70 (1951), S. 1—33.

Reininghaus, Wilfried: Die Entstehung der Gesellengilden im Spätmittelalter (Vierteljahresschrift für Sozial- und Wirtschaftsgeschichte, Beiheft 71), Wiesbaden 1981.

Rubner, Heinrich: Die Landwirtschaft der Münchener Ebene und ihre Notlage im 14. Jahrhundert, in: Vierteljahresschrift für Sozial- und Wirtschaftsgeschichte 51 (1964), S. 433—451.

Rüdiger, Otto: Die ältesten Hamburgischen Zunftrollen und Brüderschaftsstatuten, Hamburg 1874.

Schanz, Georg: Zur Geschichte der Deutschen Gesellen-Verbände, Leipzig 1886 (Nachdruck: Glashütten 1973).

Scherner, Otto / *Willoweit*, Dietmar: Vom Gewerbe zum Unternehmen. Studien zum Recht der gewerblichen Wirtschaft im 18. und 19. Jahrhundert, Darmstadt 1982.

Schmelzeisen, Clemens: Polizeiordnung und Privatrecht (Forschungen zur neueren Privatrechtsgeschichte, Bd. 3), Münster/Köln 1955.

Schmieder, Eberhard: Geschichte des Arbeitsrechts im deutschen Mittelalter, Bd. 1, Leipzig 1939.

Schmoller, Gustav: Straßburg zur Zeit der Zunftkämpfe und die Reform seiner Verfassung und Verwaltung im XIV. Jahrhundert, Straßburg 1875.

— Die Straßburger Tucher- und Weberzunft und das Deutsche Zunftwesen vom XII. bis XVII. Jahrhundert, Straßburg 1881.

Schönberg, Gustav: Zur wirtschaftlichen Bedeutung des Deutschen Zunftwesens im Mittelalter, Berlin 1868 (Vaduz 1977).

— Finanzverhältnisse der Stadt Basel im 14. und 15. Jahrhundert, Tübingen 1879.

Schoenlank, Bruno: Zur Geschichte des altnürnbergischen Gesellenwesens, in: Jahrbücher für Nationalökonomie und Statistik 19 (1889), S. 337—395, 588—615.

— Sociale Kämpfe vor 300 Jahren, Leipzig 1894.

Schulze, Reiner: Die Polizeigesetzgebung zur Wirtschafts- und Arbeitsordnung der Mark Brandenburg in der frühen Neuzeit (Untersuchungen zur deutschen Staats- und Rechtsgeschichte N. F. Bd. 22), Aalen 1977.

Sombart, Werner: Der moderne Kapitalismus. Historisch-systematische Darstellung des gesamteuropäischen Wirtschaftslebens von seinen Anfängen bis zur Gegenwart, 1. Bd., 1. Hlbd., München/Leipzig, 6. Aufl. 1924.

Spindler, Helga: Von der Genossenschaft zur Betriebsgemeinschaft — Kritische Darstellung der Sozialrechtslehre Otto von Gierkes (Rechtshistorische Reihe 16), Frankfurt 1982.

Statute of Labourers Edwards III vom Juni 1349, erneuert durch das Parlament im Februar 1351, in: Statutes of the Realm, Bd. 1 London 1810, S. 307—13, zit.: Statute.

Stein, Walther: Akten zur Geschichte der Verfassung und Verwaltung der Stadt Köln im 14. und 15. Jahrhundert (Publikationen der Gesellschaft für Rheinische Geschichtskunde X), 2 Bde., Köln 1893.

Stürmer, Michael: Herbst des alten Handwerks. Quellen zur Sozialgeschichte des 18. Jahrhunderts, München 1979.

Tennstedt, Florian / *Sachße*, Christoph: Geschichte der Armenfürsorge in Deutschland. Vom Spätmittelalter bis zum Ersten Weltkrieg, Göttingen 1980.

Toeppen, M.: Acten der Ständetage Preußens unter der Herrschaft des Deutschen Ordens 1233—1435, Bd. I, Leipzig 1878.

Tomaschek, Joh. A.: Die Rechte und Freiheiten der Stadt Wien, 1. Bd., Wien 1877.

Van Claveren, Jacob: Die wirtschaftlichen Auswirkungen des schwarzen Todes, in: Vierteljahresschrift für Sozial- und Wirtschaftsgeschichte, 54. Bd. (1967), S. 187—202.

van Houtte, Jan / *van Uytven*, Raymond: Wirtschaftspolitik und Arbeitsmarkt in den Niederlanden vom Spätmittelalter bis zur Schwelle des Industriezeitalters, in: Kellenbenz ..., S. 47—68.

Vasarhelyi, Hanno: Einwanderung nach Nördlingen, Eßlingen und Schwäbisch-Hall zwischen 1450 und 1550, in: Maschke / Sydow, Stadt und Umland, Stuttgart 1974, S. 129—165.

Vormbaum, Thomas: Politik- und Gesinderecht im 19. Jahrhundert (vornehmlich in Preußen 1810—1918), (Schriften zur Rechtsgeschichte 21), Berlin 1980.

Weber, Wilhelm / *Mayer-Maly*, Theo: Studie zur spätmittelalterlichen Arbeitsmarkt- und Wirtschaftsordnung, in: Jahrbücher für Nationalökonomie und Statistik, Bd. 166 (1954), S. 358—389.

Wirth, G.: Arbeit, in: Lexikon des Mittelalters, Bd. I, 1979.

Wittmütz, Volkmar: Die Gravamina der bayerischen Stände im 16. und 17. Jahrhundert als Quelle für die wirtschaftliche Situation und Entwicklung Bayerns (Miscellanea Bavarica Monacensia 26), München 1970.

Wopfner, Hermann: Beiträge zur Geschichte der freien bäuerlichen Erbleihe deutsch-tyrols, Innsbruck 1903.

— Die Lage Tyrols zum Ausgang des Mittelalters, Innsbruck 1908.

Wuttke, Heinrich: Städtebuch des Landes Posen, Leipzig 1864.

Zaddach, Bernd I.: Die Folgen des schwarzen Todes (1347—51) für den Klerus Mitteleuropas. (Forschungen zur Sozial- und Wirtschaftsgeschichte 17), Stuttgart 1971.

Zatschek, Heinz: Die Handwerksordnungen der Stadt Wien 1346—1430, MIÖG (= Mitteilungen des Instituts für österreichische Geschichtsforschung 63), 1955.

Zycha, Adolf: Über die Anfänge der kapitalistischen Ständebildung in Deutschland, in: Vierteljahresschrift für Sozial- und Wirtschaftsgeschichte, Bd. 31 (1938), S. 105—241.

— Über den Anteil der Unfreiheit am Aufbau von Wirtschaft und Recht. Rektoratsrede gehalten in der Aula der F. Ferdinands Universität in Prag am 4. Dezember 1915.

Personenverzeichnis

Sachverzeichnis

Kolibri 360 GmbH
Ferdinand-Jühlke-Straße 7
99095 Erfurt, Deutschland
produktsicherheit@kolibri360.de

Druck:
CPI Druckdienstleistungen GmbH
im Auftrag der
Kolibri 360 GmbH
Ferdinand-Jühlke-Str. 7
99095 Erfurt